AF747595

# JUSTICE SOCIALE ET PAIX EN AFRIQUE

# Collection « Études africaines »

*dirigée par Denis Pryen et son équipe*

Forte de plus de mille titres publiés à ce jour, la collection « Études africaines » fait peau neuve. Elle présentera toujours les essais généraux qui ont fait son succès, mais se déclinera désormais également par séries thématiques : droit, économie, politique, sociologie, etc.

## Dernières parutions

Minette TOMEDI EYANGO TABI, Bassin versant du Nkam-Wouri. *Prototype de la biodiversité des zones humides du Cameroun*, 2017.

Herman Blaise NGAMENI, *La diffusion du droit international pénal dans les ordres juridiques africains*, 2017.

San Simon COULIBALY, *Interroger les défunts, orienter les vivants. Analyse ethnolinguistique des causes de la mort en pays toussian*, 2017.

Auguy MAKEY, *Misère de la philosophie négro-africaine*, 2017.

Edwige KOUADIO, *Du fosterage à l'adoption plénière. L'adoption des enfants de la pouponnière d'Adjamé (Abidjan, Côte d'Ivoire)*, 2017.

Patrice MOUNDZA, *Le quotidien des artères urbaines du Congo*, 2017.

Jean-Emery ETOUGHE-EFE, *Les bars populaires de Libreville. Des construits de sociabilités*, 2017.

Guy MVELLE et Laurent ZANG (Dir.), *L'Union africaine quinze ans après, Tome 2*, 2017.

Guy MVELLE et Laurent ZANG (Dir.), *L'Union africaine quinze ans après, Tome 1*, 2017.

Joachim Emmanuel GOMA-THETHET, Marcel IPARI, Raymond Timothée MACKITHA, *Introduction à l'histoire et aux civilisations des peuples de la Lékoumou (Congo)*, 2017.

Alhousseini MOULOUL, *L'intégration économique et juridique en Afrique*, 2017.

Martial JEUGUE DOUNGUE, *La garantie des droits fondamentaux au Cameroun*, 2017.

Mamadou Billo BARRY, *Gouvernance et coopération internationale en éducation, Le cas de la Guinée*, 2017.

Christine THÉODORE, *Objets d'initiation. Rencontre avec un chasseur dozo. Échanges d'objets d'initiation et modifications des interactions*, 2017.

Pierre GIGUÈRE, *L'accès à l'habitat dans l'Afrique des villes. Un toit pour l'Afrique*, 2017.

Halidou YACOUBA

# JUSTICE SOCIALE ET PAIX EN AFRIQUE

## Réflexions sur les voies du droit

*Préface d'Emmanuel Picavet*

L'Harmattan

**© L'Harmattan, 2017**
**5-7, rue de l'École-Polytechnique, 75005 Paris**

http://www.editions-harmattan.fr

ISBN : 978-2-343-13042-2
EAN : 9782343130422

En mémoire de mon père Yacouba HAROUNA SALOU

En mémoire de ma mère Bibata DIORI SORKA

En mémoire de mon ami philosophe Jean-François MATTHEI

***« Paix comme retour du multiple à l'unité, conformément à l'idée platonicienne ou néoplatonicienne de l'Un.(...) Paix à partir de l'Etat qui serait rassemblement des hommes participant aux mêmes vérités idéales. Paix qui y est goûtée comme tranquillité qu'assure la solidarité-mesure exacte de la réciprocité dans les services rendus entre semblables : unité d'un Tout où chacun trouve son repos, sa place, son assise. Paix comme tranquillité et repos ! »***

Emmanuel Levinas

Remerciements

Je tiens à remercier fortement et singulièrement le Professeur et Doyen de la Faculté des Lettres et Sciences Humaines de l'Université de Lomé (Togo), Yaovi AKAKPO, la Professeure Tanella BONI de l'Université Félix Houpheit Boigny de Côte d'Ivoire, les collègues et amis qui, par leurs suggestions, informations et critiques, m'ont encouragé à entreprendre et à mener à son terme ce travail analytique et réflexif. Les conseils des uns et des autres ont été très précieux et très importants pour la conduite de ma recherche et la rédaction du présent travail.Je remercie également Mr Mathias Reininger pour l'appui constant donné au traitement informatique de mon texte et le travail de relecture et de correction.

## Préface

L'ouvrage d'Halidou Yacouba témoigne de toutes les interrogations actuelles sur la démocratie, qui est le vrai liant entre les notions de droit, de justice sociale et de paix telles que les mobilisent les débats en cours en Afrique. Questionnant avec acuité et en usant de termes très directs les termes des débats dans lesquels il intervient lui-même, il apporte un témoignage précieux sur la réflexivité et sur la pensée dialectique de sociétés en devenir, insatisfaites à la fois devant les risques de l'ethnicisation de la politique, devant la corruption et devant l'oppression des femmes évidemment, mais aussi devant les risques dont le capitalisme occidental est porteur. La démocratie est à la fois au croisement des aspirations et, par ses échecs, au cœur des problèmes de l'éducation et du pouvoir.

Les expériences politiques sur lesquelles le livre donne à réfléchir ont souvent vu alterner l'espoir et la déception, l'ouverture et le repli, la violence et la réconciliation, celle-ci parfois mêlée de crainte maintenue. En d'autres termes, c'est dans la dynamique de l'expérience que les matières traitées sont à saisir dans leur ampleur. De ce point de vue, l'ouvrage est foisonnant. Par les aperçus qu'il offre, il rappelle que l'on ne peut se contenter de penser le réel politique au travers de catégories abstraites en donnant des noms génériques à des orientations pratiques simplifiées. Ce serait verser dans le catalogue des idéologies. On ne peut davantage s'en remettre aux seules expériences singulières en y cherchant des leçons générales ou un principe d'ordre universel, ce dont nous instruit la critique - acerbe, ici - du manque de recul face aux traditions et aux mythes de groupes particuliers.

Cette double impossibilité donne du prix aux démarches qui, à l'instar de la réflexion engagée par Halidou Yacouba, tentent de penser ensemble la complexité de la réalité sociale et le discernement politique. Sur un continent marqué par les déceptions politiques, tant internes qu'à l'échelon des rapports internationaux continentaux et intercontinentaux, la réflexion à partir de l'expérience ne doit certainement pas se hâter de substituer de nouveaux rêves aux rêves inaboutis d'hier. Par ailleurs, rien ne serait pire que d'oublier l'élan de la décolonisation et de l'apprentissage de l'autonomie politique et administrative. Les propositions éducatives d'H. Yacouba, mettant valeurs les références démocratiques et républicaines, sont de nature à permettre de renouer avec cet élan en évitant le repli sur la particularité.

En somme, en un temps où il faut faire face à des forces bien différentes de celles des politiques colonisateurs d'antan mais guère moins dangereuses pour l'autonomie sociale, économique et politique - en particulier celles que peut associer aux idéologies économiques d'origine occidentale - ce qui s'impose aux hommes et aux femmes de bonne volonté est sans doute l'association des retours d'expérience et de la prospective, des catégories générales et des contextes socioculturels. A cet égard comme sous bien d'autres rapports, l'Afrique est au cœur de l'histoire. Elle est aujourd'hui à la pointe de l'articulation de la réflexion politique au changement social et économique, et aux évolutions culturelles. Sa vitalité dans le champ de la philosophie en offre un témoignage.

Si regrettables qu'en soient les causes, il y a comme un élan paradoxal donné par déceptions associées aux doctrines fallacieuses qui s'épanouissent en politique, et par la méfiance légitime que suscitent les idéologies particulières, nourries des cultures occidentales, à prétention universelle. A l'universel trompeur, ne peuvent se substituer que des perspectives universalistes mieux fondées, porteuses des espoirs de l'humanité et étrangères aux désirs mortifères d'hégémonie idéologique. De ce point de vue, l'attention aux contextes est décisive, y compris pour la réflexion normative, les engagements prescriptifs éventuels et, plus modestement, le conseil. L'histoire africaine récente, montre H. Yacouba, est riche d'enseignements au sujet des ravages des stratégies d'exclusion et d'ethnicisation, qui gangrènent les idéaux d'égalité et de liberté qui sont au cœur de l'Etat de droit. Les conflits entre les porteurs de visions hiérarchiques et antagonistes du monde social fixent malheureusement le contexte de multiples difficultés qui attendent les ambitions démocratiques.

Au-delà des variations contextuelles, il faut essayer, aujourd'hui comme hier - et c'est l'une des tâches pérennes de la philosophie politique –de comprendre les ressorts généraux de la paix civile, qu'Halidou Yacouba décrit à juste titre comme « la condition première, originelle et fondamentale de tout développement ». Son livre a le mérite de faire ressortir l'insuffisance, à cet égard, des slogans et des plans irréalistes, des idéaux qui risquent de sembler creux et qui, trop souvent, le sont effectivement. H. Yacouba insiste sur la nécessité de la compréhension de la conflictualité en tant que telle, et les réflexions qu'il propose se nourrissent de l'expérience ou de l'observation des conflits identitaires. Le pluralisme des aspirations et des identités oblige, non moins que le pluralisme dans les conceptions de l'ordre social et politique souhaitable, à réfléchir en termes d'acceptabilité et non pas seulement de confrontation des idéaux. C'est dans cette perspective qu'H. Yacouba propose de mettre au centre de la réflexion des notions qui sont parfois perdues de vue dans les pays du Nord, comme le sens du pardon et la valeur du travail. La confluence avec l'évolution de la philosophie européenne est en revanche très forte lorsque l'auteur en vient à la centralité du dialogue dans la quête philosophique.

L'expérience des conflits exacerbés que connaît l'Afrique depuis trop longtemps oblige à recentrer l'attention sur des éléments centraux et des préconditions de la paix civile, saisis dans leur interaction avec les procédures démocratiques. H. Yacouba nous rappelle ainsi que les procédures ne sont pas neutres : leur interprétation et le sens à leur donner prennent corps non seulement avec les circonstances ou les contextes, mais aussi en rapport avec la compréhension que l'on a – et que l'éducation peut développer – des bases de l'union civile et de l'attachement raisonné aux institutions. S'agissant des droits de l'homme, l'auteur se montre très attentif à la distance qui sépare les discours de la concrétisation institutionnel, dans un champ où, par ailleurs, la croyance dans les effets performatifs du discours est forte et sans doute excessive.

Un itinéraire se dessine sur la base de la prise de conscience du prix à accorder à l'identité, au dialogue, au climat social au travail et à l'intégration républicaine. Il passe aussi par la prise en compte des apports des travaux des auteurs contemporains de plusieurs continents par exemple le consciencisme de Nkrumah ou l'analyse des rapports entre morale et politique chez Koffi Niamkey– et par une réflexion exigeante sur l'utilité sociale de l'analyse philosophique et de l'éducation. On pourra se dire qu'Halidou Yacouba est trop pessimiste et que les procédures démocratiques peuvent bien faire l'objet d'imitations, d'exportations ou d'expérimentations sans que l'on verse pour autant dans la comédie démocratique. Cependant, en mettant les choses au pire comme le font souvent les écrivains politiques, il se met en position d'identifier des problèmes, sans oublier pour autant les aspirations légitimes. C'est un préalable de l'œuvre qui lui tient particulièrement à cœur dans le monde éducatif - la contribution de l'initiation philosophique à la prévention des conflits et à l'émancipation – mais aussi un chemin pour le débat public.

Emmanuel Picavet.

Université Paris1 Panthéion-Sorbonne

# Introduction

Un regard phénoménologique sur le processus démocratique en Afrique, permet d'affirmer que celui-ci a paradoxalement engendré des déchirures sociales sur fond de guerres et de conflits multiformes. Certes guerres et conflits identitaires sont aussi vieux que l'humanité. Mais leur prédominance en Afrique semble inacceptable en pleine modernité politique. La guerre est le pire des fléaux en ce qu'elle crée le malheur des individus et des peuples. Les violences postélectorales marquées par des massacres et des assassinats politiques sont les manifestations phénoménales de l'inculture politique.

La paix civile et politique se trouve gravement menacée en Afrique, alors même qu'elle est la condition première, originelle et fondamentale de tout développement. Et si la paix civile et politique est devenue problématique en Afrique, cette problématique impose de s'interroger à la fois sur ce qui est l'origine des conflits et sur ce qui peut leur mettre un terme ou les canaliser, sinon les réduire. En d'autres termes, il s'agit de réfléchir sur la conflictualité et sur l'acceptabilité politique. La quête des solutions possibles exige d'identifier avec une lucidité remarquable les défis du pluralisme dans les sociétés démocratiques africaines. A bien voir les choses, il semble que la persistance des crises nécessite, entre autres, le recours à la justice sociale et à sa condition d'effectivité, à savoir l'éducation.

La tâche philosophique qui nous attend est alors de comprendre les conditions de la stabilité des sociétés politiques en Afrique. Comprendre la situation conflictuelle dans laquelle se trouve le continent africain s'avère une tâche essentielle et primordiale. Ainsi, comprendre les crises sociopolitiques sur fond de guerres et confits identitaires dans l'Etat en Afrique, revient ici à capturer leur sens, c'est-à-dire ce grâce à quoi leur signification et leurs signes deviennent signifiants. Face à tous ces fléaux qui sévissent dans la plupart des Etats africains, il importe de réfléchir pour y faire régner la paix.

C'est un secret de polichinelle que la paix est la condition primordiale de tout développement. Aussi force est de constater que la paix ne se décrète pas. Elle ne rime pas avec l'injustice. Une paix civilisée et durable passe nécessairement par le règne d'une société bien organisée dont le piédestal est la justice. L'injustice, en tant que déni de reconnaissance, semble donc être la cause première des crises sociopolitiques en Afrique. D'où ces justes propos d'Axel Honneth : « *Le motif de tout conflit est une attente de reconnaissance, sachant que celle-ci peut prendre différentes formes*[1]. » C'est pourquoi il importe, avant tout, de diagnostiquer dans le processus démocratique en Afrique son malaise ou sa crise endémique et multiforme.

Le continent africain est réputé champion en matière de conflits identitaires, lesquels ont pour enjeu principal le pouvoir d'Etat. Concrètement ces conflits se traduisent essentiellement par une lutte soit pour accéder au pouvoir d'Etat soit pour s'y maintenir. Mais l'important est de chercher d'abord à comprendre pourquoi des crises sociopolitiques sont advenues dans le processus démocratique en Afrique –condition nécessaire si l'on veut ensuite trouver les moyens de les surmonter. Vu qu'une clinique de l'injustice nous permet de comprendre que celle-ci est la cause première des conflits qui font entorse à la paix civile, il est plus qu'urgent d'œuvrer pour la justice sociale en Afrique. C'est dire que la notion de justice constitue un arsenal et une armature théorique pour aborder la problématique de la paix en Afrique.

C'est souvent la mauvaise gestion des différentes identités et la mauvaise gouvernance sur fond d'injustice, qui engendrent les multiples crises dont l'Afrique est victime. Il s'agit d'une injustice à la fois culturelle et économique, laquelle se traduit par un déni de reconnaissance. Elle politise les identités en les hiérarchisant et en se soldant par l'exclusion. Pour trouver donc des solutions justes, idoines et pérennes à toutes ces crises, il fallait d'abord connaître les causes de celles-ci. Et la cause première et fondamentale de ces crises est sans nul doute l'injustice. Ce qui signifie que l'autre de l'injustice qu'est la justice semble être le remède original aux crises qui secouent l'Afrique. Mais à bien voir les choses, la justice elle-même ne peut être efficace dans la résolution des crises que si et seulement si elle est spiritualisée par ce

---

[1]Axel HONNETH in *Revue Mouvements, Pensées critiques*, Paris, Editions La Découverte, 2008, p.17.

qu'on appelle le pardon. C'est dire qu'il existe une corrélation, c'est-à-dire un rapport interactif et dynamique entre justice et pardon. La notion de pardon joue un rôle décisif dans toute politique de réconciliation nationale ou interétatique. Le problème fondamental est de savoir ici comment faire avec les crimes qu'on ne peut ni punir ni pardonner. Quant à la condition d'effectivité de la justice, à savoir l'éducation à la citoyenneté républicaine, elle s'impose avec acuité.

L'éducation à la citoyenneté, en créant des citoyens critiques et épris de paix, favorise la bonne gouvernance politique. Elle se veut une possibilité offerte à tous de mener une vie sensée par la réduction de la violence sociale et politique. Le recours aux mythes, par exemple, a toute sa place dans la culture de la paix en Afrique. Il convient d'éduquer les uns et les autres à leurs droits et devoirs, à la tolérance, à la vérité, à l'amour du travail. En vue d'une paix sociale durable en Afrique il faut des réformes politiques, lesquelles passent nécessairement par des réformes éducatives. C'est pourquoi depuis l'Antiquité la question de l'éducation a toujours été une préoccupation dominante pour les grands hommes d'Etat, les législateurs et surtout les philosophes. Ainsi, ces multiples conflits essentiellement dus à l'intolérance risquent, si on n'y prend garde, de mettre en péril l'existence politique même de ces Etats africains imposés par la colonisation occidentale. Ce sont des conflits qui trouvent leur justification tantôt dans la mal gouvernance, tantôt dans l'inadaptation de l'Etat de type colonial aux représentations des sociétés culturellement distinctes qui y vivent.

Les antagonismes politiques liés à la pratique démocratique trouvent leur première origine dans ce qu'on pourrait appeler les politiques coloniales de l'Occident qui a arbitrairement tracé ces Etats en faisant abstraction des peuples culturellement distincts. Une telle négligence sectaire obéit à la logique coloniale dont l'objectif ultime est de pérenniser l'Etat et les clivages ethniques en Afrique. Pourtant cette situation n'est pas une fatalité. Elle peut être transcendée par le dialogue interculturel et politique. Analysée à fond, la diversité culturelle ne constitue pas un obstacle politique en soi. Bien gérée, elle constitue une source d'enrichissement mutuel pour les peuples culturellement distincts. La culture de la paix qui se traduit par la tolérance ne tombe pas du ciel. Elle est un produit de l'éducation, laquelle, pour atteindre efficacement son objectif ultime, doit être entrepris dès l'enfance. Le dialogue interculturel doit être accompagné par le dialogue politique authentique.

Encore faut-il préciser que l'éducation et le dialogue interculturel et politique à eux seuls semblent insuffisants face aux crises politiques dont est victime l'Afrique.

Comme la pauvreté, sur fond d'injustice, engendre inévitablement des conflits sociaux, il importe de promouvoir plus de justice sociale dans les Etats africains. Vu que son but est de réduire les inégalités matérielles, la justice distributive doit être beaucoup encouragée dans une société bien organisée. D'où la nécessité d'une vraie politique d'émancipation et de développement dans les Etats africains. Toute chose qui exige de ceux-ci une politique juste pour emprunter les justes propos d'Alain Renaut. Pour que l'Afrique se développe, il faut que les Africains travaillent. Seul le travail peut leur procurer du bien-être, lequel est une dimension essentielle de la paix. Celle-ci n'existe pas dans l'Etat en Afrique. Car une paix sur fond d'injustice sociale est une bombe à retardement. Il convient donc de rendre concrètement applicables les principes d'égalité et de tolérance dans le monde social.

Ainsi, il importe de savoir pourquoi le processus démocratique est paradoxalement devenu un processus de déchirures en Afrique. C'est dire que la question de la démocratie et des méthodes modernes de gestion du pouvoir politique nécessite d'être élucidée. Une politique démocratique dont la promotion de la justice sociale et de l'éducation, serait la pierre d'angle, ne serait-elle pas celle qui pourrait rendre possible la paix civile et politique en Afrique ? Une telle question centrale se nourrit d'une problématique : en quoi l'injustice est-elle le fondement premier des crises ?

La cause première des crises qu'est l'injustice est-elle culturelle ou économique ? La justice sociale, condition de la paix, passe-t-elle par une politique de reconnaissance ?

Telles sont les principales interrogations qui sont au cœur de la problématique que ce travail réflexif et analytique présent va tenter d'éclaircir. Pour ce faire, nous allons tenter d'aborder les principales hypothèses suivantes :

L'injustice est le fondement premier des crises sociopolitiques.

La corrélation entre la justice et la paix.

Le dialogue et le pardon comme assises spirituelles de la paix.

L'éducation comme condition d'effectivité de la justice sociale.

## Première partie

# DE L'INJUSTICE COMME FONDEMENT PREMIER DES CRISES SOCIOPOLITIQUES EN AFRIQUE

La construction de la paix en Afrique nécessite au préalable de diagnostiquer dans le processus démocratique africain son malaise ou sa crise endémique et multiforme. Il importe d'étudier les causes justificatrices des crises sociopolitiques avant de parler de leurs manifestations phénoménales dans l'Etat en Afrique. Ainsi, il est particulièrement remarquable que la cause première des causes justificatrices des conflits semble être l'injustice. En effet, tout homme ou groupe humain, victime d'injustice, est naturellement enclin à sentir sa dignité bafouée et est potentiellement prêt à se venger de son bourreau. D'où la nécessaire connaissance des conditions de possibilité d'un meilleur vivre ensemble, sinon d'une vie sociopolitique apaisée. Le grand théoricien américain de la justice, John Rawls, analyse les conditions d'une situation conflictuelle par l'absence de justice dont les deux principes fondamentaux sont la liberté et l'égalité.

En d'autres termes, pour l'auteur de *Justice et démocratie*, il y a conflit parce qu'il n'y a pas de « *consensus par recoupement*[2] . » D'où la quête de la justice sociale dans un Etat de droit démocratique exige de réfléchir au prime abord sur la conflictualité et l'acceptabilité politique. Bien avant Rawls, le fondateur de l'Académie ou Première Ecole des Sciences Politiques, Platon, a abordé autrement la question de la justice sociale qu'il considère comme la réponse majeure possible au défi central de l'harmonie sociale. Aux yeux de ce penseur de tous les temps, l'injustice est source de discorde tant dans l'individu que dans l'Etat.

---

[2]John RAWLS, *Justice et démocratie*, traduction française Catherine Audard, Seuil, Paris, p.245. Ce que Rawls appelle consensus par recoupement est différent d'un simple modus vivendi entre les doctrines opposées qui se conserverait par opportunisme. A ce propos, le bel article, *La doctrine de Rawls et le pluralisme comme modus vivendi*, du philosophe Emmanuel PICAVET est éminemment édifiant. En révélant les limites du consensus rawlsien, PICAVET fait remarquer qu'il importe de réévaluer la critique du modus vivendi et du compromis chez Rawls. De ce fait, le problème fondamental est de savoir comment concilier le pluralisme et l'ambition de découvrir « une » justice sociale. Dit autrement, il s'agit de savoir si une société stable et bien ordonnée et sans accord sur la justice est impossible.

L'expérience de l'injustice faisant entorse à la paix est donc à la base du désir de démocratie et des Etats de droit en Afrique.

Ainsi, le processus démocratique engagé en Afrique subsaharienne au début des années 1990, est marqué par la découverte des horreurs provoquées par les dictatures des régimes d'exception. Cette découverte conduit les peuples africains à proclamer leur foi dans l'Etat de droit. Seulement, à bien voir les choses, celui-ci est marqué par une certaine conflictualité qui met à mal l'exercice même des droits de l'homme, « credo humaniste », sinon cause finale de toute véritable démocratie. A la vérité, le continent africain est réputé champion en matière de violation des droits de l'homme. Malgré quelques progrès significatifs réalisés par certains Etats africains, il convient de remarquer que beaucoup reste à faire relativement au respect des droits de l'homme. En clair, il faut une intense action éducative pour que tous les Africains adhèrent à l'humanisme convenu de la Déclaration universelle des droits de l'homme. S'agissant de la démocratie dans les pays en voie de développement comme ceux de l'Afrique subsaharienne, elle est on ne peut plus inquiétante. A ce propos, Simone Goyard-Fabre écrit de manière percutante ceci :

> *« S'il est vrai qu'elle œuvre à la sûreté du peuple dans les pays occidentaux, il est non moins vrai qu'elle laisse se dérouler les plus affreuses tueries ethniques dans des contrées appelées « en voie de développement... Or malgré toutes ces incertitudes, la démocratie s'entoure d'une aura magique comme si elle devait posséder une dimension planétaire (...) Il y a là un phénomène aussi fascinant qu'inquiétant. Il convient de chercher à l'expliquer et à le comprendre.*[3] »

---

[3]Simone GOYARD-FABRE, *Qu'est-ce que la démocratie ? La généalogie philosophique d'une grande aventure* humaine, Editions Armand Colin, Paris, 1998, p.10.

A vrai dire, la démocratie dans l'Etat en Afrique n'est que du vernis. Il suffit de la gratter et on y découvre l'autre de la démocratie, à savoir la dictature. Or il convient de reconnaître que celle-ci est source de frustrations qui, accumulées avec le temps, débouchent nécessairement sur la résistance et la révolte. Et cela parce que, de tout point de vue, l'essence de l'homme c'est la liberté. L'ethno-démocratie a créé en Afrique des fractures sociales tantôt manifestes tantôt latentes. Le favoritisme vivant cultivé par les élites politiques crée des inégalités sociales. La cause première des crises sur fond de guerres et conflits en Afrique est donc l'injustice, laquelle se traduit par l'impunité, la discrimination, le racisme institutionnel ou populaire. Ce sont là autant de réalités qui font légion dans la plupart de nos Etats africains prétendument démocratiques, qui conspirent à dresser les citoyens les uns contre les autres. Mais avant de mettre l'accent sur les conséquences des crises sociopolitiques, il nous convient d'expliquer et de comprendre leurs causes. Philosophiquement parlant, cause est ce qui répond à la question pourquoi

## Chapitre 1 : De la question de la reconnaissance

Il est particulièrement remarquable que la plupart des guerres et conflits en Afrique portant atteinte aux droits de l'homme ont pour origine principale l'intolérance ethnique ou religieuse. Celle-ci est paradoxalement entretenue et distillée par une certaine intelligentsia marginale suivie par une frange marginale de la population. Mais, du fait de la capacité de mobilisation de ces faux intellectuels, le phénomène d'intolérance finit par gagner toutes les couches sociales. Ces crises politiques caractéristiques de la pratique démocratique en Afrique est le fait non seulement du pouvoir, mais aussi de l'opposition. Elles sont les conséquences logiques de la mise entre parenthèses de part et d'autre de ce que John Rawls, appelle « *consensus par recoupement* [4]». Encore convient-il de préciser, avec Emmanuel Picavet[5] qu'un tel consensus va au-delà d'un simple modus vivendi. Car celui-ci ne peut être véritablement opérationnel que s'il est responsable.

S'il y a beaucoup de conflits et de guerres en Afrique c'est parce que justement il y a un profond déficit de reconnaissance des droits de l'homme. La cause principale de tous ces conflits multiformes c'est un déni de reconnaissance. D'où ces justes propos d'Axel Honneth : *« Le motif de tout conflit est une attente de reconnaissance, sachant que celle-ci peut prendre différentes formes*[6] *»*. Le Successeur de Jürgen Habermas, à la chaire de philosophie de l'Université Goethe de francfort, Honneth, a développé une pertinente théorie morale de la reconnaissance en dégageant *« une grammaire morale des conflits sociaux »,* lesquels découlent du mépris. De ce fait, pour bien cerner le problème de l'injustice, il nous faut démontrer en quoi la conflictualité sociale s'origine dans des attentes normatives formulées par les acteurs sociaux lésés.

---

[4]John RAWLS, *Ibidem*. p.245.

[5]Emmanuel PICAVET, *La doctrine de Rawls et le pluralisme comme modus vivendi*, in Revue de philosophie, Paris, 2006, pp.-369-38

[6]Axel HONNETH cité in Revue *Mouvements*, *Pensées critiques*, Editions La découverte, Paris, 2008, p.17.

### 1. De l'injustice

La question des crises sociopolitiques sur fond de guerres et conflits multiformes en Afrique est une question préoccupante et récurrente. Ceux-ci font entorse à la paix sans laquelle aucun progrès politique n'est possible. A la lumière de l'auteur de La République Platon, si la justice est à la base de l'harmonie, son autre qu'est l'injustice est à la base de la discorde individuelle et collective. Dans nos Etats africains l'injustice se traduit avant tout par le non-respect des droits de l'homme.

A l'instar de l'Occident, l'Afrique a toujours accepté sans réserve les droits de l'homme dans leurs principes formels. Mais là où le bât blesse, c'est l'applicabilité de ces principes. En effet, un regard attentif et critique sur la situation actuelle des Droits de l'homme en Afrique, comparée à celle de l'Occident, permet d'affirmer que la réalité de ces droits porte les stigmates de doute originel. Certes aucun Etat au monde n'est exempt de ce péché originel qu'est la violation des droits de l'homme, mais force est de remarquer que sur ce point les Etats africains sont réputés champions. En matière de respect des droits de l'homme, les Etats africains accusent un déficit criard et révoltant. Un tel jugement de valeur n'est ni politique ni révolutionnaire, mais se veut factuel et critique dans la mesure de l'humaine condition. Car s'attendre à une objectivité des sciences humaines et sociales, semblable à celle des sciences de la nature relève, à la limite, de l'utopie.

Cependant, parler ainsi ne porte nullement atteinte à l'objectivité de l'analyse de la situation des droits de l'homme en Afrique, comparée à celle de l'Occident, berceau des droits de l'homme. Car il est question ici d'une analyse consistant dans une description des droits de l'homme en Afrique dans leur concrétion, dans leur manifestation phénoménale, donc fondée sur les faits. Une analyse renvoyant à un rapport interactif et dynamique entre la conscience et les phénomènes des droits de l'homme dont elle est conscience, selon l'expression husserlienne. A la vérité, l'Etat de droit dont on parle en Afrique n'est que du vernis. Il suffit de le gratter pour voir qu'il cache paradoxalement un Etat de fait dans lequel sont souvent bafoués les droits élémentaires, civils et politiques. Il faut cependant reconnaître, en matière de défense et de protection des droits de l'homme en Afrique subsaharienne, le travail ardu de la société civile et de la communauté internationale même si celles-ci ne sont pas elles-mêmes sans reproches. L'Afrique n'est pas l'unique responsable des violations des droits de l'homme dont elle est victime. Il y a une responsabilité partagée. La communauté internationale n'est pas exempte de reproches.

Le reproche fondamental que l'on peut faire à la communauté internationale dans les situations de crise politique en Afrique, demeure son laxisme. Face à des dérapages constitutionnels des régimes dictatoriaux, elle semble préférer jouer au pompier plutôt que de prendre des mesures préventives. Mais, à bien voir les choses, les guerres et conflits identitaires en Afrique trouvent également leurs causes dans l'inculture politique des citoyens. C'est pourquoi il revient aux responsables des partis politiques de tenir à leurs militants un discours empreint de sagesse philosophique, en ce sens que seul celui-ci est capable de réconcilier les antagonismes qui naissent souvent de la liberté non raisonnée.

Lorsqu'une démocratie est altérée par les contestations virulentes, alors s'impose inévitablement le besoin philosophique. En effet celui-ci, comme dit Hegel, correspond à la nécessité où se trouve l'esprit de dépasser les oppositions et scissions :

> *« Quand la puissance d'unification disparaît de la vie des hommes et que les oppositions ont perdu leur rapport vivant, leur action réciproque, et deviennent indépendantes, alors naît le besoin philosophique. En tant que tel, ce besoin est une contingence ; mais dans la scission donnée, il est une tentation nécessaire pour dépasser l'opposition de la subjectivité.*[7] »

Comparée au pilote du monde, l'Occident, selon la terminologie heideggérienne, berceau des droits de l'homme, l'Afrique semble être le continent qui accuse un déficit déplorable en matière de respect des droits de l'homme, lesquels constituent le pivot des systèmes politiques

---

[7]HEGEL, Œuvres de jeunesse, *différence des systèmes de Fichte et de Schelling* in *Morceaux choisis*, par LEFEVRE et GUTERMAN, Idées, Gallimard, Paris, p

démocratiques. En effet, une analyse sans complaisance de la situation actuelle des droits de l'homme en Afrique, permet d'affirmer que ceux-ci connaissent des violations graves confirmées par plusieurs rapports d'enquêtes internationales et indépendantes.

Par rapport à la situation des droits de l'homme en Afrique, il y a une contradiction flagrante entre l'armature normative de protection des droits de l'homme et la réalité du respect des normes sur le terrain[8]. La plupart des Etats africains sont restés, sur le plan des principes formels, attachés au respect des droits de l'homme tels que déclarés par les conventions internationales. A cet effet, ils ont même créé des Commissions nationales dites indépendantes des droits de l'homme qui, en réalité, ne sont, pour la plupart, que des caisses de résonance des pouvoirs publics par pure condescendance aux pays riches qui sont trop regardants relativement au respect des droits de l'homme. Ils ont ratifié de nombreux pactes internationaux. Il s'agit notamment de la Convention sur l'élimination de toutes les formes de discrimination raciale contre la torture et les autres peines ou traitements cruels, inhumains ou dégradants, de la Convention sur les droits de l'enfant et de la charte africaine des droits de l'homme et des peuples. Les nouvelles constitutions des nations africaines engagées dans le processus démocratique ont repris, pour l'essentiel, les principes internationaux de protection des droits de l'homme inscrits dans ces divers instruments et pris l'engagement d'en assurer l'application pleine et effective.

Fort malheureusement, en dépit de ce dispositif normatif de protection des droits de l'homme, des violations ont eu lieu sous les différents régimes qui se sont succédé dans la plupart de ces Etats impériaux, c'est-à-dire imposés par la colonisation. Avec l'avènement du multipartisme, il y a eu des horreurs inimaginables perpétrées par ces régimes fantoches assistés par des faux intellectuels, selon la très juste expression du père fondateur de la première Ecole des Sciences Politiques, Platon. Sont faux intellectuels les intellectuels qui mettent leur science au service du mal. On les appelle communément les intellectuels de service par opposition aux intellectuels critiques et indépendants. Sont

---

[8] H. YACOUBA, « La question des droits de l'homme en Afrique », *Mosaïque Revue interafricaine de Philosophie, Littérature et Sciences Humaines,* Numéro 017 janvier 2014, république du Togo

faux intellectuels ceux qui trahissent leur vocation en cessant de rappeler au politique la prééminence de l'exigence morale. Ce sont ces faux intellectuels qui planifient par exemple des massacres et génocides (cas du Rwanda) et qui, par la suite, sont capables de les qualifier de simples procédures de protection de la sécurité intérieure de l'Etat. Dans ces situations ils ne manquent pas d'user de toutes sortes d'arguties juridiques ou de rhétorique sophistique. Loin d'être une production de l'esprit, une chimère ou une médisance, la violation des droits de l'homme en Afrique est une réalité incontestable.

Durant les campagnes électorales dans bon nombre d'Etats africains, des opposants politiques redoutables, des étudiants et des journalistes sont généralement arrêtés, tenus en isolement et torturés. On entend par torture *« tout acte par lequel une douleur ou des souffrances aiguës, physiques ou mentales, sont intentionnellement infligées à une personne aux fins notamment d'obtenir d'elle ou d'une tierce des renseignements ou des aveux (...)* [9]*»*. Ainsi, pendant la transition militaire en Côte d'Ivoire, par exemple, les organisations internationales de défense des droits de l'homme rapportent qu'un *« cycle incessant d'exécution extra judiciaire, d'arrestations arbitraires suivies de tortures effectuées par des responsables des milices militaires ayant vu le jour au sein des Forces Armées de Côte d'Ivoire caractérise le pays* [10]*. »*

Les Etats de droit en Afrique se trouvent souvent violentés par leurs propres dirigeants sous l'œil bienveillant des anciennes Métropoles pour des questions d'intérêts économiques ou stratégiques. C'est ainsi qu'on y

---

[9]LINDA (A) et al ; *Les droits de l'homme dans le droit international*, Paris, Editions nouveaux horizons, Traduction Bruno Baron-Renault, p.41.

[10]Amnesty International AFR 31 OO92000 in *Rapports sur les événements d'octobre et de décembre2000 en Côte d'IvoireRapport de l'ONU*

*Observations du Gouvernement Ivoirien*

*Enquête de RSF- FIDH*

*Rapport du comité de suivi des victimes*

assiste à des modifications constitutionnelles arbitraires ou des suspensions pures et simples des cours constitutionnelles comme c'était le cas au Niger. Dans ces Etats de démocratie de façade les vrais et authentiques défenseurs des droits de l'homme mettent leur vie en danger. Certains sont soit assassinés soit arbitrairement interpellés ou jetés en prison. A tout cela s'ajoute le calvaire des opposants qui sont mis sur écoute téléphonique ou victimes d'intimidations ou de chantages.

Presque partout en Afrique dite démocratique les preuves de violations flagrantes des droits de l'homme ont été relevées par les organisations de défense des droits de l'homme nationales et internationales.

Aujourd'hui l'opposition politique africaine dans sa majorité écrasante, qui elle-même n'est pas sans reproches, a du pain sur la planche face aux nouvelles dictatures qui s'installent. La plupart des pays africains sont victimes de violation constitutionnelle manifeste de la part de leurs gouvernants. La faute de ces derniers est de ne pas savoir les conséquences possibles de leurs actes. Les crises politiques en Afrique sont souvent synonymes des périodes de violations de droits de l'homme. On peut se référer aux cas récents du Mali, de la région des grands lacs, du Congo, de la Guinée, du Kenya, du Tchad ou du Soudan avec sa région infernale du Darfour où sont commis des crimes contre l'humanité. En Afrique pendant les guerres civiles ou crises politiques le plus souvent post électorales, des graves atteintes aux droits de l'homme sont perpétrées, à la fois par le pouvoir et l'opposition politique. Mais comme les rapports de force sont inégaux, c'est surtout dans les rangs de l'opposition qu'on dénombre plus de violations des droits de l'homme : viols et sévices sexuels, violations du droit à la vie, disparitions forcées, torture et autres traitements cruels, inhumains et dégradants, discrimination dans la jouissance des droits, arrestations et détentions arbitraires. Et d'ailleurs, presque partout en Afrique, au-delà des crises politiques, les commissions d'enquête indépendante parviennent à récolter une quantité considérable d'informations, dont certaines constituent des preuves patentes de violations des droits de l'homme comme l'esclavage, les violences faites aux femmes, le travail des enfants ou l'infanticide.

Un autre problème des droits de l'homme en Afrique demeure celui de l'immigration[11] clandestine. Il convient de reconnaître que les mesures prises par les pays européens contre ce phénomène constituent, en partie, une violation des droits de l'homme. La nécessité d'une déconstruction du droit au nom de la justice s'impose. Concrètement, il s'agit d'objecter à cette légalité positive des pays riches au nom d'un droit supérieur (l'universalité des droits de l'homme) ou au nom d'une justice qui n'est pas inscrite dans le droit. D'où, il convient pour les défenseurs des droits de l'homme de prôner le juste milieu. C'est-à-dire, pour parler comme Derrida, il faut faire en sorte que les Etats européens ne cèdent ni à des fantasmes sécuritaires ni à de la démagogie ni à de l'électoralisme. Il faut donc une hospitalité raisonnable. Car une hospitalité inconditionnelle risquerait d'avoir des effets pervers. Mais il faut reconnaître aussi que les Africains sont fondamentalement responsables de leurs problèmes. Au plan politique, ils refusent la condition nécessaire à l'application et au respect des droits de l'homme, à savoir la préservation du libre fonctionnement des institutions démocratiques. Les droits des minorités ethniques, religieuses ou linguistiques sont souvent mis à mal par un certain racisme soit institutionnel soit populaire[12].

L'ethnicité politique réduit, de facto, les chances d'un candidat issu d'un groupe ethnique minoritaire d'être élu Président de la république. C'est en termes arithmétiques, autrement dit de majorité ethnique et non de projet de société qu'il faut voir les choses. C'est dire qu'implicitement les minorités ethniques n'ont pas le droit d'accéder à la magistrature suprême. Ce qui est encore déplorable c'est qu'il y a en Afrique des Chefs d'Etats qui se conduisent non pas en Présidents de la République, mais de leur ethnie ou région. L'administration se trouve tribalisée. Cette situation d'exclusion risque de conduire tôt ou tard les exclus à la révolte, à la rébellion armée ou la guérilla dont les conséquences sont encore plus déplorables (dépôts des mines anti-personnelles, attentats, sabotages…) La rébellion se justifie par le fait que l'essence de l'homme est liberté. Elle trouve son fondement, selon la très

---

[11]Pour l'enrichissement mutuel des peuples, l'immigration des personnes doit favoriser la migration des idées.

[12]H. YACOUBA, « Pardon : penser les crises pour refonder la réconciliation en Afrique », *Cahiers du Pascrena,* Lomé, 2014.

juste remarque de Locke, dans la violation du contrat républicain par les gouvernants. Mais encore faut-il préciser que la rébellion de type lockéen se fait de manière démocratique, donc sans violence. C'est une rébellion qui s'exprime dans les limites du pacte républicain qu'est la constitution.

Pour mieux cerner les violations des droits de l'homme au sein de certaines communautés en Afrique, l'éclairage de Jean Rouch est on ne peut plus édifiant. Ces violations se traduisent par certaines pratiques culturelles dégradantes qui conduisent à une discrimination sociale. C'est précisément le phénomène des castes ou de l'esclavage, lequel existe surtout en Afrique de l'Ouest et principalement chez les communautés touarègues, zarma-sonraï, peule et bambara. Ainsi au Niger, par exemple, selon Jean Rouch, la société songhay est une société pyramidale dans laquelle on trouve en bas : *« les esclaves (homme banya, femme konyo) » et en haut « les hommes libres borokini homme libre »*[13]. Ces derniers constituent la masse du peuple Songhay. Force est de constater que bien que la constitution de la République du Niger ait interdit ces considérations archaïques, le phénomène d'esclavage subsiste dans sa forme idéologique, sinon psychologique. En effet, l'esclave, quelle que soit sa réussite sociale (sur le plan intellectuel, politique ou économique), a toujours ce complexe d'infériorité. Il ne peut oser épouser une femme de condition libre. Et au cas où celle-ci accepte d'être épousée, elle va perdre le respect de la société. Les enfants issus d'une telle union risqueraient de ne jamais pouvoir se marier quand ils seraient majeurs. Ils seront socialement exclus de part et d'autre des deux clans (clan des hommes libres et celui des esclaves). Une telle situation fait entorse à la Déclaration universelle des droits des l'homme qui dispose que tous les hommes naissent libres et égaux en droits.

Malgré des progrès significatifs réalisés dans la lutte contre ce fléau abject, par les Etat africains et surtout les organisations non gouvernementales, pièce maîtresse de la société civile, beaucoup reste à

---

[13]Jean ROUCH, *Les Songhay*, L'Harmattan, Paris, 2005, p.40-42. Cet auteur est un fin connaisseur des traditions et cultures nigériennes, et en particulier la communauté Songhay-Zarma. Etymologie : *borokini* et *banya* signifiants en Zarma, la principale langue parlée à l'ouest du Niger.

faire. Il est temps de panser définitivement cette plaie morale universelle qu'est l'esclavage en pensant des solutions pratiques. Mais pour trouver des solutions à tous les facteurs conflictuels en Afrique, il fallait d'abord en connaitre les causes dont la principale est l'exclusion entendue comme déni de reconnaissance.

## 2. De l'exclusion en tant que refus de reconnaissance de la différence

Le refus de reconnaître la différence se trouve au cœur des crises en Afrique et se traduit par l'"intolérance[14]. Or il est particulièrement remarquable que la différence n'est pas une chose mauvaise en soi. C'est son idéologisation ou absolutisation qui est dangereuse. L'affirmation absolue de la différence est dangereuse en ce sens qu'elle fait entorse à l'égalité des droits. Refuser de reconnaître l'autre à cause de sa différence c'est aussi se faire refuser par lui puisqu'on est aussi différent de lui. Ainsi l'exclusion est la cheville ouvrière de bon nombre de régimes africains apparemment démocratiques. L'exclusion est masquée par une caricature démocratique que seuls les esprits avertis peuvent comprendre. Le refus de la différence se traduit par l'Etat et les clivages ethniques en Afrique. Il est nourri et entretenu à la fois par des conflits et la corruption.

Fondé sur la doxa, le processus démocratique actuel en Afrique est, pourrait-on dire, la photocopie certifiée conforme de la démocratie antique que dénonçait le fondateur de l'Académie, Platon. Les Cités africaines fonctionnent sur fond de corruption des peuples astucieusement transformés en populaces par les hommes politiques. Ces peuples majoritairement pauvres et analphabètes sont instrumentalisés en pur bétail électoral. Les bases de cette instrumentalisation sont essentiellement ethno-régionales ou religieuses. C'est donc la laïcité qui se trouve en péril. L'ethnie, la région, la religion, la tribu, telles sont les idées infra politiques qui font entorse au processus de démocratisation devenu un processus de déchirures sociales en Afrique. Dans les faits on met en marche la machine de division ethno-régionale immédiatement camouflée par un discours démagogique prétendument unificateur. On sélectionne des individus de moralité douteuse dans toutes les couches

---

[14] Voir H. YACOUBA « Contribution de l'initiation philosophique à la prévention des conflits en Afrique» *Diotime revue internationale de didactique de la philosophie*, Numéro 37, p.14, 7/2008, 3084 mots, CRDP Montpellier, 2007.

socioprofessionnelles de la communauté exclue pour un tapage médiatique appelant à l'unité nationale.

Toutes ces pratiques antidémocratiques se font en moyennant des postes politiques ou récompenses pécuniaires. On crée des lobbys dans tous les secteurs de la vie syndicale pour faire l'apologie exclusive d'un régime en mal d'éthique politique. Toute dénonciation des dérives tribales du régime en place est interdite. Tout citoyen dénonciateur du règne de l'injustice serait jeté purement et simplement à la vindicte médiatique et serait traité par le pouvoir comme le divisionniste qui crie au divisionniste. Il se trouve socialement, politiquement et scientifiquement lynché. On paye pour la circonstance une certaine presse poubelle et société civile pour liquider honteusement sa dignité de citoyen critique et nationaliste. Pour le ridiculiser on invente et raconte des histoires sur lui pour parler comme Socrate dans le Théétète de Platon. Il est déclaré partout persona non grata.

L'exclusion politique se traduit dans toutes les sphères de l'Etat en Afrique : services centraux, secteur économique, militaire, sportif, artistique et même religieux. On fait tout pour empêcher un érudit appartenant à l'ethnie exclue de présider à une prestigieuse association musulmane ou chrétienne de peur qu'il ne constitue un obstacle à la politique d'exclusion en marche. Son autorité scientifique se trouve injustement contestée. Il ne serait désigné qu'à la seule et unique condition qu'il accepterait volontiers de mettre sa science au service du régime injuste. Celui-ci est fondamentalement ethnique ou tribale. Or force est de constater que l'exclusion ethnique ou tribale dans la gestion des affaires publiques est source potentielle de conflit identitaire. Tout excès conduit nécessairement à un excès contraire. Exclure l'autre ethnie ou tribu c'est la conduire en position défensive. Malheureusement quand on observe la pratique démocratique en Afrique elle est le plus souvent falsifiée.

Le modèle occidental de la démocratie qu'on veut imiter en Afrique débouche dans les faits sur une comédie démocratique. On ignore ou semble ignorer que la démocratie ne s'exporte pas comme une marchandise. Selon la pertinente remarque de la philosophe Chantal Delsol, membre de l'Académie des sciences morales et politiques de France, la démocratie représentative de type occidental engendre, appliquée ailleurs des perversions inattendues. En Afrique elle permet l'élection d'une tribu contre une autre, ramenant pour ainsi dire une apparence de démocratie. L'ethnicité politique en se soldant par l'élection d'une tribu contre une autre tribu favorise nécessairement la rébellion pouvant déboucher sur des revendications sécessionnistes.

Une justice à deux vitesses dans une cité dite démocratique crée inévitablement des identités tribales conflictuelles. Quand dans un Etat une ethnie ou région n'a que des droits et les autres que des devoirs, tôt ou tard on assisterait à des mouvements identitaires qui risqueraient de mettre en péril l'existence politique même de l'Etat unitaire. Quand l'impunité règne en puissance et en majesté pour les citoyens appartenant à une ethnie ou région et l'arrestation arbitraire est l'expérience quotidienne des membres des autres ethnies ou régions, il y aura nécessairement la prise de conscience identitaire de la communauté exclue. L'exclusion d'une communauté ethnique ou religieuse conduit nécessairement celle-ci à la conflictualité. Vu que l'exclusion est l'expression d'un mépris, elle serait nécessairement confrontée à la résistance sur fond de quête de reconnaissance. On a beau arrêter, assassiner ou faire exiler les leaders éclairés de la communauté exclue on n'y peut rien. Car la nature ayant horreur du vide, comme une boîte de pandores, il y aura toujours de nouvelles têtes pensantes pour défendre leur communauté exclue. Et comme l'histoire est dialectique, il y aura tôt ou tard la victoire, d'une manière ou d'une autre, de l'ethnie exclue. Celle-ci chercherait justement à se venger des injustices subies. Ce qui sera un éternel recommencement.

Les guerres civiles ne seraient boutées de l'Afrique que le jour où, au moyen de la citoyenneté républicaine, on comprendrait la nécessité de l'acceptation de la différence. Mais, la citoyenneté ne tombe pas du ciel. Elle est le produit de l'éducation civique. C'est par celle-ci qu'on comprendra que la différence, loin d'être un mal, est source d'enrichissement mutuel pour les différentes communautés. La différence est un concept éminemment philosophique. Or la philosophie est un travail accessible à tous car tout le monde est doté de raison. Elle n'exige de chaque être humain qu'un usage critique de sa raison. Le bon sens ou la raison est la chose du monde la mieux partagée dit Descartes. Malheureusement c'est le refus de faire montre de raison dialectique qui amène les différentes communautés ethniques ou religieuses à l'affrontement pouvant déboucher sur des cas de génocide comme au Rwanda. A ce propos, la remarque de Ebénezer Njoh Mouelle est on ne peut plus pertinente : C'est sur fond de refus de la différence que, *« on cherche, dit-il, à s'emparer du pouvoir non pas en fonction d'options politiques libérales ou socialistes, mais d'un clivage purement ethnique : le pouvoir aux tutsis, ou le pouvoir aux hutus !*[15] *»*.

De part et d'autre on refuse la raison dialectique en ignorant que la raison non dialectique est pernicieuse pour la coexistence pacifique entre les individus et entre les peuples. Le refus de l'autre sur le champ politique consiste dans des différences ayant pour conséquences les guerres et conflits identitaires en Afrique. Le règne du refus de la différence se caractérise dans la Cité par des comportements déraisonnables tels que : sentiment et parfois d'infériorité vis-à-vis de gens considérés comme très différents ; une peur sur fond de méfiance vis-à-vis d'eux ; une prise de distance due aux différences de langue et de comportement social.

L'exclusion ethnique dans le champ politique ne peut déboucher tôt ou tard que sur des guerres et conflits identitaires. Car tout être humain qui jouit de sa normalité mentale est jaloux de sa dignité, laquelle est une valeur absolue. Est valeur absolue une valeur qui n'a pas de prix. Or la première manifestation phénoménale de la dignité humaine que bafoue l'ethnicité politique est, à n'en point douter, la liberté. Elle viole les droits inaliénables d'un groupe humain. En réduisant la démocratie à un vote ethnique, les minorités sont de facto exclues de l'accession à la magistrature suprême du pays. Observée dans le jeu politique africain, l'exclusion ethnique se traduit par des expressions sournoisement conflictuelles comme Est-Ouest, Nord-Sud dans la plupart des Etats africains dits démocratiques.

Au Niger, par exemple, il existe des expressions sournoises dans les deux principales langues nationales que sont le Haoussa et le Zarma. Il s'agit notamment des expressions comme « *namu né* » ou « *ir bora no*[16]»,

---

[15] Ebénézer. NJOH MOUELLE et al, *L'Etat et les clivages ethniques en Afrique*, Edtions Ifrikiya, Yaoundé, 2011, p.29 Ce philosophe africain a pu faire marier au Cameroun la philosophie et la politique dans la mesure de l'humaine condition.

[16]Ces deux expressions signifient le ou la nôtre. Toute chose qui signifie que celui qui n'est pas de mon ethnie ne doit pas bénéficier de ses droits de citoyen que lui reconnaît pourtant la loi dans son principe fondateur. C'est dire que la citoyenneté de l'autre se trouve confisquée.

lesquelles sont politiquement dangereuses pour un Etat-nation en construction. Ce sont des codes linguistiques dont la cause finale est l'exclusion. L'ethnicité politique est un facteur de discrimination et d'oppression. En hiérarchisant la société elle pervertit l'Etat de droit, lequel est fondé sur l'égalité et la liberté. Elle fait entorse à l'application du principe d'égalité devant la loi. En règle générale, dans un Etat africain n'ont des droits que les membres de l'ethnie du Prince, du Ministre ou du chef de service, etc.

Les projets de développement du pays sont le plus souvent taillés sur mesure et orientés dans la région du Prince. Les membres de la tribu de ce dernier ont facilement accès à la fonction publique en violant souvent toutes les procédures légales auxquelles doivent être soumis tous les citoyens dans un Etat démocratique et de droit. Les membres des autres ethnies sont considérés comme des citoyens de seconde zone. Les ministres dits de la République recrutent et font surtout la promotion des membres de leurs communautés respectives.

Mais quelle est la cause principale de l'ethnicité dans sa version négative ? Une analyse soutenue de ce phénomène conflictuel qu'est l'ethnocentrisme autorise à dire que sa cause fondamentale est la peur de la différence. Et il y a peur parce qu'il y a fermeture des identités. Les identités closes sont, par nature, des identités conflictuelles. Pour vivre en paix, les identités se doivent d'être ouvertes les unes aux autres. L'ouverture est la condition de compréhension et d'enrichissement mutuels entre les cultures, lesquelles sont ontologiquement égales. La peur de l'opposition ethnique fait que le pouvoir ethnique refuse de perdre le pouvoir. L'enjeu du pouvoir devient un enjeu ethnique. C'est dire que le patriotisme cède la place à l'ethnocentrisme, dont la philosophie vulgaire est la diabolisation de l'autre. La communauté ethnique adverse est taxée de tous les noms d'oiseaux. La conséquence logique de l'ethnicité politique n'est rien d'autre que le totalitarisme dont le moyen de renforcement est l'endoctrinement.

L'ethnicité politique, en tant qu'idéologie, procède par l'endoctrinement pour atteindre sa cause finale qu'est la fracture sociale. D'où ces propos de Hannah Arendt : *« L'endoctrinement ne peut que renforcer la lutte à caractère totalitaire contre la compréhension, et il introduit, en tout état de cause, un élément de violence dans l'ensemble du domaine politique*[17]. » Un régime tribal ne peut perdurer que par le

---

[17]Hannah. ARENDT, *La nature du totalitarisme*, Payot, Paris, 1990P. 41.

mensonge et la violence. A tout point de vue, l'ethnicité politique est dangereuse en ce sens qu'elle accouche des extrémismes politiques faisant perdre du terrain au principe démocratique dans l'esprit des gouvernants comme des gouvernés. La démocratie ne peut aboutir à son essence que par la réalisation progressive et la défense des valeurs de la république. Or l'ethnicité politique est par essence ennemie de la république.

Dans son principe comme dans son achèvement, l'ethnicité politique cherche à assouvir les désirs de la tribu au pouvoir contre les autres. L'ethnicité politique brise le lien social élément indispensable de toute démocratie. Elle crée la méfiance entre les communautés qu'elle finit par dresser les unes contre les autres. Elle les pousse à se diaboliser mutuellement. Elle crée un bouc émissaire considéré comme cause du sous-développement réel ou supposé du pays. La communauté exclue serait considérée comme la masse de barbares et qui, par conséquent, ne doivent pas être humainement traités dans les services d'Etat. Ce racisme institutionnel et populaire est fondé sur l'ignorance du fait que, *« le barbare, c'est d'abord l'homme qui croit à la barbarie* [18]*»*, pour reprendre la pertinente remarque de Claude Lévi-Strauss. L'exclusion est source de violence, laquelle est un obstacle à la paix. Encore convient-il de préciser que la violence n'est pas un mal en soi. Elle peut avoir pour cause finale l'intégration communautaire ou républicaine. Le cas des violences coloniales dans l'épopée de Sonni Ali Ber[19], ce grand Empereur africain du 15ème siècle, constitue une parfaite illustration.

Le continent africain est réputé champion en matière des violations des droits de l'homme. La violation des droits des femmes par exemple, est on ne peut plus révoltante. Malgré les énormes efforts des organisations non gouvernementales (ONG) et associations féminines en faveur de l'égalité entre homme et femme, le statut social de celle-ci demeure lamentable. Jusqu'ici, et cela même selon beaucoup d'intellectuels africains, et singulièrement nigériens, la femme serait par nature un être faible, congénitalement inférieur à l'homme. C'est

---

[18]Claude .LEVI-STRAUSS, *Race et histoire*, Gallimard, Paris, 2007 p.17.

[19]H. YACOUBA, « Pour une relecture de l'histoire des violences coloniales dans l'épopée de Sonni Ali Ber », *Revue scientifique Etudes Sahéliennes de la faculté des Lettres et Sciences Humaines* de l'Université Abdou Moumouni

pourquoi nombre de femmes nigériennes subissent des violences conjugales, sont victimes d'injustice sociale en matière par exemple de droit coutumier, lequel leur refuse l'accès à la propriété foncière. En clair, les droits des femmes à la propriété sont limités. Cette condition de la femme nigérienne en général s'origine essentiellement dans des facteurs culturels multiples.

Une analyse phénoménologique sur fond des études statistiques menées par l'UNESCO, montre que la société nigérienne est marquée par une inégalité fondamentale entre l'homme (chef de famille) et la femme (mère et épouse). Traditionnellement au niveau de la famille c'est l'homme qui incarne ou possède le pouvoir décisionnel. La femme a pour rôle social le fonctionnement de la vie domestique. Elle prend soin des enfants dans des conditions souvent pénibles caractérisées par une situation nutritionnelle préoccupante. D'où la proportion élevée des femmes victimes d'anémie ou de cécité crépusculaire *(dandum)* en langue Zarma[20].Par ailleurs, la femme nigérienne souffre socialement d'un certain nombre de stéréotypes ou clichés (femmes indiscrètes ou sans secret, caprice, objet de discorde) qui constituent parfois des obstacles à son épanouissement. Et la persistance des problèmes sociaux, économiques et politiques des femmes s'origine dans leur analphabétisme. Majoritairement analphabètes, elles ignorent leurs droits. D'où leur faible intégration dans la vie économique.

---

[20]La référence à l'histoire enseigne que les Zarma sont l'éthnie autochtone de la Capitale Niamey. Considérés comme des Assimilés aux Sonray, les Zarma et ces derniers constituent un seul peuple, sinon un même groupe ethnolinguistique. D'où l'appellation en termes démographiques, de « Les Zarma-Songhay». Niamey signifie étymologiquement en Zarma plage de la vielle mère. Les Zarma sont par nature hospitaliers. L'amour de la paix à côté de celui de la justice, de la dignité et de la vérité a une place centrale dans l'univers culturel Zarma-Songhay Leur hospitalité n'exclut pas cependant le dénigrement de l'allogène ou de l'étranger qui commence à prendre des airs. Ce dénigrement se traduit par l'expression péjorative de « *Tchékanda* » qui signifie pieds venus, contrairement à l'autochtone qui est né du sol. La modernité politique s'insurge contre ces genres de considérations antinationales. Cette référence historique peut être approfondie et enrichie par une lecture critique de l'ouvrage de Maurice ASCANI, intitulé : Niamey à 360 degrés : Capitale de la République du Niger, imprimé en France(Herausgeber), Paris, 2010.

Au fait, l'exclusion sociale et la faible participation des femmes tiennent principalement à des facteurs culturels. Leur capacité à entreprendre des activités économiques, surtout commerciales, est liée à des facteurs socioculturels qui sont, entre autres, la répartition sexuelle des rôles, les préjugés de genre et le statut de soumission. Celui-ci découle de la mentalité de la plupart des Nigériens que l'homme est fait pour commander et la femme pour obéir. La répartition sexuelle des rôles faisant de la femme une personne qui doit rester cloîtrée à la maison, s'occuper des travaux domestiques et faite pour procréer, constitue un obstacle majeur à leur accès à l'emploi et à l'entreprenariat. A la limite, elles peuvent s'adonner dans le foyer à des services et à des activités économiques fondées sur des technologies archaïques comme le tissage ou la confection des chapeaux en feuilles de palmier. Quant aux préjugés ou stéréotypes des genres, ils ont un impact sur ce qui est vu comme attitude digne ou acceptable pour une femme dans la société nigérienne. Ainsi une étude de l'UNICEF faite en 2008 confirme, par des témoignages poignants, ces considérations de type archaïque.

Témoignage d'un commerçant urbain de Maradi :

> *« Les femmes ont des difficultés pour exercer les activités économiques. Je connais beaucoup d'hommes qui n'aiment pas que leurs femmes se livrent à des activités économiques. Il y en a même qui ne veulent pas de femmes instruites pour qu'elles n'aient pas la chance de participer à l'activité économique. Pour ma part, je voudrais que la femme exerce une activité économique mais dans le cadre domestique. Je le pense parce que si la femme est libre d'exercer une activité économique hors du ménage elle est capable d'user de tous les moyens possibles pour réussir, raison pour laquelle il est préférable qu'elle reste dans le cadre familial pour exercer une activité. Ce n'est pas bien qu'une femme détienne un pouvoir économique puisque cela peut la pousser à sous-estimer ce que son mari lui*

*donne habituellement. L'argent peut facilement détourner*[21]*.* »

Un témoignage non moins dommage et regrettable, malgré son caractère apparemment indulgent, traduit l'injustice sociale dont sont victimes les femmes nigériennes.

Témoignage d'un commerçant urbain de Tahoua :

> « *Beaucoup de femmes font des activités économiques à Tahoua. Quand Dieu a fait l'homme et la femme, c'est pour que chacun respecte un certain nombre de principes. Il n'est pas interdit à la femme de sortir mais à condition de se bien vêtir le corps de la tête aux pieds. C'est en quelque sorte une façon de considérer la femme. On constate qu'il y a beaucoup de femmes qui se déplacent dans le cadre des activités commerciales (vers la côte notamment et plus que les hommes).*
>
> *Par ailleurs, lorsqu'il est recommandé à la femme de rester dans le foyer, c'est aussi pour des questions de considération et elle peut sortir dans certaines conditions lorsqu'elle est par exemple veuve pour chercher à nourrir ses enfants, ou lorsque son mari est absent du ménage. On ne doit pas empêcher la femme de s'épanouir.* [22]»

Dans la plupart des communautés authentiquement africaines, c'est-à-dire non encore influencées par les valeurs culturelles

---

[21] Ministère de la promotion de la femme et de la protection de l'enfant, *Analyse de la situation de l'enfant et de la femme au Niger,* UNICEF, Editions Gashingo, Niamey, 2009, p.276.

[22]*Ibidem*, p.177.

occidentales, la femme reste et demeure pour les hommes, un être humain au rabais. C'est ainsi que dans l'univers culturel Songhay-zarma, par exemple, on peut littéralement désigner le terme français, femme, par le mot composé sonraï « *wey-boro* » qui signifie soit femelle soit soi-disant personne. C'est dire ici que l'humanité, sinon la personnalité de la femme porte les stigmates d'un doute originel. C'est un être en qui il ne faut jamais avoir confiance. C'est un être bizarre. Ces qualificatifs que l'on trouve dans presque toutes les cultures traditionnelles africaines sont inacceptables dans une société bien ordonnée, c'est-à-dire démocratique. La femme semble être reléguée dans une position très inférieure (le mari paye la « *dote* ».) La femme considérée comme une personne étrangère à la famille, ne profite selon la coutume que d'une infirme partie de la succession.

Au Niger comme presque partout en Afrique, la question du genre peut être perçue comme une catégorie d'analyse pertinente dans la mesure où elle interroge la position sociale de la femme. Ainsi une analyse critique et approfondie de la situation actuelle des femmes nigériennes, permet d'affirmer que, malgré le travail ardu de l'Etat, des ONG et des associations féminines, beaucoup reste à faire relativement à leur émancipation économique et sociale.

Mais comment s'exposent ces guerres et conflits identitaires multiformes en Afrique ?

# Chapitre 2 : Des crises sociopolitiques en Afrique

## 1. Des guerres et conflits identitaires

Au cœur de la plupart des déchirements dont l'Afrique est en proie se trouvent des racismes de toute sorte. Ces racismes débouchent souvent sur des conflits confessionnels ou intercommunautaires armés aux conséquences dramatiques (tueries, tortures, viols, etc). On peut citer les cas respectivement du Libéria, de Sierra Léone, du Nigeria (guerres politico-confessionnelles entre Nord musulman Haoussa-Fulani et Sud chrétien Ibo-Yoruba), du Ghana (conflits tribaux en 1992 entre Konkomba et Nanumba à la suite du vol d'une pintade), du Bénin (tensions postélectorales entre Nord musulman et Sud chrétien en 1996), de Guinée Conakry (entre peuls et malinké), de Côte d'Ivoire avec le concept dit « d'*ivoirité* » qui a accouché d'une poudrière identitaire soldée par des milliers de morts, de disparus et de déplacés. Il y a souvent des conflits intercommunautaires au Niger entre sédentaires (Haoussa, Zarma) et nomades (peuls ou touaregs).

Au Niger et au Mali la rébellion touarègue dans son éternel recommencement fait entorse à l'unité nationale, laquelle est l'horizon ontologique de toute république. La région des Grands lacs (République démocratique du Congo ou ancien Zaïre, Burundi, Rwanda, Ouganda) s'avère depuis l'époque postcoloniale le carrefour des guerres tribales. L'humanité a encore en mémoire le génocide rwandais (conflits armés entre hutu et tutsi), les violences postélectorales au Kenya entre les partisans du Président de la République et ceux de son Premier Ministre issus tous deux d'ethnies différentes. On ne peut point escamoter les cas de la Libye (actes de vandalisme à caractère raciste perpétrés par les populations contre les immigrants noirs de l'Afrique de l'Ouest), de Mauritanie (conflits entre Noirs et populations Arabo-berbères dans les années 90). Presque partout en Afrique on assiste à des élections tribalisées tantôt manifestes tantôt masquées par le discours démagogique d'un Président élu et autoproclamé le rassembleur.

S'il y a un auteur, après Platon, qui a fait une analyse approfondie de la question de violence[23], c'est bien Hannah Arendt dont la pensée est aussi de signification actuelle. Dans son ouvrage, *Du mensonge à la violence*, elle aborde magistralement le rôle du mensonge et les techniques d'intoxication, ainsi que les voies idoines de les combattre. La solution originale qu'apporte cette philosophe aux actes de violence en général, réside dans la prise en compte à la fois de la connaissance et de l'engagement. A ses yeux, il ne suffit pas de connaître la solution à un problème, il s'agit aussi de faire preuve d'engagement, sinon d'action : *« Découvrir des remèdes à des maux très évidents ne garantit certes pas que le problème puisse être résolu ; mais négliger de le faire prouve qu'il n'aura même pas été convenablement défini*[24] *».*

Pour mettre en évidence le problème des états inédits de violence en Afrique, on peut se référer surtout à la question du terrorisme au Sahel et à sa solution essentiellement philosophique. La solution d'action éclairée semble être la voie royale qui conduit à la résolution civilisée des guerres et conflits en Afrique, dont l'évolution a pris une nouvelle tournure avec l'irruption d'un phénomène inédit appelé terrorisme. Cet état de violences inédit qu'est le terrorisme continue de saper dangereusement la paix et la sécurité au Sahel. Pour combattre efficacement le terrorisme, il fallait d'abord le comprendre. A bien voir les choses, la pensée philosophique est d'une contribution inestimable au combat mondialisé contre le terrorisme. Celui-ci peut être bien compris au moyen des réflexions philosophiques.

Par réflexions philosophiques, j'entends, en l'occurrence, les réflexions critiques cherchant à rendre intelligibles le sens, les causes et conséquences des actes terroristes mettant à mal la sécurité au Sahel. Il s'agit de ces actes inédits qui vont de pair avec une certaine criminalité sur fond de fondamentalisme religieux et de provocation politique. Toutes ces choses qui font entorse à l'Etat unitaire ou républicain trouvent leurs manifestations phénoménales dans les mouvements rebelles touaregs, les

---

[23] H.YACOUBA, Identité et conflictualité : une approche philosophique », *Etudes Sahéliennes de la Faculté des Lettres et Sciences Humaines de l'Université Abdou Moumouni, Niamey*

[24]Hannah. ARENDT, *Du mensonge à la violence*, Calmann- Lévy, Paris, 1972, p. 74.

groupes islamistes et les bandes criminelles. Leur dénominateur commun est la terreur comme violence instrumentale. Selon la pertinente remarque de Plotin, la philosophie est recherche de l'origine. Ainsi une étiologie du terrorisme au Sahel, permet de stigmatiser en premier lieu les récurrentes rebellions touarègues comme étant le premier facteur de terrorisme au Sahel. Ces rebellions qui ont favorisé le terrorisme au Sahel trouvent elles-mêmes leurs origines dans ce qu'on pourrait appeler les politiques coloniales, lesquelles ont arbitrairement tracé des Etats en faisant abstraction des peuples culturellement distincts.

Comprendre et expliquer le terrorisme au Sahel renvoie à un travail d'interprétation, de logique dialectique et de rhétorique. Bien qu'il nous renvoie à un flottement terminologique, un thème aux contours imprécis, le terrorisme peut être compris comme emploi de la terreur à des fins politiques. L'interprétation philosophique du terrorisme est plus qu'importante vu que, comme dit Roberta de Monticelli, *« dans un des nombreux sens du terme, philosophie signifie traduction d'expériences de réalité ou expériences de sens.*[25] *»* Encore faut-il préciser que l'interprétation philosophique du terrorisme ne peut se faire sans l'apport des autres sciences humaines et sociales. Et à bien observer les choses, a priori c'est la porosité des frontières de ces vastes Etats sahéliens qui favorise le développement du terrorisme. Cette question du terrorisme au Sahel est horriblement douloureuse et l'incapacité de la communauté internationale à y mettre un terme est on ne peut plus affligeante. Et cela parce qu'on a aujourd'hui l'impression que l'existence de ces mouvements terroristes est paradoxalement en train de donner naissance à un terrorisme d'Etats au Sahel sur fond de néocolonialisme.

Le terrorisme est un phénomène complexe, lequel appelle à une pensée du tout, donc philosophique. Comment faire face à ce phénomène inédit qui, à tort ou à raison, trouve sa justification tantôt dans la mauvaise gouvernance, tantôt dans l'inadaptation de l'Etat de type formel ou occidental aux représentations des sociétés culturellement distinctes vivant dans l'espace sahélien ? Pourtant à bien analyser les choses, seul le développement économique des pays sahéliens et leur entrée réelle dans

---

[25]Roberta De MONTICELLI, *L'ascèse philosophique*, Vrin, Paris, 1997, p.9.

la démocratie pluraliste seraient le meilleur antidote contre le terrorisme et ses avatars. Mais cette solution à la fois politique et économique au problème du terrorisme suppose sa compréhension philosophique, laquelle consiste à saisir son sens, c'est-à-dire ce grâce à quoi sa signification et ses signes deviennent signifiants. D'où le rapport entre savoir et pouvoir, lequel, selon la pertinente remarque de Michel Foucault, est un exercice bien davantage qu'une possession. De ce fait, pouvoir juguler le terrorisme au Sahel revient d'abord à le savoir.

Le problème fondamental est donc de savoir comment juguler le terrorisme au Sahel à partir de sa compréhension philosophique.

Le remède originel au terrorisme est l'application d'une politique juste au Sahel. Celle-ci passe par une éducation de qualité, une économie libérale, sociale et solidaire. Une politique juste consiste dans une lutte préventive et militaire. Au fait elle réside dans la bonne gouvernance. Mais l'efficacité de la bonne gouvernance passe par la coalition entre la société civile nationale et internationale, les Etats du Sahel et les puissances occidentales dans les limites du sentier pluriel du droit, d'une politique de l'amitié, de l'hospitalité, du pardon, du don. Le monde est certes un monde d'intérêt, mais l'intérêt n'exclut pas l'amitié. Et la vraie amitié est celle fondée sur la justice.

Ainsi, la paix au Sahel comme partout en Afrique passe d'abord par une intégration républicaine[26] de toutes ses populations. Il s'agit d'amener les touaregs comme toutes les autres composantes ethniques et raciales vivant au Sahel à comprendre que l'Etat moderne refuse les identités radicales. La race, l'ethnie, la région, la religion comme principes politiques sont contraires à l'intégration républicaine. Seule une véritable intégration républicaine est à même de conjurer l'écueil du repli identitaire, lequel inhibe jusqu'ici l'émergence de consciences nationales en Afrique. L'ethno-démocratie[27] cultivée par les fausses élites politiques et intellectuelles a créé au Sahel des fractures sociales tantôt manifestes

---

[26]Voir Jürgen HABERMAS, *L'intégration républicaine,* Editions Pluriel, Paris, 2014.

[27]Cette notion a été largement abordée par le philosophe et ancien premier ministre centrafricain, J. P. NGOUPANDE dans son ouvrage, *Racines historiques et culturelles de la crise Africaine,* Abidjan, Editions UCAO , 2006, 76pages.

tantôt latentes. Le favoritisme vivant cultivé par les élites politiques crée des inégalités sociales qui conspirent à dresser les citoyens les uns contre les autres. Le favoritisme vivant, en créant l'exclusion, ne peut que conduire à la révolte. Car l'essence de l'homme c'est la liberté. Encore faut-il que les revendications juridiques des exclus se fasse dans les seules limites de l'Etat de droit.

Discipline charnière de toutes les sciences humaines, la philosophie cherche à résoudre l'énigme du terrorisme. Contrairement au langage vulgaire, le langage philosophique se veut éminemment conceptuel pour saisir la réalité dans toute sa complexité. Philosophiquement pensé, le terrorisme pose a priori un problème métaphysique. Car ceux qu'on nomme terroristes ne sont pas réellement identifiés. D'où la guerre contre les terroristes est une contradiction dans les termes. En effet en matière de guerre l'ennemi est connu et déclaré. Et pourtant les faits montrent bel et bien l'existence du terrorisme au Sahel. Le concept de terrorisme, comme l'a si bien vu Jacques Derrida, est éminemment philosophique en ce qu'il renvoie à l'événement, c'est-à-dire à ce qui arrive imprévisiblement, singulièrement.

En tant qu'évènement, le terrorisme nous renvoie à la question du temps l'une des formes à priori de la sensibilité. Est évènement, l'arrivant, l'imprévisible, ce qui appelle à l'attente, donc à l'hospitalité. Mais il s'agit d'une hospitalité sur fond de surprise et du négatif. Il arrive malheureusement n'importe quand, partout et nulle part : au marché, à l'école, dans le bus, dans les casernes, à la plage, dans la brousse, à la cafétéria, dans l'avion, etc.. Il renvoie à un cadre spatio-temporel attendu, mais imprécis et indéterminé. D'où l'angoisse existentielle que crée le terrorisme dans le monde et singulièrement au Sahel. Il menace les pouvoirs publics qu'il pousse paradoxalement aussi à la violence dite légale. Car si le pouvoir laisse le terrorisme se développer, ce dernier provoque finalement sa disparition. De ce fait, la non-violence exigée du pouvoir n'est pas le contraire de la violence. Le terrorisme accouche socialement et psychologiquement de l'angoisse, laquelle est différente de la peur. Car, par définition, celle-ci porte sur un objet, tandis que l'angoisse quoique réelle est sans objet.

Ainsi, les terroristes, en choisissant d'attaquer le Mali, ont posé un acte éminemment historique dont le sens est à déchiffrer. Leur choix d'attaquer le Sahel et singulièrement le Mali, semble n'être ni fortuit ni hasardeux. Berceau des grands Empires comme celui du Mali et du Songhay, le Mali est le cœur de la bravoure historique de l'Afrique noire. Soundjata Keita, Kankan Moussa, Sonni Ali Ber ou Ali le Grand toujours vainqueur jamais vaincu, Askia Mohamed, voilà des grands hommes qui ont fait la fierté de l'Afrique noire. Les terroristes, en attaquant le Mali, l'ont fait pour briser cette fierté historique de tout le peuple Noir d'Afrique. Pour se faire remarquer par les pouvoirs publics du Sahel et ses populations civiles et par la communauté internationale, les terroristes procèdent, au moyen de la technologie et des médias occidentaux sur fond de mensonge et de violence. Depuis un certain temps ils mettent à mal la paix et sécurité au Sahel. L'insécurité qu'ils ont installée dans toute la bande sahélo-saharienne se traduit par ces actes inédits tels que les sabotages, les attentats, les assassinats, les prises d'otages. Ces pratiques criminelles fondées sur le fondamentalisme religieux et la provocation politique ont créé une psychose générale au Sahel.

Toutes ces choses qui risquent de mettre en péril les Etats unitaires ou républicains du Sahel, trouvent leurs manifestations phénoménales dans les mouvements rebelles touaregs, les Groupes islamistes tels que AQMI (Al-Qaïda au Maghreb Islamique), MUJAO (Mouvement pour l'Unicité et le Jihad en Afrique de l'Ouest), An sardine (Défenseurs de la religion), Boko Haram (L'éducation occidentale est un péché) et les bandes criminelles. Tous ces groupes terroristes ont parfaitement compris que l'efficacité de la tromperie et du mensonge consiste à répandre la confusion dans les esprits, rendant ainsi difficile toute opération militaire destinée à combattre le terrorisme.

L'échec désastreux de la politique d'intervention armée des Etats sahéliens face au terrorisme ne résulte pas, en fait, du seul problème de logistique, mais surtout de leur incapacité à déchiffrer les signes du terrorisme. Ils semblent ignorer que le pouvoir est avant tout stratégique. Il est plus scientifique que possessif. En effet, l'ennemi, avec peu de moyens, mais mieux organisé peut facilement mettre en déroute l'adversaire bien équipé mais désorganisé. L'avenir, dit-on, appartient aux forces organisées. Le combat contre le terrorisme nécessite toute une lutte scientifique qui consiste d'abord aux Etats à pouvoir distinguer les mouvements extrémistes des éléments criminels qu'ils attirent dans leur cause prétendument révolutionnaire.

La réussite est certes dans l'action, mais il s'agit ici de l'action éclairée et bien canalisée. C'est donc une action fondamentalement éthique. Il fallait d'abord faire une exégèse sans complaisance des discours de ceux qui se disent djihadistes. A vrai dire, étudiés à fond, les discours des djihadistes s'avèrent mystificateurs, mais paradoxalement fondés sur les conditions sociales révoltantes nées de la mauvaise gouvernance au Sahel. Ces conditions injustes sont, entre autres, la pauvreté structurelle, le chômage, la discrimination. Se servant de l'islam qui est fondamentalement une religion de justice sociale, certains terroristes ne cherchent paradoxalement dans les faits qu'à satisfaire leurs fantasmes sexuels, criminels et politiques. Car l'islam est aux antipodes du viol, de la flagellation arbitraire, surtout dès l'instant où, pourrait-on dire, le Livre Saint, le Coran, aurait décrété d'une certaine manière la laïcité à travers la Sourate, les Infidèles.

D'inspiration sunnite fondamentaliste, Al-Qaïda considère l'Occident comme l'axe du mal pour les nations islamiques. A ses yeux, l'interférence de l'Occident dans ces nations n'a qu'un seul objectif : son intérêt. C'est pourquoi pour Al-Qaïda il est plus qu'urgent de résister contre l'Occident qui, à son tour, considère les actes d'Al-Qaïda comme terroristes. A vrai dire, malgré la médiatisation souvent outrancière opérée par l'Occident, force est de reconnaître que les méthodes de revendications d'Al-Qaïda sont fondamentalement terroristes. Elles sont non démocratiques. Depuis les attentats du 11septembre 2001 contre les deux tours du world trade center de New York, nous assistons à ce qu'on pourrait bien qualifier de troisième guerre mondiale qui se traduit dans tous les coins du monde, et en particulier au Sahel. Celui-ci est devenu aujourd'hui une poudrière identitaire par excellence. Il est devenu un lieu infernal du fait des groupes rebelles touaregs et islamistes tantôt alliés tantôt adversaires. Le caractère infernal de la vie au Sahel consiste dans la recrudescence de la violence, du trafic de drogue et du banditisme multiforme. Les attaques islamistes y sont monnaie courante.

Observées à fond, les actions revendiquées, au nom de l'islam, par ces groupes islamistes, s'avèrent terroristes puisque non démocratiques : tueries, flagellations, viols, attentats contre des casernes (cas de Kidal, de Gao, de Tombouctou et d'Agadez) et des camps de police et de gendarmerie. Les tueries d'Aguelhok(Mali) sont des crimes contre l'humanité puisque fondamentalement contraires aux règles internationales de la guerre. Elles sont des crimes contre l'humanité tout comme les bavures policières et militaires qui ne faisaient pas parfois la distinction entre les rebelles touaregs et les paisibles populations touarègues même s'il est souvent clairement démontré au terme d'enquêtes militaires fiables que celles-ci sont parfois complices avec les rebelles. Quoiqu'il en soit, les forces de défense et de sécurité au Sahel ont aussi un sens de responsabilité devant l'histoire. Elles ont le devoir de savoir riposter contre les attaques terroristes des organisations islamistes, lesquelles ont falsifié la philosophie de l'islam, une religion fondamentalement humaniste.

Vu dans sa profondeur ontologique et éthique, l'islam véhicule une philosophie laïque. La Sourate dénommée les infidèles, semble bien l'attester. En effet, elle intime à chacun la libre pratique de sa religion. Pour preuve au temps du prophète, Mohamed, il était permis aux Chrétiens de vivre librement avec la communauté musulmane. Malheureusement, aujourd'hui des organisations islamistes d'obédience Al-Qaïda commettent au Sahel des crimes et exactions au nom d'un faux djihad. Cette situation fait que toutes les populations vivant au Sahel ont aujourd'hui la peur au ventre. Al-Qaïda entraîne des centaines de combattants dans le désert nigéro-malien. Son appel au djihad contre l'Occident et le Sahel occidentalisé se traduit par des actions violentes dont, entre autres, les enlèvements, la destruction des mausolées comme celles de Tombouctou. Al-Qaïda est idéologiquement engagé à tuer les Américains et leurs alliés civils et militaires. Toute chose qui amène logiquement les Etats à mener une guerre sans merci contre toutes les organisations islamistes. Une telle guerre est difficile vu que les islamistes sont idéologiquement bien armés. D'ailleurs, le premier problème fondamental qui se pose ici est d'ordre épistémologique. En effet, vu que qu'avec le terrorisme, l'ennemi n'est pas clairement identifié, il est difficile de parler de guerre contre le terrorisme. C'est dire que le terme de guerre est juste un pis-aller. Le terrorisme peut être compris comme un état d'actes de violence.

Philosophiquement observés, tous les états d'actes de violence au Sahel trouvent leur origine surtout dans une mauvaise gestion de l'identité. Pourtant, celle-ci n'est pas une chose mauvaise en soi. C'est dans sa manifestation radicale, sinon absolue qu'elle est porteuse de conflictualité. L'identité absolue conduit à un isolement mortel. C'est pourquoi sous peine de conduire à l'exclusion, elle doit se dialectiser dans un processus d'unification du même et de l'autre. Il convient de soumettre la question de l'identité à un examen critique pour un meilleur vivre ensemble en Afrique. Philosophiquement pensé le concept usuel de l'identité comporte, pour peu qu'on y prête attention, cette double dimension de la subjectivité et de l'objectivité. L'identité suppose la personne ou un sujet duquel résultent les obligations de son exercice.

La caractéristique de l'identité, c'est donc la puissance conflictuelle que constitue son absolutisation, laquelle ne peut être conjurée que par une prise en compte de l'altérité. C'est la gestion philosophique, sinon dialectique de l'identité qui est à même d'aboutir à une opposition libérée, c'est-à-dire réconciliée. L'approche philosophique de l'identité suppose qu'elle soit réfléchie dans tous ses aspects, donc dans son effectivité afin de mieux la gérer dans l'intérêt de soi et celui des autres. Encore faut-il remarquer que la réflexion philosophique sur l'identité ne peut se faire sans la contribution des autres sciences humaines.

Discipline charnière des autres sciences humaines, la philosophie dans sa vision synoptique des choses tente d'étudier la notion d'identité dans toute sa complexité dans la mesure de l'humaine condition. L'originalité de la réflexion philosophique réside dans sa tentative de dépasser les présupposés de la notion de l'identité telle que l'opinion se la représente. L'opinion étant ignorante, c'est-à-dire privée de connaissance, pense mal l'identité. Or celle-ci mal pensée est mauvaise et contient les germes de son autodestruction. Appliquée à la personne humaine, l'identité dans sa première manifestation sensible conduit à l'orgueil, à l'estime de soi démesurée. Toute chose qui est néfaste et pernicieuse et pour soi et pour les autres, lesquels se voient ipso facto sous-estimés.

L'estime exagérée de soi a pour conséquence logique le mépris de l'autre qui est pourtant le passage obligé, sinon la condition de la reconnaissance de soi. A moins qu'on soit fou ou déraisonnable on ne s'estime point par rapport aux animaux, aux plantes, disons aux choses, mais bien entendu aux autres. Ceux-ci sont des personnes comme moi. Nier les autres c'est nier leur identité, chose qu'ils ne sauraient accepter en tant que personnes. L'identité absolutisée constitue une bombe à retardement qui en éclatant s'autodétruit et endommage son environnement.

Le problème fondamental est donc de savoir ici les conditions d'une bonne gestion de l'identité appliquée à la personne humaine pour que soit possible la paix condition sine qua non de toute politique de développement. S'il y a une discipline qui aborde la question de l'identité dans toute sa complexité c'est bien la philosophie. Etant au carrefour de toutes les sciences humaines, la philosophie a une approche synoptique du concept d'identité. Sa tentative, loin d'être présomptueuse, est de concilier les sempiternels débats oiseux qui débouchent le plus souvent sur une confusion sémantique.

C'est parce que la philosophie dans son mode opératoire est totalisation qu'elle est à même de nous donner une idée satisfaisante du concept d'identité. « Qui suis-je ? Qui es-tu ? Qui est-elle ? » Ce sont là autant des questions identitaires qui sont ipso facto des questions ontologiques. Et qui dit ontologie dit cette branche de la philosophie qui traite de l'être comme tel, l'être en tant qu'être. L'identité nous renvoie donc à l'être, c'est-à-dire ce qui est effectivement par opposition au non-être, c'est-à-dire ce qui n'est nullement. Toute chose qui est problématique. Car comme l'a si bien vu Parménide dans un des dialogues de Platon, si le non-être est ce qui n'est pas, ce qui n'est nullement, comment est-on donc parvenu à le nommer ? D'où le néant lui-même existe. Seulement il existe autrement. Il n'existe pas comme l'être.

La notion de l'identité pose plusieurs variantes de l'humain, lequel, par nature, est pluridimensionnel : psychologique, social, politique, religieux, culturel. La vérité de l'identité personnelle ne peut bien être appréhendée que dans une conception holiste de l'humain. L'individu humain a un répertoire d'identités. Ne pas tenir compte de ce tout, c'est biaiser la compréhension de l'identité, et du coup c'est faire entorse à sa position ou détermination psychologique, sociale, politique, religieuse ou culturelle. Mal comprendre l'identité c'est la blesser ou lui imposer le conflit. Car tout être menacé dans son existence cherche à persévérer dans son être en s'opposant à ce qui le menace. Sur le plan psychologique, l'individu a besoin d'être soi-même, de son autonomie. Lui empêcher un espace d'autonomie c'est le pousser à la révolte. L'homme révolté : n'est-ce pas l'homme en quête de liberté. ? N'est-ce pas l'homme en position conflictuelle face aux limites du tolérable ? C'est l'homme qui dit non parce qu'il en a assez.

L'identité ne peut se concevoir sans la liberté. L'homme n'est vraiment son identité, c'est-à-dire homme sans sa liberté. L'essence de l'homme c'est sa liberté. Renoncer donc à sa liberté c'est renoncer à son identité humaine : *« renoncer à sa liberté c'est renoncer à sa qualité d'homme (...) Une telle renonciation est incompatible avec la nature de l'homme[28]».* La liberté de l'homme, en tant que son identité, est non négociable. Sa violation ne peut se concevoir chez aucun être normal. A tout point de vue, elle est inacceptable. Entamer la liberté de l'homme c'est lui déclarer tôt ou tard le conflit ou la guerre. L'identité ne rime pas avec l'autoritarisme. Car celui-ci serait tôt ou tard contesté par celui qui en est victime. Ainsi un mari autoritaire conduirait sa femme inévitablement à la révolte. C'est dire que la dictature au sein du foyer conjugal crée nécessairement des identités conflictuelles.

Au plan social, l'individu se perçoit selon son appartenance au groupe auquel il appartient. Selon la nature du groupe auquel il appartient, toute injustice externe dont il se croit victime crée logiquement une contestation professionnelle, ethnique ou religieuse. Le mal vivre de l'identité individuelle est vécu comme le mal vivre collectif. C'est ainsi qu'une bavure policière sur un seul étudiant, par exemple, peut déboucher immédiatement sur le déchaînement de l'ensemble de la communauté estudiantine. C'est dire que l'identité blessée de l'individu est le miroir de l'identité collective. Le licenciement arbitraire d'un agent d'une société entraîne un mouvement de protestation de l'ensemble des agents de ladite société. L'injustice est donc source potentielle de conflit identitaire individuel et collectif.

Vu que la question de l'identité est complexe, la solution à son essence conflictuelle l'est également. L'identité absolutisée constitue une bombe à retardement qui, en éclatant, s'autodétruit et endommage son environnement. D'où l'urgence d'une gestion responsable de l'identité, sans quoi elle serait le lieu de la conflictualité, de l'opposition entre soi et les autres. Il s'agit ici de l'opposition négative, c'est-à-dire non dialectisée. Celle-ci accouche des conflits identitaires ou monstres politiques tels que l'ethnocentrisme, le racisme, la xénophobie, les guerres tribales pouvant déboucher sur le génocide. L'identité non dialectisée est manifestation phénoménale de l'animalité humaine. Elle débouche sur la marginalisation de l'autre qui est pourtant constitutif de mon égo. L'autre se voit donc son égo méprisé. Toute chose qui crée une relation conflictuelle. C'est ce qui fait dire à Jean-Claude Kaufmann ceci :

---

[28]Jean-Jacques ROUSSEAU, *Du contrat social*, Editions Flammarion, Paris, 2001, p.47.

*« La marginalisation impose désormais la mobilisation d'une énergie émotionnelle nécessaire à la reconstitution de l'estime de soi. Plus la vie est éclatée, plus est grand le mépris ressenti contre soi, plus cette énergie émotionnelle peine à trouver des marques pacifiques. Elle peut déboucher alors sur toutes sortes d'implosions individuelles ou d'explosions collectives*[29]. »

Ainsi l'approche philosophique de l'identité permet de comprendre que celle-ci est l'une des choses les plus précieuses ou périlleuses pour l'individu ou le groupe. Elle est pourrait-on dire un couteau à double tranchant. L'identité est objet de passion. Donc attaquer de l'extérieur à tort ou à raison l'identité individuelle ou collective, c'est s'attendre à une réaction aux conséquences imprévisibles. Et cela parce que le passionné, par nature, refuse tout jugement négatif sur l'objet de sa passion. C'est pourquoi relativement à l'identité individuelle ou collective, il faut faire attention du fait de certains de ses mécanismes qui créent des effets dévastateurs. D'où la pertinence de ces propos de la psychologue, Marisa Zavalloni :

*« Le phénomène identitaire suscite fascination et inquiétude dans le monde où l'on observe ses effets exaltants ou dévastateurs mais sans une compréhension véritable des mécanismes qui les produisent. Si l'on déplace le regard de la collectivité à l'individu dans sa singularité, un mystère tout aussi troublant apparaît. Comment comprendre cette passion qui accompagne notre faire et notre dire lorsqu'on touche aux appartenances nationales, sexuelles, ethniques ou religieuses ? Comment*

[29]Jean-Claude. KAUFMANN cité par Sylvie Mesure et al, in *Dictionnaire des sciences humaines*, Presses Universitaires de France, Paris, 2006, p. 595.

*comprendre le sentiment de réalité qui investit certaines de nos croyances ?*[30]»

Les questions identitaires doivent être philosophiquement traitées sans quoi elles peuvent conduire à des catastrophes inattendues. La pensée philosophique n'est pas avare en solutions raisonnables aux différents problèmes pratiques que pose l'expression de l'identité qui est, par nature, conflictuelle. C'est la position de bon sens qui est la solution sensée au problème d'identité. L'identité nationale exagérée, par exemple, débouche sur le chauvinisme. C'est le cas du « *concept d'ivoirité* », lequel a engendré une certaine poudrière identitaire en Côte d'Ivoire. Cette situation ivoirienne met à nu la difficulté pour les différentes ethnies et communautés religieuses à s'accepter dans un Etat imposé par la colonisation. Elle met à nu la difficulté pour des peuples d'identités culturelles différentes à vivre paisiblement ensemble. Alors que faire devant cette situation impériale commune à tous les Etats africains ? De deux choses l'une. Ou ces Etats et les ONG s'activent sincèrement à une intense éducation à la citoyenneté républicaine ou alors on y procède au fédéralisme pur et simple. L'identité doit tenir compte des contextes dans son application.

En clair, pour un meilleur vivre ensemble, la gestion de l'identité invite les uns et les autres à la transcendance, au consensus, à l'amour ou à la bonne gouvernance. Le problème fondamental est donc de savoir comment juguler tous ces états de violences qui entament la paix civile en Afrique.

## 2. Quelles perspectives pour la paix en Afrique ?

Posons-nous la question suivante : la réconciliation est-elle problématique en Afrique ? Cette question engage une définition éminemment philosophique, sinon herméneutique. Certes la solution des solutions aux guerres et conflits multiformes en Afrique c'est la justice, autrement dit l'application du droit. Mais il convient de reconnaître que le bon fonctionnement de la justice elle-même a besoin des mesures d'accompagnement telles que le pardon et le dialogue. Mais à bien voir

---

30 Marisa ZAVALONNI, *Ego-écologie et identité: une approche naturaliste*, Presses universitaires de France, Paris, 20O7, P. 1.

les choses, le pardon n'est pas une chose aisée. En effet, pour pardonner, il fallait d'abord savoir le sens et l'origine du déchirement, du conflit, disons de la crise. Celle-ci est à déchiffrer. C'est à la lumière des faits, donc de la vérité que serait possible une des conditions de la réconciliation qu'est le pardon. L'analyse philosophique permet d'entrevoir de multiples pistes de solutions aux crises qui secouent l'Afrique. Ces crises se manifestent sur fond de peur mutuelle entre les différentes identités en présence.

La peur se veut comme alerte du danger. Elle est certes appréhension instinctive, mais constructive. N'est-ce pas qu'elle traduit dans une certaine mesure la prudence ? L'antidote majeur aux abus de l'identité c'est de dialectiser celle-ci. En effet, l'identité dialectisée est une posture du sujet raisonnable qui se donne des leçons de respect pour l'autre, son semblable. Elle exige qu'on se comporte impérativement avec davantage de respect, de politesse ou d'attention à l'égard des autres, sans quoi on ne parviendra jamais à justifier, c'est-à-dire à faire valoir ses propres conduites mal vues. Pour être bien vu par les autres, il convient de se comporter avec bienveillance et éducation. Malheureusement c'est ce que ne comprend pas un sujet déraisonnable en matière de gestion identitaire. Est déraisonnable le sujet d'esprit obtus, d'esprit non dialecticien, en un mot d'esprit tautologique au sens hégélien du terme. L'esprit déraisonnable est le produit d'un déficit ou d'une mauvaise éducation. C'est dire que la bonne et droite éducation a une place centrale en matière de gestion rationnelle de l'identité. A cet égard, l'identité dialectisée ne rime pas avec la profération des propos calomnieux, violents ou injurieux, lesquels conduisent à un conflit. Le souci de protéger son identité ne doit en aucun cas se justifier au moyen de la violence physique ou verbale. Le recours à la légitime défense elle-même face à son identité niée ou agressée, ne devient nécessaire au sujet qu'en dernier ressort.

La violence est mauvaise de tout point de vue. Pourquoi ? Parce que justement elle ne sait pas où elle va. Ainsi l'identité dialectisée exige du sujet de la modération sentimentale en tout et partout. En d'autres termes, l'autonomie et l'ouverture du sujet constituent l'être de l'identité qui mérite d'être vécue. L'identité est un couteau à double tranchant. C'est pourquoi elle mérite d'être gérée de manière rationnelle et raisonnable. La gestion rationnelle et raisonnable de l'identité pour un meilleur vivre ensemble passe par ce qu'Emmanuel Levinas appelle transcendance ou amour. Et l'amour dont il est ici question, *« ce n'est pas l'amour en tant qu'aspiration qui est transcendance triomphale, mais l'amour en tant qu'union*[31]*»*. Cet amour est donc socialité ou proximité. Ce qui ne signifie nullement que l'identité, dans le souci d'être en paix avec l'autre, se laisse devenir aliénée ou extravertie. L'ouverture à l'autre, en tant que transcendance, devient ipso facto immanence. Par la transcendance je deviens l'autre et celui-ci devient moi.

La transcendance est donc union scellée dans la différence. Une telle différence est espace de paix et non de conflit. La transcendance consiste en quelque sorte dans une émancipation de l'identité :

> *« Nous émanciper de l'identité dans sa forme autocentrée conduit à reconstruire l'identité possible, l'identité culturelle en tant qu'expérience intersubjective : liberté identitaire, lieu confluent où s'entrecroisent des raisons impures, des perceptions jusqu'alors imprévisibles et des prévisions aujourd'hui imperceptibles.*[32]*»*

L'émancipation de l'identité est donc un véritable rempart contre les conflits raciaux, religieux et ethniques qui sont de plus en plus aigus dans le monde. Au plan politique, l'identité nous renvoie à l'éthique de la responsabilité chez le pouvoir et l'opposition dans un régime démocratique. Ils doivent tous fonctionner sur le modèle de leur identité ou essence sans quoi il n'y a pas de démocratie. La mise en valeur de leur identité fait la démocratie. Le pouvoir gouverne l'opposition l'empêche de déraper. C'est surtout en temps de grande crise politique que le pouvoir et l'opposition doivent modérer leur identité pour parvenir à de décisions de consensus au terme d'un dialogue politique. Encore faut-il préciser qu'il ne s'agit nullement ici d'un consensus sur fond d'opportunisme au détriment du Bien commun. Mal gérée l'identité engendre des perversions inattendues.

---

[31]Emmanuel LEVINAS, *Altérité et transcendance*, Editions Fata Morgana, Paris, 1995, P. 32.

[32]Hassen BEJI, *Quel futur pour le pluralisme culturel?* in *Où vont* les *valeurs*?, Editions UNESCO Albin Michel, Paris, 2004, p.326.

Pour éviter des perversions inattendues, l'identité doit vaciller sa certitude d'universalité. Elle doit s'autocritiquer en retournant la raison contre elle même. Elle doit être autocritique pour se désillusionner. Il est de la nature de l'identité civilisée d'être partagée. Ne pas en faire part à autrui, c'est tuer son essence ; c'est la détruire pour soi et pour les autres. L'homme ne serait rien sans autrui. Comme dit Patocka, l'humanité authentique ne s'institue que par une lutte de chacun contre soi. N'est-ce pas que la lutte contre soi a pour objectif de neutraliser le conflit négatif contre l'autre. La lutte contre soi n'est rien d'autre que la tempérance qui est d'essence philosophique.

L'identité, pour se positiver, doit être bien gérée en tenant compte de l'altérité. Mal gérée elle conduit à la brutalité, à la discrimination et à l'exclusion de l'autre. L'autre doit servir de figure de liberté, d'égalité et de fraternité et non d'altérité radicale. La différence doit être synonyme non de ségrégation, mais d'enrichissement mutuel. La ségrégation est le résultat de la logique sectaire de la représentation absolue de la différence. L'identité doit être bien gérée en tenant compte de sa dimension plurielle. C'est pourquoi, comme l'a si bien dit Baechler,

> *« il convient de s'imprégner de l'idée que l'identité de chacun n'est pas la juxtaposition inerte de l'humain, du culturel et de l'idiosyncrasique, mais le produit de la gestion -libre, finalisée, rationnelle, faillible-par l'individu de ses dotations naturelles et de ses héritages culturels*[33] *».*

Mais l'homme étant ce qu'il est, c'est-à-dire un être faillible, ne doit-on pas lui pardonner les conséquences fâcheuses de l'affirmation de son identité ? Vu que l'identité de chacun est naturellement évolutive, le pardon s'impose. Avec le dialogue sans cesse renouvelé sur fond d'éducation, on peut espérer que l'autre saura discipliner l'affirmation de son identité, que les différentes communautés raciales, ethniques ou religieuses en conflit parviendront à l'opposition libérée, c'est-à-dire réconciliée. Encore faut-il souligner que celle-ci n'est possible que quand

---

[33]Jean BAECHLER, «Le concept d'identité» in *Commentaire*, Numéro III/ Printemps, Paris, 2011, p.90.

les uns et les autres arrivent à comprendre ce qu'est la différence, laquelle, par définition, selon les justes propos du philosophe ivoirien, Dibi Kouadio Augustin,

> *« est essentiellement un acte ; celui de se différencier, et de se différencier à partir d'une unité que l'on ne saurait renier sous peine de l'éteindre dans la rigidité sans vitalité d'un contenu extérieur. Deux cultures ne peuvent être différentes et significatives dans leur différence qu'à la condition de renvoyer à une unité de principe en et par laquelle elles se posent.*[34] »

Une république laïque exige la promotion du dialogue interreligieux. C'est une république où les uns et les autres comprennent le fait que toutes les religions donnent un sens de l'identité et une orientation de vie. Ce qui est important dans une telle république c'est la tolérance. Celle-ci consiste dans la conciliation des identités ancrées dans la tradition en conflit avec celles baignant dans la modernité. Autant les traditionalistes ne comptent pas rater leur rendez-vous avec la modernité autant ils ne comptent pas sacrifier la tradition. De ce fait, la juste mesure demeure la solution raisonnable aux différentes identités conflictuelles en présence.

En d'autres termes, pour bien apprivoiser l'identité dans son essence conflictuelle, il revient de tenir compte de plusieurs paramètres en reconnaissant aussi les limites de la raison. A ce propos, Samuel Huntington dit ceci :

> *« on ne vit pas que de raison. On ne peut calculer et agir de façon rationnelle à la poursuite de son intérêt sans se définir. La politique de l'intérêt présuppose l'identité. Face à un changement social*

---

[34]Kouadio Augustin DIBI, *L'Afrique* et *son autre: la différence libérée,* Collection penser l'Afrique, Abidjan, 1994, p.75.

*rapide, les identités établies se dissolvent. On doit se redéfinir et se doter d'une nouvelle identité*[35] *»*.

L'identité change avec le temps, l'espace ou le contexte. C'est dire que seule une solution raisonnable permet de résoudre les états de violence comme le terrorisme, cette crise inédite en Afrique et singulièrement au Sahel.

Mais qu'est-ce donc que le terrorisme ?

Comprendre et expliquer le terrorisme au Sahel renvoie à un travail d'interprétation, de logique dialectique, voire de rhétorique. Ainsi, le terrorisme est un phénomène complexe, lequel appelle à une pensée du tout, autrement dit philosophique. Bien qu'il nous renvoie à un flottement terminologique, un terme aux contours imprécis, le terrorisme peut être compris comme emploi de la terreur à des fins politiques. L'interprétation philosophique du terrorisme est plus qu'importante vu que, comme dit Roberta de Monticelli, *« dans un des nombreux sens du terme, philosophie signifie traduction d'expériences de réalité ou expériences de sens.*[36] *»* Encore faut-il préciser que l'interprétation philosophique du terrorisme ne peut se faire sans l'apport des autres sciences humaines et sociales. A bien voir les choses, a priori c'est la porosité des frontières de ces vastes Etats sahéliens, qui favorise le développement du terrorisme. Cette question du terrorisme au Sahel est horriblement douloureuse et l'incapacité de la communauté internationale à y mettre un terme est on ne peut plus affligeante. Car on a aujourd'hui l'impression que l'existence de ces mouvements terroristes est paradoxalement en train de donner naissance à un terrorisme d'Etats au Sahel sur fond de néocolonialisme.

Comment faire face à ce phénomène inédit qui, à tort ou à raison, trouve sa justification tantôt dans la mauvaise gouvernance, tantôt dans l'inadaptation de l'Etat de type colonial ou occidental aux représentations

---

[35] Samuel P. HUNTINGTON, *Le Choc des civilisations*, Editions Odile Jacob, Traduction par Jean-Luc Fidel et Jeneviève Joublain, Patrice Jorland, Jean-jacques Pédussaud, Paris, 1997, p. 135.

[36]Roberta DE MONTICELLI, *L'ascèse philosophique*, Librairie philosophique Vrin, Paris, 1997, p.9.

des sociétés culturellement distinctes vivant dans l'espace sahélien ? A bien analyser les choses, seul le développement économique des pays sahéliens et leur entrée réelle dans la démocratie pluraliste seraient le meilleur antidote au terrorisme et ses avatars. Mais cette solution à la fois politique et économique au problème du terrorisme suppose sa compréhension philosophique, laquelle consiste à saisir son sens, c'est-à-dire ce grâce à quoi sa signification et ses signes deviennent signifiants. D'où le rapport entre savoir et pouvoir. Celui-ci, selon la pertinente remarque de Michel Foucault, est un exercice bien davantage qu'une possession. De ce fait, pouvoir juguler le terrorisme au Sahel revient d'abord à le savoir. En réalité, le terrorisme n'est qu'un aspect de la crise multidimensionnelle en Afrique.

Face aux multiples violations des droits de l'homme perpétrées ici et là en Afrique au nom d'un opportunisme sécuritaire, il incombe aux Etats africains, à la société civile et à la communauté internationale de conjuguer leurs efforts relativement au mécanisme de contrôle du respect des droits fondamentaux de la personne humaine. Il faut une formation hautement morale des forces de sécurité en Afrique. Ainsi elles doivent comprendre ceci : certes tout gouvernement a le droit et le devoir de maintenir l'ordre sur son territoire.

Mais elles doivent également comprendre qu'aucune circonstance, fût-elle exceptionnelle comme l'instabilité de la situation intérieure ou un état d'urgence, ne peut être invoquée pour justifier l'usage arbitraire ou abusif de la force ou des armes à feu par les responsables de maintien de l'ordre. En toute circonstance les forces de sécurité doivent appliquer la formule fondamentale du devoir kantien. Il s'agit de la formule originelle de l'impératif catégorique, d'après lequel, seule est nécessaire la conformité à la morale universelle. Celle-ci ne trouve sa réalisation pleine et effective que dans le respect de la personne humaine entendue comme une fin en soi. Comme telle, elle possède également une valeur absolue. C'est dire que la démocratie est avant tout une manière d'être, un comportement juste qui consiste dans l'obéissance au droit au sein de la famille, de la collectivité ou de l'Etat, de façon que la dignité des personnes soit respectée.

La société civile dans son unité diversifiée doit jouer le rôle de gardien des libertés civiles et politiques. Mais, il est à préciser qu'elle ne peut efficacement réaliser cette mission que si elle est indépendante. Or aujourd'hui il y a en Afrique une certaine société civile qui est une marionnette soit du pouvoir soit de l'opposition, qui ne poursuit qu'un objectif purement alimentaire. Les hommes de Dieu doivent cultiver la tolérance religieuse qui passe par le respect de la laïcité. L'intolérance est à éviter en ce sens qu'elle met la laïcité en péril. C'est pourquoi la communion inter religieuse doit être cultivée et encouragée dans la cité. Les médias ont un rôle fondamental d'information et d'éducation de l'opinion publique, mais aussi dans le renforcement de l'unité nationale qui, à vrai dire, n'existe pas dans les Etats africains. Elle est en train de se construire. Elle est à bâtir. Elle se fait.

Les chercheurs aux spécialisations diverses et les journalistes doivent créer un espace public. Il s'agit d'un espace contre- hégémonique pour une gauche exigeante et critique. De ce fait, ils peuvent contester ou utilement éclairer les prises de position politique relativement aux questions des droits de l'homme. Les intellectuels africains doivent refuser de s'enfermer dans le « *tour d'ivoire* » des intellectuels politiques non-engagés. Ils doivent faire irruption, en tant qu'intellectuels organiques, sur la scène publique de leurs Etats respectifs, sinon de tous les Etats africains. Car un vrai intellectuel engagé doit être un citoyen du monde. Il est celui qui souffre de la souffrance des sans voix partout dans les coins du monde. Les organisations non gouvernementales (ONG), en tant que pièce maîtresse de la société civile, doivent interpeller l'Etat et les populations aux devoirs d'entraide et de sécurité sociales pour que soit préservé par exemple le droit des citoyens d'être à l'abri de la faim ou du problème de logement.

Pour l'avènement d'une Afrique démocratique consacrant l'égalité juridique de tous, on doit restaurer les esclaves, les femmes et les enfants dans leurs droits. S'agissant principalement des femmes, elles doivent revendiquer leurs droits en combattant les prétentions ontologiques des hommes pour parler comme Simone De Beauvoir. Car il n'y a pas de différence entre l'homme et la femme. Si différence il y a, comme dit Platon, elle n'est que quantitative et non ontologique, autrement dit qualitative.

Le trafic des êtres humains et des pratiques culturelles en Afrique comme le mariage forcé ou précoce, les mutilations génitales de la jeune fille sont autant des atteintes aux droits de l'homme qui doivent être dénoncées et condamnées. L'intégrité physique d'un individu est sacrée.

De même, la défense des droits humains en Afrique passe par la lutte contre la pauvreté tant matérielle que mentale. La pauvreté matérielle est fondamentalement un déni de la dignité humaine. En effet, elle est un manque des ressources, des capacités, des choix, de la sécurité et du pouvoir sans lesquels on ne peut jouir d'un niveau de vie adéquat, ni des droits civils, politiques, économiques, sociaux et culturels. Quant à la pauvreté mentale elle consiste dans l'ignorance, c'est-à-dire le manque d'éducation.

L'extrême pauvreté matérielle qui existe en Afrique doit être dénoncée comme violation d'un droit humain fondamental. Il faut dans les Etats africains des politiques sociales et de promotion de l'égalité de chances effectives dans le cadre de la famille, de l'éducation ou de l'accès à l'emploi qui constitue aujourd'hui une hantise pour les jeunes diplômés africains. On peut dire sans crainte de se tromper que les universités et grandes écoles africaines sont essentiellement devenues des fabriques de chômeurs potentiels, alors que le droit au travail dans un Etat social est une manière de reconnaître que travailler signifie être un membre de plein droit de la société.

Les Africains doivent avoir l'amour du travail, sans quoi ils seraient des éternels assistés. Ils doivent comprendre que toute forme d'assistance maternelle fait entorse à la dignité humaine, laquelle est une valeur absolue. On doit apprendre aux Africains, dès l'enfance, l'amour du travail comme condition de l'indépendance. Si physiquement parlant, le travail s'avère contraignant, bien pensé il est libérateur ; et cela parce qu'il vise l'épanouissement personnel du travailleur. La cause finale du travail c'est la liberté ou l'essence de l'homme. L'amour du travail ne rime pas avec l'oisiveté et la mendicité. Or force est de constater que celle-ci est l'une des causes du retard économique de l'Afrique. En effet, pour parler comme le philosophe centrafricain, Jean Paul Ngoupandé, l'Afrique est devenue une chaîne de mains tendues, où les parents tendent la main aux parents qui à leur tour tendent la main à l'Etat qui à son tour tend la main à l'extérieur.

Qui dit travail dit vécu intentionnel, lequel se médiatise par le temps et l'outil ou moyen. Le travail est le produit d'un projet conscient et volontaire. On veut travailler parce qu'on veut être libre. Par le travail l'homme, l'animal rationnel, s'extériorise pour maîtriser la nature fondamentalement hostile et contraignante. Selon la pertinente remarque de Hegel, le travail est le moyen d'une objectivation de soi dont la cause finale est la liberté. Or il est particulièrement remarquable que la liberté ne se donne pas. Elle s'arrache. Elle nécessite des efforts pénibles qui doivent être fournis avec plaisir, en ce sens que le résultat du travail c'est l'épanouissement de la personne, autrement dit le bien-être de celle-ci.

Mais, comme tout travail ne peut conduire au bien-être, il convient Ainsi, relativement à la question du bien-être au travail, il convient de savoir d'abord que le concept de travail a un contenu éminemment dialectique. La dialectique, en terme hégélien, c'est l'auto-développement du concept qui s'aliène dans l'altérité puis retourne à soi par résolution des contradictions. Celle-ci se traduit par l'intérêt du travailleur. Toute la problématique du travail porte sur son intérêt ou résultat final. Celui-ci a-t-il un contenu purement économique ? Si tel est le cas, cela est-il humainement acceptable ? Ce sont là autant de questions qui méritent d'être posées, afin de donner un fondement éthique au travail. Le travail ne peut produire le bien-être du travailleur que s'il consiste dans une éthique de l'activité humaine, des affaires, du cadre relationnel et partenarial. Le travail humain est une activité pensée et voulue. Seul l'homme sait qu'il travaille et pourquoi il travaille. Il connaît la raison pour laquelle il travaille. Raison est ce qui répond à la question pourquoi. Le travail vise ce que Hannah Arendt appelle la fertilité, car *« le travail devient la source de toute productivité et l'expression même de l'homme.*[37] *»*

Dès lors, il s'agit de savoir les conditions de possibilité du travail qui conduit au bien-être[38].

Quelles conditions pour le bien-être du travailleur ? Le sens du travail est la condition fondamentale du bien-être du travailleur. Le sens c'est ce qui le rend intelligible. Tout homme travaille en vue de son bien, sinon pour être heureux. Loin d'être un concept abstrait ou vide de

---

[37]Hannah ARENDT, *Condition de l'homme moderne*, Editions Calmann-Lévy, Paris, 2012, p.147.

[38]Voir H. YACOUBA, Une construction philosophique du concept de bien-être du travail, *Revue Européenne des sciences sociales et de Management*, Germany, 2014.

contenu substantiel, *« le bien est dit en autant de sens que l'être*[39] *»,* selon la pertinente remarque d'Aristote. Il a un contenu réel, mais diffère selon les gens. Le bien est toujours le bien de quelqu'un lorsqu'il est un bien effectif.

Ainsi chaque travailleur trouve son bien en fonction de sa vertu conformément à son statut. La seule exigence universelle que le bien suppose c'est la justice dont les deux principes fondamentaux sont la liberté et l'égalité. Chaque travailleur est libre de poursuivre son idéal de bonheur en fonction de son travail de chef, de cadre ou d'ouvrier. On n'impose pas un idéal de bonheur à quelqu'un. Est bien pour tout travailleur ce qu'il juge digne d'être estimé ou ce qui lui est moralement acceptable. Le bien est donc ce qui est bon pour l'être singulier. Pour ce faire, il doit qualifier son travail de bien. Toute chose qui fait du travail une valeur.

Comment faire pour que l'homme, tout en disposant des biens par son travail, puisse conserver son humanité, telle est la question centrale qui se pose ici. Le travail ne procure du bien-être que s'il permet au travailleur de se réaliser, d'accomplir son humanité. Le résultat final de son travail doit lui être socialement utile. Le travail doit avoir un visage humain. Il doit être l'expérience de l'humanisme, c'est-à-dire la promotion de l'homme pour l'homme et non pour autre chose. En clair, il doit avoir une base éthique.

Le travailleur est heureux lorsque son travail lui permet de bien vivre, de vivre pleinement sa vie et non de vivoter. Vivre ne consiste pas seulement à respirer et à manger, mais aussi à se détendre au moyen de la musique, du tourisme par exemple. L'un comme l'autre combat le stress. La musique adoucit les mœurs. Le travail ne peut produire du bien- être que s'il est une valeur qui a un sens anthropologique, c'est-à-dire humain. Philosophiquement parlant, est valeur ce qui est digne d'être estimé. Ainsi pour qu'il soit une valeur le travail doit être l'activité qui ne sépare pas la pensée de l'action. A en croire Pascal, l'homme est essentiellement pensée. Le travail doit s'humaniser. Il doit être ce que peut l'homme face à la nécessité des choses. Il doit se discipliner en devenant formateur et mesure de notre liberté. Le travail n'a de valeur humaine que quand il est

---

[39]ARISTOTE, *Ethique à Nicomaque*, Editions Vrin, Paris, 1096a.

libéré de toute forme d'exploitation de l'homme par l'homme. Il n'est pas humain qu'un homme soit l'esclave d'un autre homme.

Le travailleur ne peut être heureux que si son travail échappe à toute forme d'aliénation. Le phénomène d'aliénation est celui où l'ouvrier, tout en produisant des richesses au capitaliste, devient pauvre et étranger à lui-même. Il devient une chose, sinon l'équivalent de la marchandise qu'il a lui-même produite. Concrètement, l'aliénation est le fait pour l'homme, de se perdre dans une réalité étrangère, autre, et d'être alors dépouillé de sa propre essence. Ainsi, aux yeux de Marx, le travail de l'ouvrier est, en même temps, dessaisissement de lui-même :

> *« L'aliénation de l'ouvrier dans produit signifie non seulement que son travail devient un objet, une existence extérieure, mais que son travail existe en dehors de lui, indépendamment de lui, étranger à lui, et devient une puissance autonome vis-à-vis de lui, que la vie qu'il a prêtée à l'objet s'oppose à lui, hostile et étranger.* [40]»

Dans une vision dialectique des choses, le bien-être de l'ouvrier ne devient possible que lorsque son travail le met en situation d'indépendance, de satisfaction de ses besoins élémentaires et de luxe. Le travailleur doit certes chercher l'argent, mais sans le diviniser. L'argent ne fait pas le bonheur, mais celui-ci ne l'exclut pas. Est heureux le travailleur dont le travail favorise son épanouissement personnel, en lui procurant des choses utiles. Est heureux le travailleur qui est à l'abri des besoins primaires et qui entretient des bonnes relations avec ses collègues de service. Est heureux le travailleur qui travaille dans un environnement de justice sociale. Est heureux le travailleur qui est en harmonie avec soi-même et avec sa famille. Il est heureux en ce sens que son travail, en tant que marchandise, satisfait ses besoins humains dans la mesure du possible. Encore faut-il préciser que le bien-être du travailleur exclut toute forme de vente de son travail pour vivre. L'éthique du travail lui interdit de sacrifier sa vie.

---

[40]MARX, *Manuscrits de1844*, Editions sociales, Paris.

Platon a bien vu dans Philèbe[41] en affirmant que le bonheur n'existe ni dans le plaisir ni dans la sagesse pris isolément, mais dans leur unité, laquelle consiste dans une vie mélangée dite mixte. Celle-ci est une vie faite à la fois de plaisir et de sagesse. Mais, même dans la vie mixte, la prééminence revient à la sagesse. Une vie faite uniquement de sagesse est mollesse, indolence et apathie. De ce fait, le travailleur doit avoir un temps de loisirs. Le bien-être du travailleur est fonction à la fois des biens du corps et de ceux de l'esprit. Il fait de plaisirs physiques et spirituels. Aussi le travailleur ne peut être heureux qu'en ayant un bonheur pluriel, c'est-à-dire partagé. Ce qui signifie que son travail doit avoir un impact positif sur son être et celui de sa famille, de son environnement, de son Etat et de l'humanité tout entière. C'est dire qu'il doit avoir un principe cosmopolitique.

Une autre condition du bien-être du travailleur c'est le respect de ses droits humains. L'éthique du travail en entreprise, par exemple, exige que celui-ci soit en phase avec l'identité plurielle du travailleur, dont la cause finale est sa dignité humaine. Celle-ci est une valeur absolue dont le respect s'oppose, dans son principe comme dans son achèvement, à toute forme de discrimination et d'oppression. Il s'agit, bien entendu, d'un respect qui s'impose à l'impératif et non à l'indicatif. Toute chose qui n'est possible que si et seulement si ses droits sont respectés de manière désintéressée. Encore faut-il préciser qu'il y a une corrélation entre droits et devoirs. Tout agent de l'entreprise doit être libre en jouissant d'un territoire de responsabilité. Le respect de la hiérarchie va de pair avec celui de l'égalité ontologique entre Chefs d'entreprise et subalternes. Les uns et les autres doivent faire montre de vertu, c'est-à-dire d'excellence dans le commandement et l'obéissance en termes aristotéliciens. .

Le bien-être du travailleur renvoie à la satisfaction de ses droits économiques et sociaux fondés sur une éthique de conviction rationnelle et raisonnable. Celle-ci commande à tout agent d'être en quête de son intérêt sans nuire à celui des autres. Pour ce faire, il convient d'inviter régulièrement les travailleurs à la communauté de recherche, c'est-à-dire à une sorte de discussion philosophique sur les problèmes de l'entreprise, afin de prévenir chez eux des crises existentielles pouvant même les

---

[41]Voir H.YACOUBA, « L'idée de bonheur chez Platon », Université Nationale du Bénin, Faculté des Lettres et Arts et Sciences Humaines, Cotonou, 1997.

conduire au suicide. Le dialogue philosophique permet de pacifier le cadre organisationnel de l'entreprise souvent en butte aux comportements peu orthodoxes de certains agents, lesquels peuvent mettre en péril la vie même de l'entreprise. Comment gérer l'entreprise, afin qu'elle procure à la fois des biens matériels et spirituels au travailleur, telle est la question de toutes les questions.

Les droits des ouvriers comme ceux des salariés et directeurs d'entreprise doivent tous être respectés. Tous ces agents se doivent d'être amis au sens aristotélicien du terme. Ils doivent nouer de l'amitié véritable, laquelle consiste pour deux amis à s'aimer en se transmettant mutuellement la vertu ou science du bien. Il s'agit du bien qui est fondé non pas sur des principes subjectifs et contingents, mais nécessaires et universels, c'est-à-dire rationnels, donc acceptables par tous. Un tel bien crée un cadre convivial au sein de l'entreprise. Il socialise l'entreprise. Un lieu de service ne rime pas avec des commérages sur fond de conflits interpersonnels. Un lieu de service où il fait bon vivre pour les travailleurs est celui dont le cadre est un climat social d'intégration et d'émancipation. Un cadre où le harcèlement, l'exclusion et la discrimination sont bannis. Chaque agent qu'il soit cadre ou subalterne doit être respecté en tant qu'être humain. . Tout homme doit être respecté du seul fait qu'il est un homme. Les cadres ou directeurs d'entreprise ou de service doivent toujours témoigner du respect à l'égard de leurs subordonnés. Ceux-ci doivent être toujours traités comme fins et non simplement comme moyens au sens kantien du terme. De ce fait, il faut mettre l'homme au cœur de toute entreprise. Le bien-être des travailleurs est fonction de leur assistance juridique.

Faisant partie des biens premiers de l'homme, la sécurité des travailleurs ne doit souffrir d'aucune entrave. Par exemple dans une entreprise elle exige de l'ensemble de son personnel de la prudence, sinon de la vigilance vis-à-vis de toute personne extérieure à l'entreprise. La sécurité est l'affaire aussi bien des agents de sécurité de l'entreprise que des agents eux-mêmes. Elle exige de tous et de chacun de l'esprit philosophique qui est par essence dubitatif. Il s'agit de douter sans accuser. Donc le doute n'exclut pas le respect ou la confiance. Celle-ci, dit-on généralement, n'exclut pas le contrôle. Le contrôle doit se faire sur fond de respect de la personne humaine. Le commencement et la fin de tout contrôle c'est le respect de la personne humaine, à laquelle on doit témoigner des actes et des propos empreints de sagesse. Le contrôle des personnes est un art. Ainsi par la communauté de recherche tout le personnel de l'entreprise peut être éduqué sur le sens de la sécurité. Celle-ci ne rime pas avec la violence qui, comme dit Pufendorf, est mauvaise de tout point de vue. Pourquoi ? Parce qu'on ne sait jamais où elle va. D'où la nécessité pour les agents de l'entreprise de toujours privilégier le dialogue dans la résolution de leur mésentente éventuelle. La sécurité consiste dans un cadre qui conjure toute forme de harcèlement moral ou sexuel.

Condition de toute activité humaine, la santé doit être aussi un souci constant de toute entreprise. La santé exclut toute forme de souffrance. Elle est d'ordre physique, physiologique, psychologique, sinon mental. Il faut une médecine du travail, laquelle suppose une bonne politique de santé pour les travailleurs. La santé des travailleurs nécessite un soutien à la fois médical, psychologique et social.

Bien plus, plus, il faut une vision futuriste, sinon prospective de la situation du travailleur au moyen d'une bonne politique de prévention des risques du travail. Le travailleur, pour être reconnu par soi et par les autres, doit faire montre d'efficacité dans son travail. Il doit bénéficier de la motivation. Celle-ci est l'expression de la reconnaissance. En clair, les travailleurs ont besoin d'une réelle assistance sociale qui exige un conseil santé consistant dans l'éducation civique. Le civisme est une vertu cardinale qui doit être enseignée en vue de la protection de l'entreprise. Les valeurs de justice, de vérité, de sincérité et d'honnêteté doivent toutes être enseignées aux travailleurs. Un éclairage épistémologique sur l'éthique de la hiérarchie et des affaires doit être fait afin de conjurer le vice de la corruption, laquelle, tôt ou tard, finit inévitablement par faire écrouler une entreprise. Or force est de constater que quand une entreprise s'écroule c'est toute la vie des travailleurs qui s'écroule.

L'éthique doit être le piédestal de toute administration ou entreprise. Elle est la garantie de la vie d'une entreprise dont est tributaire le bien-être collectif. Un lieu de service qui foule aux pieds la morale objective ne peut en aucun cas contribuer au bien-être des travailleurs. L'instauration régulière de la communauté de recherche au sein d'une entreprise ou lieu de service, permet à l'ensemble du personnel de comprendre la condition humaine dans n'importe quelle situation. Comme c'est un secret de polichinelle que la perte de son travail est la première crainte d'un salarié, il fallait débattre de la question du chômage, laquelle est devenue aujourd'hui une préoccupation dominante pour les pouvoirs publics. La communauté de recherche comme débat philosophique au sein de l'entreprise ou tout autre lieu de service permettrait aux travailleurs de comprendre que la vie par nature est un risque. Il s'agit d'une sorte de table ronde où l'ensemble du personnel va débattre des problèmes réels auxquels il se trouve confronté.

La communauté de recherche est se veut un dialogue critique et une discussion argumentative portant sur la situation des travailleurs dans leurs fonctions respectives. Une telle activité réflexive et pratique permettra aux uns et aux autres de comprendre la question cruciale de l'existence.

En règle générale, le dialogue a un rôle et une place prépondérante dans la prévention ou la résolution de tout conflit. Il permet de conjurer la violence. Les spécialistes des sciences humaines et singulièrement les philosophes peuvent beaucoup éclairer les Etats africains sur les voies de pacification sociale. La contribution des philosophes à la compréhension et au combat contre les causes de la violence, est on ne peut plus inestimable.

Généralement militant de la non-violence[42] le philosophe préconise le dialogue inter culturel, politique ou interreligieux comme voie royale qui conduit à une vie sociopolitique apaisée. Pour que soit possible une paix véritablement humaine, il revendique la tolérance. Par les idées qu'il diffuse, il prépare et éclaire des décisions pratiques. L'utilité pratique et morale de ses idées n'est pas moins importante que l'utilité pratique immédiatement visible des sciences et techniques. C'est ce qui fait dire à Hervé Barreau ceci :

> *« l'aspect pratique au sens social et moral n'en est pas moins prégnant, puisque tout ce qui s'inscrit dans la vie sociale a des répercussions à long terme sur la société,*

---

[42]La non-violence est la cause finale de tout humanisme même si elle a aussi ses limites.

*qui sont souvent plus importantes que des décisions momentanées.*[43] »

Le philosophe est plus qu'utile à la société. Par son outillage conceptuel, il invite chacun aux devoirs de vertu, d'aimer son prochain, ou pour paraphraser Kant[44], de soutenir le bonheur de l'autre. Humaniste par nature, il aborde tous les problèmes de société tels que le bonheur, le langage, la société, l'Etat, la politique, le pouvoir, la religion, l'art, la passion, le désir, l'amour, etc. Si l'individu et la société arrivent à comprendre tous ces problèmes, ce serait le salut de l'une comme de l'autre.

Il faut être victime de cécité intellectuelle pour ignorer l'apport inestimable des philosophes à l'avènement de ce que John Rawls appelle la société démocratique. C'est aujourd'hui un secret de polichinelle que ce sont les philosophes qui sont essentiellement à la base de la compréhension du meilleur des régimes imparfaits que nous connaissons, à savoir la démocratie. Des éminents philosophes ont fondamentalement éclairé les hommes pour créer la révolution, passerelle obligée de la démocratie, en Occident ou berceau des Droits de l'homme et du citoyen. La révolution qu'elle soit française ou britannique a été déclenchée par les idées diffuses essentiellement par les philosophes comme Montesquieu, Locke, Rousseau, Alexis de Tocqueville etc. En d'autres termes, le philosophe, par sa parole, socialise les hommes. Il les socialise par l'intériorisation des normes sociales, l'apprentissage de la vie en commun, la subordination de leurs intérêts à ceux du groupe auquel ils font partie. Ce sont là autant des objectifs ultimes que cherche toute démocratie. Le philosophe veut créer des hommes et des citoyens démocratiques, c'est-à-dire capables d'autonomie morale.

Le philosophe est soit pour l'éradication ou, tout au moins, la correction des inégalités matérielles au sein de la société. Il est pour une société fondée sur l'équité. Par ses interrogations sans cesse renouvelées, il examine les conditions d'un développement équitable seul capable

---

[43] Hervé BARREAU, *L'Epistémologie*, Presses universitaires de France, Paris, 2010, p.111.

[44]Cf Kant, *Projet de paix perpétuelle*, Editions Nathan, Paris, 2010.

d'exclure les violences sociales. Vu qu'il s'avère utopique de faire disparaître toutes les inégalités sociales, il serait souhaitable de créer un cadre social qui favorise les défavorisés en amenant les riches à être justes. Ceux-ci sont justes lorsqu'ils cultivent dans la cité la générosité, laquelle à en croire John Rawls, ne consiste nullement à distribuer gratuitement des biens aux défavorisés, mais à favoriser les défavorisés en créant des emplois par exemple. C'est dire que le philosophe est contre une société, pourrait-on dire, d'assistance maternelle. Il est pour une société où le travail doit être une passerelle de la dignité humaine. Pour lui, l'oisiveté, cause de misère sociale, est persona non grata. La logique sectaire ou culture de la main tendue déshonore l'homme. L'homme assisté est diminué dans son humanité.

Le philosophe est en lutte permanente pour les droits de l'homme, lesquels doivent être impérativement respectés du seul fait qu'il est homme. Il est à l'avant-garde du combat pour tous les droits sociaux de l'homme et du citoyen. Encore faut-il préciser que ce combat est moral et intellectuel. Le philosophe, en critiquant la société, est soucieux du respect des droits fondamentaux et du bien-être social. Qu'il soit libéral ou antilibéral, idéaliste ou matérialiste, il est en quête conceptuelle d'un Etat social. En faisant confondre l'Etat et la société civile, il se veut un humaniste. Telle est, par exemple, la tâche conceptuelle à laquelle s'est adonné un philosophe, pourtant absolutiste, à savoir Hegel :

> *« si l'Etat est confondu avec la société civile et si sa destination est située dans la sécurité et la protection de la propriété et de la liberté personnelle, l'intérêt des individus-singuliers comme tels est alors la fin dernière en vue de laquelle ils sont réunis, et il s'ensuit également que c'est quelque chose qui relève du bon plaisir que d'être membre de l'Etat*[45]*. »*

De l'Antiquité à nos jours en passant par l'époque médiévale, le combat contre l'injustice sociale était au cœur de la pensée philosophique.

---

[45]Hegel, *Principes de la philosophie du droit*, Traduction par Jean-François Kervégan, Editions Quadrige/PUF, Paris, p.334.

Platon figure parmi les plus grands penseurs considérés, pourrait-on dire, comme médecins sociaux ou de l'âme. Pour ce penseur de tous les temps, le pivot du bonheur tant individuel que collectif, c'est la justice[46]. Par ricochet, la justice crée le bonheur individuel et collectif en conjurant ou maîtrisant les puissances ou tensions contradictoires. Des grands philosophes comme Simone de Beauvoir ont fait montre d'esprit sagace et perspicace en vue de l'avènement d'une société égalitaire entre l'homme et la femme. Ils ont justifié leur noble combat par le fait qu'il n'existe point de différence ontologique entre l'homme et la femme. La femme comme l'homme est capable de pensée calculante pour utiliser un terme d'Alain Boutot commentant Heidegger. Ces idées philosophiques ont beaucoup influencé les politiques sociales des Etats contre les discriminations faites aux femmes.

Certes, le philosophe fait des abstractions. Mais il s'agit ici des abstractions riches de contenu substantiel. Le philosophe cherche à donner une fondation éthique à toute connaissance ou existence humaine. La promotion de l'homme pour l'homme et non pour autre chose, tel est l'objectif ultime que poursuit le philosophe. N'est-ce pas directement ou indirectement grâce aux critiques acerbes et sporadiques des penseurs comme Marx, Lénine et autres que la société capitaliste dite bourgeoise s'est améliorée en mettant un terme au travail des enfants dans les usines, à l'exploitation des ouvriers par la création du syndicat ou au refus de congés payés ? Avec surtout le marxisme, on a assisté aux politiques de protection sociale qui constitue le cheval de bataille de tous les partis politiques de droite comme de gauche dans le monde.

Le philosophe hait l'usage de la violence, laquelle nous renvoie à un éternel recommencement. A la limite, il peut recommander la violence légitime, laquelle est un pis-aller. En tant que faute de mieux, la violence ne devient nécessaire que quand toutes les batteries dialogiques, pourrait-

---

[46]Cf H. YACOUBA. L'Idée de bonheur chez Palton, Mémoire de maîtrise Université Nationale du Bénin, Cotonou, 1997.

H. YACOUBA, L'éducation du citoyen dans La République de Platon, Thème de Doctorat de 3ème cycle de philosophie Université de Cocody-Abidjan, 2002.

on dire, sont devenues caduques et inopérantes. La force et singulièrement physique ne fait pas le droit. Car comme dit Rousseau, *« le plus fort n'est jamais assez fort pour être toujours le maître, s'il ne transforme sa force en droit et l'obéissance en devoir.de là le droit du plus fort, droit pris ironiquement en apparence et réellement établi en principe.*[47] *»*

Le problème fondamental est donc de savoir comment véritablement résoudre ou prévenir les crises et les conflits sociopolitiques en Afrique, à partir de leur compréhension philosophique. La pensée philosophique, en tant qu'archéologie du savoir, permet avant tout de comprendre le lien indissociable entre justice et paix.

---

[47]Jean-Jacques ROUSSEAU, *Du contrat social*, Editions Garnier-Flammarion, Paris, 2012, p.45.

# Deuxième partie

# RAPPORT ENTRE JUSTICE ET PAIX

Avec les temps modernes, à en croire Hannah Arendt, c'est dans les peuples et l'individu que s'origine l'affirmation responsable des droits de l'homme[48]. Et cela parce que ce dernier venant apparaître comme un être complètement autonome et naturellement digne, sans référence à une certaine entité transcendantale, est un être à respecter. Ainsi la question des droits de l'Homme est devenue aujourd'hui une préoccupation dominante pour les législateurs, les grands hommes d'Etat et surtout les intellectuels. Il s'agit, bien entendu, des droits fondamentaux de la personne humaine, lesquels sont civils et politiques, économiques, sociaux et culturels. La violation de ces droits est inacceptable dans une société civilisée, c'est-à-dire démocratique. Garantie pour le citoyen, règle pour le magistrat et le législateur, les droits de l'homme constituent, pourrait-on dire, la sève nourricière d'un Etat véritablement démocratique, autrement dit républicain.

La Déclaration universelle des droits de l'homme de 1948 à laquelle presque tous les Etats africains ont souscrit, stipule que tous les hommes naissent libres et égaux en droit. Tels que reconnus dans cette déclaration, les droits de l'homme sont notamment le droit à la vie, à la liberté, et à l'égalité devant la loi, le droit de professer et de pratiquer librement une foi religieuse ; le droit à la liberté d'examen et d'opinion, le droit à la résidence et aux déplacements, le droit à la préservation de la santé et du bien-être, le droit à l'éducation (au minimum à l'éducation primaire) ; le droit à la nationalité, le droit du détenu à un traitement humain ; la liberté d'association, la liberté d'assemblée et le droit à l'asile. La stabilité et le bien-être des nations dépendent du respect universel et effectif de ces droits de l'homme et des libertés fondamentales pour tous, sans distinction de race, de sexe, de langue ou de religion. Toutes choses qui nous renvoient à la justice globale pour emprunter l'expression du philosophe politique, Alain Renaut dans son Essai, *Qu'est-ce qu'une politique juste ?*

---

[48]H. Yacouba, « La question des droits de l'homme en Afrique », *Mosaïque, Revue interafricaine de Philosophie, Littérature et Sciences Humaines,* Numéro 017, Lomé, 2014.

## Chapitre 3 : La justice comme condition fondamentale de la paix en Afrique

La problématique de la paix civile en Afrique laisse entrevoir que l'une de ses conditions essentielles est sans nul doute la justice. Il s'agit ici de la justice entendue à la fois comme pratique du bien et application du droit. Le respect des droits de l'homme est l'une des conditions de la justice sociale dans un Etat. Les Etats africains déchirés par les guerres et conflits doivent consulter les grandes théories philosophiques de la justice sociale relativement aux conditions de possibilité de la paix publique.

### 1. Des droits de l'homme : violations, responsabilités et paix en Afrique

Etant au carrefour des sciences humaines, la philosophie est donc interdisciplinarité. Ainsi c'est surtout à une histoire comparée qu'il convient de se référer pour comprendre la question de la situation des droits de l'homme en Afrique. Le problème fondamental est de savoir ici si, partant d'une analyse phénoménologique de la situation sociopolitique en Afrique, les droits de l'homme sont respectés.

Loin d'être un concept purement occidental même si c'est en Occident qu'il arrive vraiment à se concrétiser, à se traduire dans les réalités politiques, économiques et sociales, le concept de Droits de l'homme doit être compris en tenant compte des différents modes d'expression dans les diverses cultures. Mais c'est parce que justement c'est en Occident qu'ils ont été déclarés, réellement compris et respectés dans la mesure de l'humaine condition, que l'on peut raisonnablement dire que l'Occident est le berceau des droits de l'homme. Ainsi les droits de l'homme sont universellement reconnus dans leurs principes formels. Ils avaient été déclarés inaliénables, irréductibles, et in déductibles de tout autre droit ou loi. Et cela parce que l'homme est à la fois l'alpha et l'oméga de tout droit. C'est du Droit d'être un homme, pour parler comme Jeanne Hersch à la suite de Simone Weil, que dépendent tous les droits. Concrètement, l'homme a des droits du seul fait qu'il est homme. Mais ses droits ne peuvent se réaliser que dans le monde des hommes, donc en tant que membre d'un peuple. D'où cette pertinente remarque de Hannah Arendt : *« Autrement dit, à peine l'homme venait-il d'apparaître comme un être émancipé complètement autonome, portant sa dignité en lui-même sans référence à quelque ordre plus vaste et global, qu'il disparaissait aussitôt pour devenir membre d'un peuple.* [49]»

La reconnaissance des Droits de l'homme passe par la reconnaissance de sa dignité, de sa valeur intrinsèque et absolue. Est valeur ce qui est digne d'être apprécié. La dignité humaine doit être considérée comme une valeur absolue, c'est-à-dire qui ne peut être échangée. Ce qui signifie qu'elle est au-dessus de tout prix. Tout homme, abstraction faite de sa race, de son ethnie, de son idéologie politique ou de sa foi religieuse, doit être reconnu comme un être humain à part entière, et qui mérite, par conséquent, de jouir de tous ses droits. Le sens anthropologique de l'homme, autrement dit son sens humain est non négociable et mérite d'être connu. Connaître autrui c'est le respecter, le considérer comme personne. Ou plus exactement, la reconnaissance de quelque homme que ce soit, précède sa connaissance. C'est cet acte de reconnaissance appliqué a priori à tout être humain et qui lui confère pour moi la dignité de personne, que Kant appelle le respect. De là, il faut comprendre tout homme comme un être de droits et de devoirs. Droits et devoirs entretiennent un rapport de dialectique de complémentarité.

Encore faut-il remarquer que la reconnaissance des droits de l'autre, un homme comme moi, ne tombe pas du ciel, mais est le produit de la compréhension de l'altérité. Une telle compréhension du même et de l'autre est fondée sur des principes non pas subjectifs et contingents, mais nécessaires et universels, autrement dit acceptables par tous. Reconnaître les droits de l'autre c'est reconnaître les siens propres. Les lui ignorer ou refuser est moralement inacceptable. Un tel comportement est potentiellement dangereux, en ce qu'il est porteur de frustration qui elle-même est source de haine et de violence. Cela s'explique par le fait que tout homme est soucieux de sa dignité, laquelle ne se marchande pas. Ignorer cela c'est ignorer l'essence de l'homme qui est liberté. Celle-ci est un droit qui doit être un souci constant pour tout homme, sans quoi il renonce à son humanité. Nul n'a le droit de renoncer à son humanité. C'est ce qui fait dire à Rousseau ceci : *« renoncer à sa liberté c'est*

---

[49]Hannah ARENDT, *L'Impérialisme*, traduction française Martine Leiris, Paris, Fayard, 1982, p.271-273.

*renoncer à sa qualité d'homme.*[50] » Il faut logiquement comprendre le principe de l'universalisme des droits de l'homme à partir de son essence universelle. Ces droits doivent être respectés partout où l'on est tout en tenant compte de leurs contenus qui présentent des particularités propres aux réalités spécifiques aux peuples qui les conçoivent. C'est dire qu'

> « *il n'y a pas de distinction de culture possible quand il s'agit du respect des droits fondamentaux de l'homme. Celui qu'on torture souffre de la même façon, quel que soit le continent ou le pays dont le régime l'accable* [51]» ; autant « *il faut accepter que ce sont les hommes et les sociétés qui donnent leur signification aux choses, que les mêmes réalités peuvent avoir une charge morale ou philosophique différente selon les sociétés et les peuples.*[52]»

En interrogeant le sens de ces violations des droits de l'homme dans l'Etat en Afrique on peut parfaitement comprendre l'importance de la justice dans une cité. Suite aux conflits armés entre les Etats, aux guerres civiles ou à la chute de régimes politiques brutaux ou dictatoriaux, se pose l'épineux problème de conciliation entre la nécessité de pacification et les impératifs de justice. Dans ces circonstances la solution idoine demeure la justice réparatrice, en ce qu'elle a des objectifs qui vont au-delà de la sanction. C'est en ce sens que Christian Nadeau disait ceci :

> « *La justice réparatrice nous semble une alternative intéressante à la justice distributive classique pour répondre aux*

---

[50]Jean- Jacques ROUSSEAU, *Du Contrat social* in *Œuvres complètes*, Paris, Gallimard, 1964, p.356.

[51] Robert BADINTER, in *Droits de l'homme et relations Nord-Sud*, Paris, l'Harmattan, 1985, p.126.

[52]Benoît. S. NGOM, cité par Valère EtekaYemet in *La Charte Africaine des Droits de l'Homme*, L'Harmattan, Paris, 1996, p.37.

*crimes internationaux, plus précisément aux crimes de guerre et aux crimes contre l'humanité. La justice réparatrice n'est pas seulement un outil de la pacification. Elle peut aussi être une manière de mieux comprendre la responsabilité des agents au moment où ceux-ci devront rendre des comptes devant les institutions de la justice internationale.* [53]»

Mais pourquoi pratiquer la justice ?

Loin d'être un effet de contrainte pure et simple, la justice, pour parler comme Socrate, a valeur en elle-même. Les gens doivent être justes non par contrainte, mais par choix rationnel. L'Etat de droit en Afrique n'est possible comme partout ailleurs que si tout le monde instaure dans son âme un gouvernement juste. Toute chose qui n'est possible qu'en soumettant les états inférieurs de son âme, l'irascible et le concupiscible, à son état supérieur qu'est le raisonnable. Parlant de la partie déraisonnable de notre âme où règnent les désirs déréglés, Platon fait cette analogie : à l'occasion du sommeil on peut comprendre ceci :

> *« la partie bestiale et sauvage s'étant emplie de nourriture ou de boisson, se trémousse et, en repoussant le sommeil, cherche à aller de l'avant et à assouvir son penchant propre. Tu sais fort qu'en une telle occurrence il n'est point d'audace devant quoi elle recule, comme déliée, débarrassée de toute honte et de toute réflexion : ni en effet devant l'idée de vouloir s'unir à sa mère, ou à n'importe qui, homme, Divinité,*

---

[53]Christian. NADEAU in Revue française de science politique, vol.58, N°6, décembre 2006, p. 915.

*bête ; de se souiller de n'importe quel meurtre [54](...) »*

Etant donné qu'il y a chez tous les hommes même ceux qui paraissent normaux cette partie de l'âme terrible et sauvage, la nécessité d'une éducation de l'homme s'impose dès l'enfance. Car celle-ci est la période de la vie où l'âme encore pure et malléable peut être réglée sur le modèle de la vertu, c'est-à-dire la science du bien. Et cette éducation au Bien ne peut se parachever que dans ce que Habermas appelle la structure et les potentialités de l'agir communicationnel. Le dialogue est un antidote contre les guerres et conflits identitaires qui sont sources de graves violations des droits de l'homme en Afrique. Le besoin de compréhension est nécessaire pour le consensus. Il doit être cultivé par les protagonistes des crises politiques. Le dialogue est d'une importance capitale. C'est en ce sens que Arno Münster disait ceci :

> *« N'oublions pas, à ce propos, que historiquement parlant, pratiquement toutes les guerres ont eu pour origine le refus obstiné du dialogue, complété par la volonté maléfique d'anéantissement de l'Autre qui aurait dû être pourtant le partenaire privilégié du dialogue.* [55]»

Pour ce faire, il faut une droite et honnête éducation civique qui va produire des citoyens pétris des valeurs démocratiques parmi lesquelles figure en premier lieu la tolérance. L'Etat de droit consacre aux citoyens le droit de revendiquer. Encore faut-il préciser que leurs revendications doivent être raisonnables. Mais il faut que les dirigeants africains soient aussi plus ou moins malins en ayant la capacité sémantique de justifier aux citoyens l'impossibilité pour l'Etat de résoudre tous les problèmes de la cité. Il faut qu'ils aient de langage capable de justifier les réformes néolibérales qui sont des exigences de l'Etat moderne. Celui-ci, tout en étant social, ne doit pas être paternel.

---

[54]PLATON, *La République*, Traduction et notes par Léon Robin, Editions Gallimard, Paris, 1950, p.571c-d.

55 Arno MÜNSTER, *Le principe-discussion »*, Editions Kimé, Paris, 1998, p.9

L'Etat paternel en effet, selon Tocqueville, est une servitude douce et paisible qui éteint les citoyens, en les maintenant dans l'enfance et l'irresponsabilité. Or comme dira plus tard Michel Serres, on ne peut être libre que si l'on jouit d'un territoire de responsabilité. A bien observer les choses, la plupart des Chefs d'Etats africains se conduisent comme des pères envers leurs enfants, alors que le paternalisme n'est que l'alibi du despotisme. Kant dans son ouvrage, Doctrine du droit, fait une juste remarque :

> « *Un gouvernement qui serait fondé sur le principe de la bienveillance envers le peuple, tel le père envers ses enfants, c'est-à-dire un gouvernement paternel, où par conséquent les sujets, tels des enfants mineurs incapables de décider de ce qui leur est vraiment utile ou nuisible, sont obligés de se comporter de manière uniquement passive, afin d'attendre uniquement du jugement du chef de l'Etat la façon dont ils doivent être heureux, et uniquement de sa bonté qu'il le veuille également,- un tel gouvernement, dis-je, est le plus grand despotisme que l'on puisse concevoir.* [56]»

Aussi les gouvernants africains doivent-ils comprendre que les revendications des droits de l'homme ne sont pas dirigées contre l'Etat par ressentiment, mais ont pour but : la consolidation de l'Etat de droit. Les droits de l'homme : ce n'est pas contre l'Etat, mais pour contrôler l'Etat. Contrôler, par définition, c'est empêcher de dévier.

Entre autres, ce qui est fort dommage et regrettable en cas de mouvements sociaux ou de turbulences politiques en Afrique, c'est que la plupart des régimes, au lieu de privilégier le dialogue franc et responsable, préfèrent utiliser la logique sectaire du Cocktail Molotov mécaniquement assimilée à la violence dite légitime. Ils semblent ignorer qu'une telle pratique débouche généralement sur des bavures et d'autres

---

[56] Emmanuel KANT, *Doctrine du droit*, chap. II, 1ère section, 49, Traduction Barni.

formes d'atrocités. Ils semblent oublier que le mépris social et l'humiliation conduisent inévitablement au péril d'un Etat. L'Etat de droit est un Etat philosophiquement fondé. A ce titre il ne rime pas, comme le dit admirablement Alice Cherki, avec l'exclusion, la destruction de l'autre, le déni de l'altérité conjugué à ses conséquences d'errance psychique avec son cortège de honte et de violence.[57]

Le respect des droits de l'homme en Afrique passe par la démocratie et l'Etat de droit. Celui-ci n'est possible qu'à travers la restauration des relations humaines fondées sur la justice, la vérité et l'identification des responsabilités liées aux graves violations des droits de l'homme qui ont été commises ici et là. La nécessité d'une intense action éducative s'impose dès l'enfance. Il s'agit particulièrement de l'éducation civique et morale couronnée d'une formation philosophique. Car celle-ci participe à l'instauration de la paix tant dans les individus que dans l'Etat. C'est en cela que ces propos de l'Ex Directeur de l'UNESCO Federico Mayor, méritent une attention particulière :

> *« l'éducation philosophique en formant des esprits libres et réfléchis, capables de résister aux différentes formes de propagande, de fanatisme, d'exclusions et d'intolérance, contribue à la paix et prépare chacun à prendre ses responsabilités face aux grandes interrogations contemporaines, notamment dans le domaine de l'éthique. (...) Le développement de la réflexion philosophique dans l'enseignement et la vie culturelle, contribue de manière importante à la formation des citoyens, en exerçant leur capacité de jugement, élément fondamental de toute démocratie.* [58]*»*

---

[57] Alice CHERKI, La frontière invisible, Editions du Cerf, Paris, 2000.

[58]Federico MAYOR, Préface de *Philosophie et démocratie*, auteur Roger Pol-Droit, Paris, Editions UNESCO Albin Michel, 1965, p.9.

Le respect des droits de l'homme dans le monde, et principalement en Afrique, passe par une intense éducation à la démocratie. Par l'éducation morale, le respect des droits de l'homme va certainement devenir une culture chez les citoyens. A une condition toutefois : cette morale, objet de l'éducation, ne doit pas être prescriptive. Ce qui signifie que ses principes ne soient liés qu'à la garantie de l'intercompréhension. Ce n'est qu'à cette condition qu'il est possible de lier les différentes valeurs démocratiques et de les poursuivre efficacement ensemble.En clair, l'avènement de l'Etat de droit en Afrique, respectueux des droits fondamentaux de l'homme et des libertés fondamentales ne peut se réaliser que dans le respect des lois justes par les citoyens. Mais comme dans un Etat il y a toujours des méchants, Blaise Pascal dit ceci :

> *« Il est juste que ce qui est juste soit suivi, il est nécessaire que ce qui est le plus fort soit suivi. La justice sans la force est impuissante ; la force sans la justice est tyrannique. La justice sans force est contredite, parce qu'il y a toujours des méchants ; la force sans la justice est accusée. Il faut donc mettre ensemble la justice et la force ; et pour cela faire que ce qui est juste soit fort, ou que ce qui est fort soit juste*[59]*. »*

Dès lors, la société civile et la communauté internationale peuvent accompagner les Etats africains en gestation démocratique dans la construction d'un véritable Etat de droit, lequel exige avant tout une éducation à la citoyenneté républicaine. A ce propos Habermas observe, à juste titre, que la citoyenneté républicaine est le garant le plus sûr d'un Etat de droit qu'enfante la démocratie dont les trois éléments constitutifs sont :

-la conscience des droits

-la représentation des forces politiques

---

[59]Blaise PASCAL, *Pensées*, Editions Ferni, Paris, 1978, p.130-131.

-et la citoyenneté.

Les véritables Etats de droit vers lesquels doivent évoluer les Etats africains sont des Etats civilisés où est mené en permanence le combat contre l'oppression et l'exploitation de l'homme par l'homme sans pour autant prendre les armes. La non-violence est la voie royale qui conduit à la démocratie apaisée, à l'Etat républicain, c'est-à-dire celui où les droits de l'homme sont respectés et où règne l'égalité juridique. Cependant il faut aussi reconnaître que des situations de violence extrême, d'oppression massive, de déni de droits fondamentaux sont presque toujours nécessaires pour que des mouvements de libération surgissent.

Pour dire les choses en raccourci, il faut toujours dialoguer[60]. Le recours à la violence libératrice n'est qu'un pis-aller. Il ne devient nécessaire qu'après que, pourrait-on dire, toutes les batteries dialogiques soient devenues inopérantes. N'est-ce pas qu'en Afrique, comme partout ailleurs, les droits de l'homme ne se donnent pas, mais s'arrachent ?

### 2. Egalité des sexes et paix

L'égalité des sexes[61] est, à n'en point douter, l'une des conditions de possibilité de la paix civile, et par voie de conséquence du développement continental. Pour l'avènement d'une société plus juste dans l'Etat en Afrique, il fallait lutter pour mettre fin à la discrimination du sexe féminin. La paix ne rime pas avec la misère. Elle suppose une égalité ontologique entre les sexes. Aujourd'hui, c'est un secret de polichinelle que la place des femmes dans une société donnée est un indicateur clé du niveau de développement de cette société. Malheureusement les statistiques indiquent l'existence d'une énorme inégalité économique et sociale entre les sexes dans presque tous les pays africains.

---

[60]Voir H. YACOUBA, Repenser le dialogue politique en Afrique, *Le Korè, Revue ivoirienne de culture et de philosophie,* Abidjan.

[61] Voir H. YACOUBA, L'engagement de la femme nigérienne en faveur de l'égalité économique et sociale comme exemplaire d'une émancipation mondiale des femmes, *Revue MU KARI SANI* Niamey, 2012, pp. 71-74.

Ainsi, au Niger par exemple, face à cette situation inacceptable dans un Etat de droit, de nombreuses associations féminines se sont créées et résolument engagées en faveur de la justice sociale. Elles mènent un combat juste et noble contre les prétentions ontologiques des hommes. En matière d'éducation par exemple, un philosophe comme Platon propose que celle-ci soit commune aux hommes et aux femmes. Au plan éducatif, il convient donc d'éviter toute forme de différenciation. Mais, il est à souligner que malgré le travail ardu de l'Etat et des organisations non gouvernementales, pièce maîtresse de la société civile, beaucoup reste à faire relativement à l'égalité économique et sociale entre hommes et femmes au Niger. Nous entendons ici par égalité, la possibilité pour les femmes de participer comme membres à part entière dans l'interaction sociale.

Etant à la fois au principe et à l'horizon de la démocratie, l'égalité a un fondement éminemment philosophique. Elle est un principe qui affirme l'égalité de tous les individus. De là, tout le sens de l'engagement de certaines femmes intellectuelles nigériennes. Leurs revendications égalitaires doivent être perçues comme des révoltes logiques. Elles aspirent à une politique de la redistribution. Autrement dit, elles exigent d'une part le respect des identités des différents groupes, et d'autre part la redistribution équitable des biens et des services. En tant qu'intellectuelles, elles ont un devoir d'engagement historique en faveur de l'égalité économique et sociale, donc de justice sociale. Il s'agit d'un engagement qui s'inscrit dans le combat contre l'exploitation économique et les conditions sociales dramatiques dont elles sont victimes au Niger, pays fortement islamisé. Encore faut-il préciser que cette injustice sociale dont elles sont victimes ne tient pas de la philosophie de l'islam, religion fondamentalement humaniste, mais d'une certaine mauvaise interprétation des textes islamiques touchant la question du genre.

Nous voyons ici l'égalité économique et sociale moins en termes d'approche mécanique de pourcentage que de possibilité de participer à part entière dans la dynamique sociale. Il incombe pour nous de cerner les problèmes des femmes d'un point de vue à la fois essentialiste et existentialiste.

Ainsi le problème fondamental est de savoir ici les conditions de possibilité d'une société égalitaire et libérale dans le monde et singulièrement au Niger.

Un regard autant critique que statistique porté sur la situation socio-économique des femmes, permet d'affirmer qu'elle laisse à désirer. Au Niger plus de la moitié de la population vit en dessous du seuil de la pauvreté. Et cette pauvreté touche en priorité les femmes et les enfants et se traduit par les taux élevés de mortalité infantile et de décès des femmes après ou au cours de l'accouchement. Ces femmes en situation de pauvreté souffrent de manque d'un meilleur approvisionnement en eau potable. Elles ne bénéficient pas de meilleures conditions sanitaires, des sources d'énergie moins coûteuses et immédiatement disponibles.

L'émancipation politique, économique et sociale des femmes passe par leur lutte pour l'égalité des chances dans le cadre de la famille, de l'éducation ou de l'accès à l'emploi. Le combat civilisé contre la domination masculine est l'exigence primordiale de l'engagement des femmes. Est civilisé le combat qui se fait non pas avec les armes de la violence, mais avec celles des idées impartiales de la raison raisonnante. Celle-ci trouve toute ses lettres de noblesse dans le dialogue, l'autre de la violence, laquelle est mauvaise de tout point de vue. Pourquoi ? Parce que justement elle ne sait pas où elle va. Mais qu'est-ce donc que la violence ? Pour parler Georges Gusdorf,

> *« la violence est cette impatience dans le rapport avec autrui, qui désespère d'avoir raison et choisit le moyen court pour forcer l'adhésion. Si l'ordre humain est de la parole échangée, de l'entente par la communication, il est clair que le violent désespère de l'humain, et rompt le pacte de cette entente entre les personnes où le respect de chacun se fonde sur la reconnaissance d'un arbitrage en esprit et en valeur* [62]. »

L'importance du dialogue franc et sincère entre deux conjoints est qu'il crée au sein du foyer une paix fondée sur le respect mutuel.

---

[62]Georges GUSDORF, *La vertu de force*, P.U.F, Paris, 1957, p.80.

Sur le plan vestimentaire il y a une certaine discrimination dont sont victimes les femmes nigériennes. Parlant des femmes sonraï, Jean Rouch s'exprimait en ces termes :

> *« la pudeur des femmes est comparable ; rares sont les femmes (sauf au dendi) qui se promènent la poitrine nue. Cette notion de pudeur se manifeste à partir de la puberté. Jusque-là les petites filles et petits garçons se promènent souvent nus (même après la circoncision). Mais dès 12 ou 13 ans, les filles et les garçons s'habillent. En particulier ils mettent le plus grand soin à recouvrer leurs jambes : « short » européen est toléré chez les hommes, mais le pantalon long lui est toujours préféré (chez les femmes, il n'est pas question de porter le short, et même les songhay considèrent comme honteux le port du short par une femme blanche.* [63] »

Entre autres, même sur le plan politique, les femmes, selon les justes propos de l'auteur de Les femmes et la politique au Niger, Hamani Abdou, trouvent des obstacles à leur participation. Aux yeux de ce dernier, comme obstacles on peut citer notamment :

- le taux d'analphabétisme élevé des femmes
- la masculinisation de l'emploi salarié
- les femmes sont sous-représentées dans les sphères du pouvoir politique (gouvernement et Assemblée)
- la situation sanitaire difficile des femmes. Elles font l'objet d'une discrimination au sein de la famille et de la société.

En clair, *« La réalité concrète de la participation des femmes nigériennes dans la vie politique est pratiquement absente des travaux de réflexion théorique ou dans des rares cas, abordée de façon très vague*[64] » En

---

[63] Jean ROUCH, *Les songhay*, L'Harmattan, Paris, 2005, p.4.

[64] Hamani ABDOU, *Les femmes et la politique au Niger*, L'harmattan, Paris, p.11.

d'autres termes, une analyse causale des problèmes des femmes nigériennes peut nous amener à trois catégories de causes. Il s'agit notamment des causes immédiates, des causes sous-jacentes et des causes structurelles parmi lesquelles l'analphabétisme est la cause des causes. C'est dire donc que le combat contre l'inégalité économique et sociale dont sont victimes les femmes passe par l'éducation.

Vu toutes ces tares culturelles dont elles sont victimes, les femmes nigériennes ont de bonnes raisons de revendiquer l'égalité au nom de la différence, mais de la différence libérée, c'est-à-dire réconciliée avec elle-même.

Mais, il importe d'abord de reconnaître que l'objectif fondamental de l'engagement des femmes, c'est avant tout de se libérer de leur oppression biologique, et de destituer l'homme de son piédestal ontologique. Concrètement leur engagement s'entrelace dans la théorie du genre qui n'est rien d'autre que la confusion des genres pour emprunter l'expression du philosophe français, Jean-François Mattéi. Le but ultime de l'engagement des femmes, c'est implicitement la déconstruction des différences entre le masculin et le féminin.

Depuis l'avènement du multipartisme au Niger, on assiste à l'irruption de multiples ONG et associations féminines qui interviennent dans plusieurs secteurs socio-économiques. Des femmes intellectuelles ont pris conscience de la nécessité de s'engager en faveur de la protection de leurs droits. C'est ainsi que plusieurs associations féminines ont vu le jour. On peut citer principalement la coordination des ONG et Associations féminines du Niger (CONGAFEN) qui a été créée en juillet 1995. Son combat consiste dans la consolidation du mouvement associatif féminin. Elle est composée de 51 structures membres intervenant dans plusieurs secteurs socio-économiques. Par la suite, d'autres associations ont également vu le jour. Il s'agit entre autres, de Kassaï[65] qui est une seconde fédération composée de six structures en 2005. La cause finale de ces structures c'est l'obtention de l'égalité entre les femmes et les hommes tant sur le plan économique que social au Niger.

---

[65]*Kassaï* est le nom de la sœur de Sonni Ali Ber le plus grand Empereur de l'Afrique précoloniale au XVème siècle, selon les grands historiens arabes. Par analogie, cette association féminine se veut guerrière.

Le point de départ du combat égalitaire des femmes, ce sont les effets pervers de la construction sociale au Niger. Pour l'avènement d'une société égalitaire, elles cherchent à neutraliser définitivement les identités et les différences. Elles pensent que des changements positifs et remarquables relativement à leur situation de femmes discriminées, sont bel et bien possibles. Ces changements passent par leur vrai engagement, lequel lui-même réside dans leur autonomisation et leur responsabilité. Celle-ci est la condition de leur liberté. Il s'agit de leur donner une formation sur la création et la gestion d'entreprise. Ainsi elles auront à entreprendre comment mettre en place un plan d'activité, rechercher des financements, mais aussi conduire une étude de marché, une campagne de publicité et résister à la compétitivité.

Les Associations féminines se doivent de savoir combiner l'engagement militant et l'élaboration intellectuelle. Car, force est de constater, qu'un engagement qui n'est plus intellectuellement encadré est voué tôt ou tard à l'échec. C'est pourquoi elles doivent articuler leur réflexion sur des principes et leur pragmatisme dans l'action. En d'autres termes, leur combat contre l'exploitation économique dont elles sont victimes doit avoir une base théorique fournie par un travail intellectuel collectif. Leur émancipation économique et sociale passe par l'égalité des chances effectives dans le cadre de la famille, de l'éducation ou de l'accès à l'emploi.

Encore convient-il de préciser que la mobilisation des femmes en faveur de l'égalité économique et sociale ne doit pas consister en un conflit de sexes, mais de l'égalité de parité de participation dans tous les secteurs de la vie socio-économique du pays. Il faut des mouvements syndicaux de masse. C'est avec de l'énergie et de l'engagement que les femmes peuvent démocratiser des syndicats très bureaucratisés et parfois corrompus. La lutte doit s'intéresser aux questions sérieuses comme l'économie, condition du respect social. Car aujourd'hui, au Niger, la considération traditionnelle et désintéressée dont pouvait bénéficier un individu qu'il soit riche ou pauvre est dépassée. Dans la société nigérienne influencée par le capitalisme occidental, on peut dire que qui n'a rien n'est rien. On assiste à une confusion sémantique touchant l'être et l'avoir.

L'émancipation totale des femmes passe par la diffusion des idées féminines à tous les niveaux de la société civile. Dans chaque métier, il doit exister des comités et des organisations féministes puissants et actifs, et qui doivent défendre les droits et les intérêts des femmes qui y travaillent. Ils doivent s'employer à promouvoir des programmes en faveur de l'égalité des sexes. Les femmes doivent engager avec les décideurs politiques des forums de discussion sur les bases structurelles de la pauvreté. Car la pauvreté dont est victime la majorité des femmes nigériennes, et principalement rurales, est non pas une fatalité, mais un phénomène structurel. Il suffit de permettre à ces femmes comme aux hommes d'entreprendre librement pour voir, comme par enchantement, comment elles vont facilement sortir de la dépendance humiliante (violences conjugales, inclination à la débauche et ses avatars).

C'est par son propre engagement que la femme nigérienne peut avoir la possibilité de projet et de transcendance. Il s'agit du projet de se réaliser dans les domaines respectivement politiques et économiques. Elle aura la possibilité de s'arracher au statut mineur qui l'oblige à être l'Autre de l'homme. Elle aura la possibilité de passer de la minorité à la majorité. Dit autrement, elle aura la capacité d'agir sans l'aide de l'homme qui le soumet. La fonction réalisatrice de l'engagement est que celui-ci écarte la problématique de la différence au profit de celle de l'égalité des femmes avec les hommes. Il confère aux femmes nigériennes la véritable humanité, laquelle réside dans l'autonomie et la liberté. C'est par l'engagement qu'elles peuvent affirmer leur créativité, leur singularité positive qui met en exergue leur génie féminin. Elles se doivent de revendiquer la reconnaissance de leur condition. Il leur faut des interventions spécifiques sur le plan éducatif et communicationnel.

Dans la condition sociale et économique des femmes nigériennes, c'est surtout par l'éducation qu'on peut surmonter nombre d'obstacles qui entravaient leur émancipation. Il revient de comprendre qu'elles ne peuvent occuper des postes de décision comme les hommes qu'à la seule et unique condition qu'elles accèdent aux infrastructures éducatives. Leur accès en responsabilité et en pouvoir, tant sur le plan économique, politique que social, est fortement fonction de leur accès préalable à l'éducation. Il faut donc offrir l'éducation primaire pour toutes les filles et fournir une éducation de base à toutes les femmes dans la mesure du possible. L'éducation peut contribuer à améliorer le statut social des femmes dans de nombreuses sociétés. Il y a une corrélation entre éducation et progrès social. Ce qui fait dire à Fay Chung ceci :

*« Indiscutablement, en augmentant le nombre de femmes mieux éduquées, on permet des progrès sociaux concrets et mesurables*[66]*. »*

Les femmes doivent bénéficier au moins de l'éducation de base dont les piliers fondamentaux sont : la lecture, l'écriture, le calcul et l'expression. La nécessité d'assurer l'égalité et l'équité entre femmes et hommes au sein d'une société soulève toute la question du traitement du genre au sein du système éducatif. Sur ce point, même si beaucoup reste à faire, il faut remercier l'Etat du Niger, la société civile et les partenaires techniques et financiers pour leurs efforts sans cesse renouvelés. Ainsi par rapport aux performances en matière d'accès et de couverture, les études faites par l'UNICEF sont d'une contribution inestimable. .L'avènement d'une société égalitaire exige une réforme des programmes éducatifs visant à offrir aux femmes un accès égal au travail et à la promotion professionnelle. C'est leur accès aux connaissances et aux compétences qui va leur permettre de mener une complétion avec les hommes dans tous les domaines de la vie socioéconomique du pays. Toute chose qui est peu probable si elles sont analphabètes ou peu éduquées. Comme l'a si bien dit Auguste Comte, autant une société accuse un déficit éducatif, autant elle accuse un déficit politique. Le progrès politique d'une société est toujours fonction du progrès éducatif de cette société. . Et force est de constater qu'un progrès éducatif qui n'est pas fondé sur l'égalité entre hommes et femmes est une contradiction dans les termes.

C'est par l'éducation que les populations rurales vont avoir une vision moderniste des choses. Elles vont comprendre que donner une femme en mariage c'est la chosifier, c'est violenter son autonomie et sa liberté. Toute chose qui constitue un scandale philosophique. La femme, tout comme l'homme, doit choisir librement son conjoint. L'éducation des hommes et des femmes se veut un toilettage de la société en tant qu'elle amène celle-ci à se débarrasser de la fonction tyrannique du sexe masculin. Il est indéniable que les représentations sociales qui font de l'homme le maître du foyer conjugal, en puissance et en majesté, sont les produits du niveau d'éducation d'une société. Combattre ces représentations sociales revient à réformer le système éducatif de cette société. La réussite de l'engagement des femmes est fonction de leur

---

[66]Fay CHUNG, cité par Jérôme BINDE in *Où vont les valeurs ?* Editions Unesco, Paris, 2004, p 277.

éducation, laquelle leur permettra de vaincre les premiers obstacles à la participation économique et politique que sont les préjugés. D'où la pertinente remarque du philosophe politique français, Roger Garaudy :

> *« le mouvement des femmes, comme le mouvement de libération, atteint sa peine maturité lorsque l'objectif n'est plus de s'intégrer aux hiérarchies et aux valeurs de domination du système ancien, mais de briser et d'instaurer son système propre de rapport humain et de valeurs nouvelles. Le mouvement des femmes est devenu l'un des facteurs les plus puissants, les plus signifiants de la mutation historique la plus radicale : celle du passage d'une société atomisée par l'individualisme à un nouveau tissu social communautaire [67] ».*

Bien plus, pour une grande visibilité de l'impact de l'éducation, il incombe à l'Etat et à la société civile de réserver une place de choix à la parole des femmes à travers les moyens de communication modernes. Etant donné que la parole est un pouvoir, c'est par la parole que les femmes peuvent se libérer de l'aliénation et de la domination masculine au Niger. La parole libérée leur permet de sortir de ce que Alice Cherki appelle *« l'intériorisation de cet écrasement symbolique qui est le plus sûr garant de la permanence de la domination[68]. »* Il ne s'agit nullement ici d'une transgression fantaisiste des normes traditionnelles. Si transgression il y a, elle ne vise qu'à bouleverser ces normes en vue de permettre l'instauration d'une nouvelle régulation sociale et politique d'une société en mutation. Pour se libérer de la culture de l'exclusion dont elles sont victimes, elles doivent intervenir sur les antennes des radios

---

[67]Roger GARAUDY cité par Abdou HAMANI, *Femmes et politique au Niger,* L'Harmattan, Paris.

[68]Alice CHERKI, *La frontière invisible,* Editions elema, Paris, 2006, p. 160.Il convient de remarquer que la psychanalyse politique dont Alice Cherki est l'une des figures emblématiques est d'une contribution fondamentale dans la compréhension de la relation égalité de sexes et paix.

communautaires. Celles-ci sont des véritables moyens de dévoilement de la vérité, de leurs problèmes réels, de leur vrai vécu existentiel. La prise de la parole est un droit que leur confèrent la démocratie et l'Etat de droit.

La parole des femmes dans une société démocratique sert à atténuer le déni du féminin qui est aussi vieux que l'humanité. Mais comme la parole n'est pas que vocale, les femmes doivent écrire. Ecrire c'est aussi parler, sinon reparler. Les femmes nigériennes ne peuvent cesser d'être l'éternelle ironie de la société que si elles prennent cette arme de la raison qu'est la parole. Comme parler est un devoir, à en croire Platon dans La république, elles doivent donc parler. La parole est comme une cure psychanalytique de leurs problèmes de mère de famille ou d'épouse. La parole, en tant que raison discursive, est le meilleur moyen de conjurer les violences conjugales dont elles sont victimes[69].

En définitive, disons que l'égalité économique et sociale entre hommes et femmes dans le monde et en particulier au Niger, a pour passerelle le combat de ces dernières contre les préjugés, lesquels sont puissants moyens de domination pour les hommes. Mais force est de constater que ce combat ne peut être facilité que par une éducation progressive des femmes. La libération des femmes nécessite des forums de discussion entre elles et les décideurs politiques, les hommes et les leaders religieux et singulièrement musulmans. Car les discriminations dont elles sont souvent victimes ne seraient pas inhérentes à l'islam, mais à une mauvaise interprétation des versets coraniques. Il se pose un pose un problème pédagogique, c'est-à-dire de transmission des connaissances islamiques. Le rôle majeur du droit à l'éducation est qu'il est le levier d'autres droits. Comme l'a si bien dit Condorcet pour jouir de ses droits il fallait d'abord les connaître. D'où l'importance et la place centrale de l'éducation dans une société progressiste.

Il n'y a pas de justice sociale sans l'éducation de base pour tous, laquelle est création de capacités. Dans le domaine social, il incombe aux décideurs politiques avec l'appui critique de la société civile, de mettre

---

[69]Cf. H.YACOUBA, « Pour une éducation émancipatrice de la femme en Afrique », *Etudes sahéliennes,* Revue scientifique de la faculté des Lettres et Sciences Humaines de l'Université Abdou Moumouni, p.128.

sur pied des programmes d'aide. Ceux-ci doivent être destinés à l'endroit des élèves filles, aux niveaux, primaire, secondaire et supérieur, se trouvant dans une situation de risque ou d'exclusion sociale, éducative ou avec des difficultés d'intégration sociale. Il leur revient de mener des actions de sensibilisation en organisant des forums de débat, d'innovation et de recherche sur toutes les réalités sociales dont est victime la gent féminine au Niger, en vue de l' intégration sociale de cette dernière. De tels forums ont pour objectif fondamental de contribuer au développement social et économique du pays basé sur la justice sociale. L'égalité entre femmes et hommes au Niger passe par leur égalité en droits. Il s'agit de l'égalité qui réside dans une différence libérée et non une différence qui se fige dans une dualité : les hommes d'un côté, les femmes de l'autre. Une telle différence conduit à un isolement mortel, sinon nuisible pour les uns et les autres.

En clair, il faut faire appliquer les conventions et les dispositions pertinentes de la Constitution nigérienne portant sur les droits de la femme. La compréhension du rapport entre égalité des sexes et paix passe surtout par une philosophie du droit.

## Chapitre 4 : Pour la justice sociale

Le rapport de la paix à la justice sociale a une signification philosophique forte. Les théories de la justice sociale qu'elles procèdent de l'idéalisme ou du matérialisme, de la droite ou de la gauche doivent à Platon[70] l'essentiel de leur domaine conceptuel, que cette dette soit reconnue ou non. La pensée philosophique, et singulièrement celle de Platon peut être considérée comme inauguration et fondation de la bonne gouvernance dont le pivot est la justice sociale. C'est pourquoi la question redoutable de la justice sociale en Afrique, doit être abordée à la lumière de la philosophie dont la fonction destinale est l'étude de l'être de toute chose.

### 1. Nécessité d'une politique juste

La solution principale aux conflits récurrents en Afrique semble être la solution politique dont l'un des piliers est la paix. Il s'agit de la paix qui passe nécessairement par le règne de la justice dans les Etats africains. Qui veut la paix veut, pourrait-on dire, en même temps la justice sociale[71]. Il se pose un problème de gouvernance politique en Afrique, laquelle, par définition, *« est fondamentalement un processus de coordination d'acteurs pour dégager une décision.*[72] » C'est la solution politique basée sur la justice, qui est l'élément pacificateur par excellence d'une société en crise. La justice joue un rôle de premier plan eu égard à la paix. Pour le résumer en style platonicien, on pourrait dire que la justice est le piédestal d'une société harmonieuse. Tout le problème est de savoir la voie d'une politique juste.

Pour ce faire, il nous revient de comprendre et de mettre en évidence les exigences d'une politique juste. Celle-ci réside dans la

---

[70]Voir H. YACOUBA, L'idée de bonheur chez Platon Mémoire de Maîtrise de Philosophie, Faculté des Lettres, Arts et Sciences Humaines , Université Nationale du Bénin.

[71]Voir Alain RENAUT, pour qui la justice sociale exige la capacité à mieux discerner, quand il s'agit d'appliquer les principes, la logique des possibles.

[72]Philippe BRAUD, *Sociologie politique*, Editions LGDJ, Paris, 2011, p .658.C'est nous qui soulignons.

justice sociale, laquelle passe avant tout par le respect des mêmes libertés pour tous. C'est dire que pour conjurer la conflictualité identitaire, et singulièrement le terrorisme en Afrique, il faut nécessairement la justice sociale. Celle-ci empêche dans un Etat le favoritisme vivant en matière de recrutement à la fonction publique par exemple. Elle empêche l'existence de deux catégories de citoyen: ceux d'en haut et ceux d'en bas, selon leur appartenance ethnique, régionale ou religieuse. La bonne gouvernance est le meilleur antidote contre les conflits identitaires dans un Etat. Dans un Etat c'est souvent l'injustice qui pousse les identités individuelles ou collectives à la révolte, à la désobéissance civile, à la rébellion, au terrorisme et d'autres formes d'états de violence. D'où l'urgence d'un traitement juste de la question des minorités ethniques surtout dans nos Etats africains en gestation démocratique où démocratie se confond souvent avec « *ethno-démocratie*[73] ».

Dans un Etat les uns et les autres doivent comprendre que ce n'est pas l'arithmétique ethnique qui fait la démocratie, mais l'arithmétique des convictions rationnelles sur la base de projet de société pertinent. Autrement c'est conduire tôt ou tard les identités minoritaires exclues à s'affirmer par la violence dite légitime Pour amener donc les différentes composantes de la nation à y exercer la culture démocratique, il leur faut une intense éducation à la citoyenneté républicaine. Vu que la vie de la cité requiert des choix qui engagent l'avenir, les gouvernants des Etats Africains doivent avoir une vision prospective de la politique en créant les conditions d'une politique juste. Et selon la pertinente remarque d'Alain Renaut[74], une politique juste requiert la capacité à faire preuve de lucidité en envisageant la logique des possibles quand il s'agit d'appliquer des principes.

L'alliance contre nature observée, tout récemment, au Mali entre les groupes rebelles touaregs et les islamistes, se fonde à tort ou à raison, sur le sentiment commun de haine contre le pouvoir central jugé injuste.

---

[73]Cette notion *d'éthno-démocratie* a été profondément abordée par le philosophe centrafricain, Jean-Paul Ngoupandé dans Racines historiques et culturelles de la crise africaine, Editions UCAO, Abidjan, 1994.

[74]Voir Alain RENAUT, *Qu'est-c qu'une politique juste ?* Grasset, Paris, 2005. C'est nous qui soulignons.

Ce qui favorise le terrorisme ou négation de la République c'est l'exclusion d'une communauté nationale. Malheureusement c'est la triste réalité à laquelle on assiste dans la plupart des pays du Sahel. A la vérité, ces derniers font l'expérience d'une comédie démocratique sur fond de tribalisme soigneusement masqué que seuls les esprits avertis peuvent démasquer. Une telle analyse conforte les justes propos de la philosophe, Chantal Delsol, membre de l'Académie des sciences morales et politiques de France, selon qui le modèle occidental de la démocratie appliqué ailleurs engendre des déviances inattendues. En Afrique, il favorise l'élection d'une tribu contre les autres. D'où l'exclusion comme condition de toute rébellion. La justice sociale a pour passerelle une démocratie participative et inclusive.

Pour faire donc progresser la démocratie en Afrique, il fallait d'abord la problématiser. Car, comme l'écrit Jean-Luc Nancy dans un bel article,

> *« Démocratie est devenu un cas exemplaire d'insignifiance : à force de représenter le tout de la politique vertueuse et l'unique façon d'assurer le bien commun, le mot a fini par résorber et par dissoudre tout caractère problématique, toute possibilité d'interrogation ou de mise en question.*[75] *»*

La rébellion s'avère une guerre juste, dès lors qu'elle est juridiquement fondée. C'est ainsi qu'aux yeux du penseur britannique, John Locke, la rébellion est permise dès l'instant où les termes du contrat qu'est un gouvernement civil ne sont plus respectés par les gouvernants. La rébellion est entendue comme guerre juste quand elle se fait dans le respect du pacte fondateur d'une république qu'est la constitution. Elle s'oppose donc à tout usage de la violence. Elle doit être démocratique. C'est dire que bien analysé à fond, le terrorisme, en tant que pratique de la violence, est de tout point de vue condamnable. Au terrorisme correspond la tolérance zéro. Etant donné que nous sommes dans l'époque de la

---

[75]Jean-Luc NANCY, « Démocratie finie et infinie » in *Démocratie, dans quel état ?*, Agamben et al ; Editions La fabrique, Paris, 2009, p.77.

modernité politique, c'est démocratiquement et non par la violence que nous devons combattre aussi bien le terrorisme des groupes organisés ou isolés que le terrorisme d'Etats au Sahel. La lutte efficace contre le terrorisme consiste dans la bonne gouvernance. Or, pour juger de l'existence de la bonne gouvernance dans un Etat, il fallait savoir d'abord ce que gouverner signifie. Selon la pertinente remarque de Durkheim, *« gouverner c'est donc exercer une action positive sur la marche des affaires publiques.*[76]» En politique, est appelée action positive l'action démocratique par opposition à l'action antidémocratique.

Comment donc lutter démocratiquement contre le terrorisme au Sahel ? Telle est la question de toutes les questions ? Pour que la guerre contre le terrorisme soit efficace et humainement acceptable, elle doit être plurielle : militaire et éthique. Il faut une double police : institutionnelle et morale. Si la police institutionnelle ou officielle est connue de tous, la police morale quant à elle est le produit de l'éducation citoyenne, laquelle accouche de la citoyenneté républicaine. Celle-ci est la condition de l'intégration républicaine ou rempart contre toute forme de terrorisme au Sahel. L'intégration républicaine conjure le choc des cultures. Elle se veut une action éthique seule capable d'entraver humainement l'expansion du terrorisme au Sahel. Comme le terrorisme commence par la rébellion, il faut conjurer la première condition politique de la rébellion, à savoir l'ethno-démocratie au Sahel. L'ethno-démocratie, en se soldant par le règne de la dictature de la majorité tribale sur les minorités, crée inévitablement l'exclusion qui, à la longue, a pour conséquence logique la révolte armée.

En d'autres termes, il faut une lutte réellement démocratique contre le terrorisme. Seule une telle lutte va épargner le Sahel du terrorisme des anarchistes et du terrorisme d'Etats sur fond de néocolonialisme. Le néocolonialisme est une conséquence logique de la faillite politique des Etats sahéliens. Mais le néocolonialisme qui se traduit par la présence des forces militaires occidentales doit être combattu sans ressentiment. Il s'agit de faire montre de réalisme politique. Le néocolonialisme doit être dénoncé et condamné dans un cadre purement démocratique vu que c'est à la demande de nos Etats sahéliens que ces puissances militaires sont présentes dans l'espace

---

[76]Emile DURKHEIM, *Leçons de sociologie*, Quadrige, Paris, 2015, p .111

sahélien. Sans l'aide militaire de ces puissances occidentales les Etats sahéliens sauront –ils faire face à ces islamistes militairement et idéologiquement bien armés ? Telle est la question qui conjure toute forme de mauvaise foi. Ce n'est pas l'appel d'assistance aux puissances militaires occidentales qui est mauvais en soi, mais c'est le fait que cet appel ne se fait pas dans les limites du pacte fondateur de toute république souveraine, à savoir sa constitution. Celle-ci veut que toute question cruciale pour un Etat soit préalablement soumise à un débat parlementaire. En effet, celui-ci est une procédure à la fois juridique et philosophique.

Le réalisme politique au Sahel appelle à l'unisson de toutes les forces démocratiques tant internes qu'externes. D'où toute la place de la société civile indépendante et non marionnette du pouvoir ou de l'opposition. La société civile doit être à la fois contre l'Etat et pour l'Etat. C'est-à-dire elle se doit de dénoncer les travers de l'Etat pour consolider l'Etat de droit démocratique. Pour une lutte efficace contre le terrorisme au Sahel, il convient de revoir, sans ressentiment contre l'Occident, les principes fondamentaux du système des Nations Unies dans ce que Habermas appelle leur « *missionnarisme* » interventionniste en vue de la souveraineté des Etats. C'est dire par exemple que l'installation des bases militaires occidentales au Sahel dans la lutte contre le terrorisme doit être juridiquement fondée.

La souveraineté est une valeur cardinale en ce qu'elle représente une protection des Etats faibles contre les Etats forts. L'Occident jugé, à tort ou à raison néocolonial, doit être prudent par rapport à son assistance sécuritaire aux pays faibles du Sahel. Au nom de ce que le philosophe Alain Renaut appelle la justice globale, l'Occident doit réellement aider les peuples du Sahel en évitant toute forme de soutien ou de laxisme à l'autoritarisme rampant de certains régimes au Sahel. Car, il n'existe point de différence ontologique entre des régimes totalitaires et des groupes de terroristes. Les uns et les autres sont tous, par essence, des terroristes. En effet, si l'on en croit Hannah Arendt, la terreur ne se ramène pas à la violence *: « il s'agit de la forme de gouvernement qui s'instaure lorsque la violence, après avoir abouti à la destruction de tout pouvoir, se refuse à abdiquer et affirme au contraire son emprise.* [77] »

---

[77] Hannah ARENDT, *Du mensonge à la violence,* Calmann-Lévy, Paris,1989.

La cause finale du terrorisme d'Etat c'est la disparition de toute forme d'opposition organisée. Sans créer ou encourager le néocolonialisme, il convient aux puissances militaires occidentales de surveiller les régimes du Sahel par rapport à leur sincérité à combattre réellement le terrorisme. Une telle posture exigée de l'Occident a un fondement philosophique. Car une des exigences essentielles de la philosophie c'est la prudence. La philosophie est souci de la parole en phase avec l'acte. Vu que dans toute corporation il y a des brebis galeuses, il faut voir s'il n'y a pas parmi les officiels au Sahel ceux qui sont de connivence avec les terroristes. Cela est une exigence de l'esprit philosophique qui cherche à tout connaître dans la mesure de l'humaine condition. Il faut donc surveiller les surveillants, c'est-à-dire les décideurs politiques au Sahel. Car il est inadmissible que des officiels demandent par exemple aux forces combattantes officielles de relâcher impunément et de façon extra-judiciaire des criminels pris en flagrant délit. Certains n'hésiteront pas à avancer la question de raison d'Etat en ignorant *« les origines de la raison d'Etat : utilité publique et nécessité.*[78] *»*

C'est dire que la pratique de la raison d'Etat ne se justifie que pour défendre et protéger l'utilité publique et non les intérêts des officiels narco trafiquant par exemple. Les services de renseignements occidentaux qui sont exigés sur les comportements des dirigeants du Sahel, n'ont aucune finalité néocoloniale, mais celle de l'assistance des peuples du Sahel. La confiance dit-on n'exclut pas le contrôle. Si éventuellement il y a des dirigeants qui refusent de comprendre cela, il convient seulement de les entendre raison que la vie d'un soldat comme toute vie est une vie humaine. Elle est donc sacrée. Elle ne peut être sacrifiée que dans l'intérêt supérieur de l'Etat ou de la patrie. C'est pourquoi autant les forces de défense et de sécurité doivent sécuriser les populations civiles au Sahel, autant elles doivent aussi être sécurisées par les comportements éthiques des responsables politiques et de la société. La solution au terrorisme au Sahel est pluridimensionnelle. Elle est politique, économique, militaire et avant tout multiculturelle. .

Par le dialogue interculturel l'Occident judéo-chrétien et le monde arabo-musulman ou l'univers culturel des terroristes allaient se

---

[78] Olivier NAY, *Histoire des idées politiques,* Editions Armand Colin, Paris, 2007, p.175.

comprendre et s'accepter mutuellement sans accrocs. Le dialogue des cultures, sous les auspices d'une politique volontariste de part et d'autre, est capable de faire comprendre aux ignorants ou ennemis de l'islam, selon la belle formule de Mustapha Chelbi, ceci : *« Par la vertu du Coran, par la lumière du Hadith et par le souffle de l'ijtihâd, l'Islam n'est pas coupable des crimes qui sont commis en son nom. L'Islam est la pureté, la beauté, la concorde, la fraternité et l'innocence.*[79]*»* Les ennemis de l'islam sont internes et externes. Ses ennemis internes sont ceux qui, au nom de l'islam, tuent et créent la désolation dans les Etats. Et ses ennemis externes sont ceux qui, par ignorance de l'islam, confondent ces criminels et les musulmans. C'est dire qu'il faut produire au Sahel, au moyen de l'éducation, une société multiculturelle caractérisée par la cohabitation des identités culturelles différentes. Il faut promouvoir l'espace public entendu comme hospitalité au sens kantien du terme. Il faut gérer le problème du terrorisme avec lucidité et humanité. D'où il faut épargner les Etats de tous ces états de violence inédits comme le terrorisme au Sahel.

L'antidote majeur contre le terrorisme au Sahel est la citoyenneté républicaine, laquelle ne tombe pas du ciel, mais est le produit de l'éducation entreprise dès l'enfance. Car celle-ci est la période de la vie où l'âme encore pure et malléable peut être réglée sur le modèle de la vertu ou science du bien. L'éducation, avant d'être une conversion, est un problème de transmission. Comment transmettre les croyances religieuses aux enfants tout en les préservant au fanatisme ? Telle est la question philosophique dont la réponse est on ne peut plus claire et nette : il s'agit de les éduquer à la laïcité dont le fondement est la tolérance. Il s'agit de les rendre libres en leur transmettant à la fois des croyances et l'esprit critique. Toute chose qui fait d'eux des personnes vouées à devenir autonomes et responsables. C'est dire qu'il revient aux hommes de Dieu d'apprendre aux enfants la relation et à reconnaître l'altérité. Car c'est la négation de l'altérité qui caractérise l'islamisme radical, lequel met la laïcité en péril. Il se pose donc un problème de transmission des connaissances religieuses au Sahel.

Mais comme la citoyenneté ne peut être facilement mise en pratique dans la misère, la démocratie au Sahel doit créer le

---

[79] Mustapha CHELBI, *L'islam en procès*, Editions L'Harmattan, Paris, p.37.

développement économique et social. Car force est de constater que c'est dans les rangs des chômeurs et des déclassés que se recrutent surtout les groupes terroristes. D'où la nécessité de revoir les systèmes éducatifs au Sahel. Le champ d'action de la réussite d'une politique juste au Sahel suppose la mise en place des meilleures conditions dont entre autres une éducation de qualité, une économie libérale, sociale et solidaire et un environnement juridiquement sécurisé. La condition des conditions est certes l'éducation. Mais il s'agit ici de l'éducation pour tous dans une école socialement rentable, laquelle passe par la capacité d'établir une corrélation entre investissements et rendements. Il s'agit de faire participer les jeunes à une formation professionnelle qui sera pour eux un atout individuel et collectif, sinon un rempart contre le chômage dont le risque sera moindre. Concilier l'utilité sociale de l'école et sa rentabilité économique, telle doit être la cause finale d'une politique juste au Sahel.

Etant donné que la violence est de tout point de vue mauvaise puisqu'on ne sait jamais où elle va, il importe de toujours procéder par le dialogue et les négociations dans les limites du tolérable. L'antidote majeur contre le terrorisme au sahel est la bonne gouvernance dont la cheville ouvrière est la justice. Les Etats doivent combattre les conditions qui favorisent le mensonge et la violence dont se servent les terroristes. La condition première, originelle et fondamentale qui favorise le terrorisme au sahel c'est l'injustice sociale dont les manifestations phénoménales sont la pauvreté structurelle, la discrimination, le chômage. Tant que les Etats du sahel se conduisent comme les terroristes, c'est-à-dire en procédant par le mensonge et la violence, il n'y aura de cesse au terrorisme au Sahel. La pauvreté structurelle est celle née non pas des aléas de la nature, mais du seul fait de la mauvaise gouvernance sur fond de corruption. La discrimination est celle dont est victime la tribu qui n'est pas au pouvoir. Et le chômage en Afrique contrairement en Europe, touche surtout ceux qui n'ont pas les « *bras longs*[80] » dans la sphère

---

[80] Ce « nigérisme » ou pratique du français au Niger signifie parents, amis et connaissances bien placés dans la haute sphère étatique. Selon l'opinion courante, c'est uniquement par le favoritisme vivant qu'un diplômé peut facilement être recruté à la fonction publique. C'est dire que le favoritisme vivant semble avoir pris le pas sur la compétence, la médiocrité sur l'excellence au sens du philosophe Camerounais, Ebénézer Njoh Mouelle. Une telle injustice sociale ne peut être à court, moyen ou long terme que source de fracture sociale.

étatique. Toutes ces situations injustes favorisent la violence dans un Etat. Si l'on en croit Hannah Arendt, nous ne manifestons une réaction de fureur que lorsque notre sens de la justice est bafoué. ; Cette réaction ne se produit nullement parce que nous avons le sentiment d'être personnellement victime de l'injustice, comme peut le prouver toute l'histoire des révolutions, où le mouvement commença à l'initiative de membres de classes supérieures qui conduisirent la révolte des opprimés et des misérables.

Bien plus, on entend par politique juste, une bonne gestion des différentes identités potentiellement conflictuelles. L'antidote majeur contre les abus de l'identité c'est de la dialectiser. L'identité dialectisée est une position du sujet raisonnable qui se donne des leçons de respect de l'autre, son semblable. Elle exige qu'on se comporte impérativement avec davantage de respect, de politesse, d'attention à l'égard des autres, sans quoi on ne parviendra jamais à justifier, c'est-à-dire à faire valoir ses propres conduites mal vues. Pour être bien vu par les autres, il convient de se comporter avec bienveillance et éducation. Malheureusement c'est ce que ne comprend pas le sujet déraisonnable en matière de gestion identitaire. La bonne et droite éducation a une place centrale en matière de gestion identitaire. L'identité dialectisée ne rime pas avec la profération des propos calomnieux, violents ou injurieux, lesquels conduisent au conflit. Le souci de protéger son identité ne doit en aucun cas se justifier au moyen de la violence. Celle-ci est mauvaise de tout point de vue. Pourquoi ? Parce que justement elle ne sait pas où elle va. Ainsi l'identité dialectisée exige du sujet la modération de ses sentiments en tout et partout. En d'autres termes, l'autonomie et l'ouverture du sujet constituent l'être de l'identité qui mérite d'être vécue. L'identité est un couteau à double tranchant. C'est pourquoi elle mérite d'être gérée de manière rationnelle et raisonnable.

La paix sociale nécessite la prise en compte du contenu métaphysique du visage ou de l'ouverture à l'altérité dont les leçons d'Emmanuel Levinas sont on ne peut plus édifiantes. La portée pacificatrice du visage se dégage à partir de son contenu métaphysique. Le regard sur l'autre est un élément pacificateur des identités potentiellement conflictuelles.[81]La gestion rationnelle et raisonnable de l'identité pour un meilleur vivre ensemble, passe par ce qu'Emmanuel Levinas appelle transcendance ou amour. Et l'amour dont il est ici question, *« ce n'est pas l'amour en tant qu'aspiration qui est transcendance triomphale, mais l'amour en tant qu'union[82] ».* Cet amour est donc socialité ou proximité. Ce qui ne signifie nullement que l'identité, dans le souci d'être en paix avec l'autre, se laisse devenir aliénée ou extravertie. L'ouverture à l'autre, en tant que transcendance, devient ipso facto immanence. Par la transcendance je deviens l'autre et celui-ci devient moi. La transcendance est donc union scellée dans la différence. Une telle différence est espace de paix et non de conflit. La transcendance revient en quelque sorte dans une émancipation de l'identité :

> *« Nous émanciper de l'identité dans sa forme autocentrée conduit à reconstruire l'identité possible, l'identité culturelle en tant qu'expérience intersubjective : liberté identitaire, lieu confluent où s'entrecroisent des raisons impures, des perceptions jusqu'alors imprévisibles et des prévisions aujourd'hui imperceptibles.[83] »*

L'émancipation de l'identité est donc un véritable rempart contre les conflits raciaux, religieux et ethniques qui sont de plus en plus aigus dans le monde, et singulièrement en Afrique.

Au plan politique, l'identité nous renvoie à l'éthique de responsabilité tant chez le pouvoir que chez l'opposition dans un régime démocratique. Ils doivent tous fonctionner sur le modèle de leur identité ou essence, sans quoi il n'y a pas de démocratie. C'est la mise en valeur

---

[81]Cf H. YACOUBA , « Identité et conflictualité : une approche philosophique » *Etudes Sahéliennes Revue scientifique de la Faculté des Lettres et Sciences Humaines de l'Université Abdou Moumouni de Niamey,* 2013.

[82] Emmanuel LEVINAS, *Altérité et transcendance*, Editions Fata Morgana, Paris, 1995, P. 32.

[83]Hélé BEJI, « Quel futur pour le pluralisme culturel ? » in *Où vont les valeurs?,* Editions UNESCO Albin Michel, Paris, 2004, p.326.

de leur identité qui fait la démocratie. Le pouvoir gouverne, et l'opposition l'empêche de déraper. C'est surtout en temps de grande crise politique que le pouvoir et l'opposition doivent modérer leur identité pour parvenir à des décisions de consensus au terme d'un dialogue politique. Mal gérée l'identité engendre des perversions inattendues. Pour éviter celles-ci, elle doit vaciller sa certitude d'universalité. Elle doit s'autocritiquer en retournant la raison contre elle-même. Elle doit être autocritique pour se désillusionner. Il est de la nature de l'identité civilisée d'être partagée. Ne pas en faire part à autrui, c'est tuer son essence. C'est la détruire pour soi et pour les autres. L'homme ne serait rien sans autrui. Comme dit Patocka l'humanité authentique ne s'institue que par une lutte de chacun contre soi. N'est-ce pas que la lutte contre soi a pour objectif de neutraliser le conflit négatif contre l'autre ? La lutte contre soi n'est rien d'autre que la tempérance qui est d'essence philosophique. D'où l'apport de la philosophie au bien-être individuel et collectif.

### 2. L'apport du rôle social du philosophe

Bien observé, le philosophe, par essence, peut être considéré comme un ingénieur social[84]. Loin d'être inutile ou producteur d'abstractions vides de contenu substantiel, il a une noble fonction sociale. Entendu étymologiquement comme ami du savoir, il est en quête permanente du bonheur à la fois individuel et collectif. Il critique la société pour le bien-être social. Toute chose qui n'est possible qu'en extirpant celle-ci de sa privation de connaissance ou ignorance.

Guérir la société de son ignorance en vue de l'intérêt de la société, tel est le noble rôle que semble s'assigner le philosophe. Malgré la polysémie du mot, on peut définir aujourd'hui le philosophe comme étant le spécialiste de la réflexion critique menée au double point de vue de la connaissance et de l'action. Autrement dit, le philosophe est celui qui cherche à légitimer les principes de la science ou de l'action. Ennemi déclaré de la doxa ou opinion, il est amoureux du seul spectacle de la vérité, laquelle consiste à se maintenir dans l'être pour parler comme Heidegger. L'irruption historique du philosophe au sein de la société

---

[84] Cf H. YACOUBA « Du rôle social du philosophe » *Etudes sahéliennes* Revue scientifique de la Faculté des Lettres et Sciences Humaines de l'Université Abdou Moumouni, Numéro 9, 2015.

s'origine dans une certaine inquiétude face aux phénomènes de la nature ou au mal vivre de la société. Soucieux du bien-être social, il se décide comme un homme engagé, c'est-à-dire qui, en partageant la souffrance de l'humanité, mène une lutte sans merci au moyen de l'unique arme impartiale de la raison. Fonctionnaire de la raison, il est en quête permanente d'une transformation qualitative de la société, et cela même au prix de sa vie. Il préfère être martyr plutôt que traître social. Il est éminemment préoccupé d'une vie individuelle et collective fondée sur l'honneur.

Le philosophe a une fonction civique et critique en produisant des citoyens attachés à la nation. Il leur ouvre et donne l'esprit critique par opposition à l'esprit dogmatique dont on sait les conséquences catastrophiques quand il fait irruption dans le champ politique et religieux. Le philosophe se veut avant tout un éclaireur de la Cité. Si l'on s'en tient à sa naissance historique dans les îles ioniennes de la Grèce antique au 6ème siècle avant J. Christ, toute la philosophie peut être entendue comme éducation. D'où le philosophe est entendu comme éducateur social. Ennemi déclaré de la doxa ou opinion, il cherche à extirper sa société de l'obscurantisme multiforme. Certes la société cherche son propre bonheur. Mais malheureusement en tant que privée de connaissance elle l'ignore. Elle s'illusionne souvent de son bonheur en le confondant avec la richesse matérielle sans base morale. Elle ignore que le véritable bonheur consiste à être riche, non pas d'or ou de diamant, mais de cette richesse dont l'homme a besoin pour être heureux : une vie sage et vertueuse, pour le dire en termes platoniciens. Une vie sage n'est-elle pas une vie prudente ? Une vie sans prudence est un grand danger. Certes il est bien de chercher l'argent, mais de façon raisonnable. Car autrement, c'est se faire nécessairement des ennuis. Une vie matérielle sans sagesse n'est qu'un bonheur apparent. En réalité, elle n'est que malheur et pour soi et pour les autres : cupidité, débauche, assassinat ou suicide.

La société vit sur des préjugés et des mythes dont le philosophe cherche à la libérer. La libération revient à faire disparaître ces préjugés ou jugements portés avant et en deçà de l'expérience et à transformer ces mythes révélés en mythes de réflexion. La société ou sens commun est doublement victime d'ignorance. Autrement dit, elle ignore qu'elle ignore. Elle est victime d'ignorance au carrée. Le philosophe veut qu'elle baigne dans le double de l'être, c'est-à-dire l'être en tant qu'être. Car connaître l'être est bonheur, l'ignorer malheur. Qu'est-ce qu'ignorer, sinon être privé de connaissance. Connaître c'est savoir l'être, c'est-à-dire ce qui est effectivement par opposition à ce qui n'est nullement ou néant. La connaissance est bonne en ce qu'elle permet de distinguer le bien du mal. Le bien c'est ce qui améliore et conserve par opposition au mal qui détériore et détruit.

Le philosophe cherche à transmettre la vertu à la société ou à l'amener à l'acquérir par elle-même. La vertu c'est la science du bien. L'amour du bien auquel le philosophe invite les uns et les autres ne porte pas sur le bien qui divise, mais unit. Il les unit parce qu'il est fondé sur des principes non pas subjectifs et contingents, mais nécessaires et universels, donc rationnels, c'est-à-dire acceptables par tous. Pour le philosophe sincère et authentique, tout doit être justifié rationnellement et non sentimentalement. Il veut que tout homme, victime d'une certaine injustice, fasse montre de réaction rationnelle et non épidermique. D'où l'intérêt pour chacun de désirer le savoir. L'ignorance est un mal en ce qu'elle ignore le bien. Ses méfaits sont multiples et variés.

Le philosophe pense à juste titre que la société est malheureuse du fait de ses préjugés. Son objectif est donc de la délivrer de ces préjugés et opinions fausses. C'est ce qui fait dire à Russel ceci : *« Celui qui vit sans une teinture de philosophie traverse l'existence prisonnier de ses croyances et de ses préjugés qui ont grandi en lui sans le consentement de sa raison*[85]*»*. En vrai philanthrope, le philosophe veut que les uns et les autres justifient rationnellement leurs actes et propos en tout et partout. Ils doivent se conduire en humains en se libérant de leur animalité. L'animalité, en tant que vie déraisonnable, s'oppose à l'humanité. L'homme n'est vraiment homme que si son comportement est toujours sous les auspices de la raison dans la mesure de l'humaine condition. N'étant pas un poumon marin, il doit mener une vie réfléchie et non mécanique et spontanée.

Le philosophe est en quête d'une société éclairée. L'ignorance est un lourd fardeau. Elle est source de malheur social. N'est-ce pas les préjugés qui conduisent au fanatisme ? La religion mal appliquée est une

---

[85]B. RUSSERL, *Problèmes de philosophie*, Paris, Traduction par Guillemin, Editions Payot, 1962, pp.182-183.

catastrophe sociale : surpeuplement fondé sur le préjugé que *« il faut faire beaucoup d'enfants car c'est Dieu qui nourrit »,* terrorisme fondé sur la folie que *« celui qui ne pratique pas ma religion ne mérite pas l'existence ».* Ce sont là autant de préjugés et croyances qui font le malheur de l'humanité, et que le philosophe, à l'instar des autres spécialistes en sciences humaines, entend combattre. Pour l'avènement d'une vie sociétale apaisée, le philosophe enseigne des valeurs cardinales, telles que la tolérance, la vérité, la justice, la tempérance. Il est certes pour la liberté individuelle et collective, mais à la seule et unique condition qu'elle soit mesurée, sans quoi elle serait synonyme de licence, laquelle est la condition de la servitude ou tyrannie.

La liberté exige de la responsabilité. Le philosophe aide chacun à devenir majeur, c'est-à-dire capable de se servir de son entendement sans l'aide de quelqu'un d'autre. Il est, pourrait-on dire, un aide social en tant qu'il invite chacun à devenir autonome. Devenir autonome, c'est d'abord penser par soi-même. C'est à une éducation de la raison qu'il renvoie chaque personne. Vu que toute éducation n'est pas éducation, c'est une droite et honnête éducation que le philosophe revendique au sein de la société. En tant qu'amoureux du seul spectacle de la vérité le philosophe authentique revendique une société ou seraient bannis le mensonge et la supercherie. Les philosophes authentiques sont *« ceux pour qui la vérité est le spectacle dont ils sont amateurs*[86]. *»* Le philosophe donne sens à l'existence humaine pour restaurer l'unité perdue : *« Pourquoi philosopher ? Il y a besoin de philosopher parce que l'unité est perdue. L'origine de la philosophie c'est la perte de l'un, c'est la mort du sens.*[87] *»* Le vrai philosophe éclaire les uns et les autres sur la nécessité de créer l'unité au sein de la diversité. Il joue donc une fonction dialectique au sein de la société.

---

[86] PLATON, *La République* in Œuvres complètes I, Traduction par Léon Robin, Editons Gallimard, Paris, 475e.

[87]Jean François LYOTARD, *Pourquoi philosopher? ,* Presses universitaires de France, Paris, 2012, p.43.

Le philosophe se veut un agent d'humanisation sociale[88]. Le sens anthropologique, autrement dit humain de toutes les activités au sein de la société, tel est l'un des objectifs ultimes que poursuit le philosophe. Le sens anthropologique passe par la réalisation des valeurs cardinales du vrai et du juste, du courage et de la tempérance. Toutes ces valeurs doivent concourir à la réalisation du Bien, cause de toute connaissance comme de toute existence. Telle est la recommandation historique faite par Platon, le plus grand disciple du père fondateur de la philosophie occidentale, à savoir Socrate. Que ce soit la science, l'économie, le droit ou la culture, aux yeux du philosophe, ils doivent tous avoir pour cause finale l'homme dont toute action vise le bien, selon la pertinente remarque d'Aristote. Car dans le moindre de nos actes nous sommes tous à la recherche de notre bien. Malheureusement beaucoup de gens se trompent sur la nature du bien qu'ils cherchent faute de droite et honnête éducation, laquelle passe par une éducation de la raison.

Le philosophe est soucieux du devenir, sinon de l'avenir essentiel de la société dans laquelle il vit:*« Il pense, en effet, que les destins historiques d'une culture ou d'une société ont un sens que préétablit une compréhension préalable-qui engage toute la collectivité-de tout ce qui peut advenir dans le monde[89]. »* Pour ce faire, il est préoccupé de la cohésion sociale. Celle-ci réside dans l'entente, c'est-à-dire le ralliement des hommes comme gage de l'existence des groupes sociaux. Encore faut-il préciser que cette entente ne signifie nullement l'inexistence de malentendu ou d'incompréhension mutuelle. Ceux-ci existent bel et bien dans la société que prône le philosophe, seulement ils ne sont que des altérations de l'entente et de la compréhension mutuelle. En d'autres termes, le but du philosophe est de reposer la question du sens de l'existence humaine et sociale. Il s'adonne à une tâche d'éclaircissement réflexif des conditions de possibilité d'une bonne existence. Qu'il soit idéaliste ou matérialiste, il lutte pour l'humanisme, c'est-à-dire la

---

[88] Voir.YACOUBA : . « Du rôle social du philosophe » *Etudes sahéliennes Revue scientifique de la Faculté des Lettres et Sciences Humaines* de l'Université Abdou Moumouni de Niamey , Numéro 9 2015, p.83.

. « Une construction philosophique du concept de bien-être du travailleur » *Revue Européenne des Sciences Sociales et du Management* Germany, 2015, p.64.

[89] J. HABERMAS, *Le discours philosophique de la modernité*, Traduction par Christian Bouchindhomme et Rainer Rochlitz Editions Gallimard, 2011, Paris, p.158.

promotion de l'homme pour l'homme. Il est un véritable agent d'analyse existentiale.

Le philosophe tient le rôle de formation des individus à la citoyenneté et à la responsabilité. Il éclaire, par exemple, les dirigeants politiques sur l'importance sociale, politique et économique de l'accès des femmes à l'éducation. C'est un secret de polichinelle que les philosophes ont beaucoup contribué au féminisme dont la cause finale est de mettre un terme à l'oppression et la discrimination dont est victime la gent féminine. Convaincus qu'il n'existe pas de différence qualitative entre l'homme et la femme, des philosophes comme Simone de Beauvoir et Platon ont invité les femmes à s'insurger contre les prétentions ontologiques des hommes. C'est dire que le philosophe se veut un combattant de la justice sociale, laquelle est fondée sur deux principes fondamentaux, à savoir la liberté et l'égalité. Il existe une corrélation entre ces deux valeurs.

Au plan scientifique et technique, l'apport du philosophe est significatif. Pour l'intérêt de la société, le philosophe dénonce et condamne les dérives de la techno science. Il condamne les valeurs animales de la civilisation technicienne. En abordant les problèmes sociaux que suscite le développement scientifique et technique, il se veut un ingénieur social ou médecin de l'âme. En posant des questions éminemment sensées sur l'existence, il leur apporte déjà des esquisses de réponses. Car une question bien posée, dit-on, est déjà à moitié résolue. En questionnant les implications morales de la science, le philosophe est en quête d'un contrat éthique. Il est pour un

> *« futur souhaitable- les futurs souhaitables, pour les sociétés humaines dans leur diversité- sont ceux qui offrent à l'humanité un avenir humain (...) Préparer l'avenir requiert une éthique pour le futur, une éthique du temps.*
>
> *Or les sociétés humaines souffrent d'un dérèglement de leur rapport au temps. Une contradiction majeure les travaille. Il leur*

*faut de plus en plus se projeter dans le futur pour survivre et prospérer.*[90]»

Le philosophe, à l'instar des autres spécialistes en sciences humaines, lutte pour la préservation de l'espèce humaine. Pour ce faire, il proscrit à la fois les techniques qui modifient l'espèce et les expériences qui la menacent. Il aborde les enjeux sociaux, culturels et éthiques du développement scientifique et technique. Au plan artistique et esthétique, la contribution du philosophe ne peut être ignorée. Pour lui, l'esthétique de la raison doit fonder toute œuvre esthétique. Prenons l'exemple de la dépigmentation qui est aujourd'hui un problème social en Afrique subsaharienne. Il suffit d'une moindre réflexion philosophique pour que ces Africaines parviennent à transcender le complexe d'infériorité qui les pousse à se dépigmenter. En invitant les Africaines à faire preuve de réflexion, le philosophe les aide à se libérer de cette pratique esthétique potentiellement mortelle qu'est la dépigmentation.

En définitive, disons que le philosophe est un guide social. Il aborde tous les problèmes de société. Ses questionnements sans cesse renouvelés s'avèrent comme des pistes de réflexion. Par sa fonction existentielle et critique, il lutte pour une société digne du terme. Celle-là même où règnent, en puissance et en majesté, les valeurs cardinales du vrai, du juste, du tempérant et du bien qui est leur cause finale. La quête du bien en tant que cause de toute connaissance comme de toute existence, tel est le noble rôle social du philosophe. Il exhorte l'homme et la société au savoir. Car *« du désir fondamental de savoir et donc de vérité découlent des vertus morales (tempérance, grandeur d'âme, courage, sens de la mesure) et intellectuelles (mémoire, commerce des Muses, sens de la mesure).*[91]» Le philosophe est pour l'émancipation à la fois individuelle et collective. Il invite chacun à bien penser. Et comme l'individu ne peut vivre hors de la société, le philosophe montre que l'éthique de la pensée exige l'existence d'un libre espace public ouvert à la discussion. Et cela parce qu'il souhaite la conformité de toute loi publique au pacte social originaire. Il recommande une reconnaissance de l'humanité en soi et en tout autre.

---

[90] Jérôme BINDE, *Ou vont les valeurs*? Editions Unesco Albin Michel, Paris, p.475.

[91] Létitia MOUZE, *Platon*, Edtions Hachette, Paris, 2001, p.43.

Le philosophe est un véritable agent de socialisation politique. Il invite les citoyens à l'esprit critique, élément fondamental de toute démocratie. Car c'est par l'esprit critique qu'ils parviendront à être responsables en matière de vote. Ils sauront bien choisir leurs gouvernants en ne se laissant pas tromper par un quelconque discours démagogique ou une tentative d'achat de conscience. Véritable agent d'analyse existentiale, il est plus qu'utile à la société. En abordant la question fondamentale de l'existence humaine, le philosophe est plus qu'utile à la société. C'est dire que l'utilité n'est pas que matérielle. D'ailleurs une utilité matérielle qui n'a pas de base morale est potentiellement dangereuse. Elle peut facilement conduire à une catastrophe humaine. Qu'il soit absolutiste ou contractualiste, le philosophe politique est toujours pour le bien-être social. Jamais il ne préconise un régime qui doit massacrer ses citoyens ou piller le trésor public. En clair, il a une mission hautement sociale. C'est ce qui fait dire à Létitia Mouze ceci :

> *« En abordant tous les problèmes de la société, le philosophe a une fonction sociale pluridimensionnelle. Sans être dépositaire du savoir encyclopédique, par les questions cruciales qu'il pose, il aide implicitement les sciences dites exactes à résoudre humainement les problèmes de société.*[92] *»*

Au total, le philosophe se veut tuteur ou penseur de bien-être et de progrès social, un éveilleur de la société à la conscience de ses intérêts La contribution du penseur et ancien Président ghanéen, Kwamé Nkrumah, à l'émancipation et au développement de l'Afrique, est un exemple d'illustration relativement à l'utilité sociale du philosophe..

---

[92] H.YACOUBA , « Du rôle social du philosophe » *Etudes sahéliennes Etudes Revue scientifique de la Faculté des Lettres et Sciences Humaines* de l'UAM, Numéro 9 , 2015, p.162.

### 3. Prise en compte du « *consciencisme* » de Nkrumah dans une visée d'émancipation et de développement de l'Afrique

S'il y a un philosophe africain dont la pensée est d'une signification actuelle en matière de politique de développement continental, c'est bien Kwame Nkrumah. Ce dernier a élaboré une pensée philosophique, sociale et politique très originale appelée *consciencisme*. L'originalité de cette pensée consiste dans le fait que sa cause finale est un socialisme inédit. Il s'agit d'un socialisme de type africain qui, dans son principe comme dans son achèvement, s'oppose aussi bien au capitalisme qu'au marxisme. C'est un socialisme qui s'insurge surtout contre le capitalisme, en ce sens que ce dernier est une trahison de la conscience africaine, laquelle est fondamentalement humaniste. Nkrumah a posé les différents éléments qui caractérisent la redéfinition de l'identité culturelle de l'Afrique, passage obligé de toute politique de son émancipation et de son développement.

C'est dire que Nkrumah est en quête d'un développement spiritualisé au sens bergsonien du terme. S'apparentant le plus souvent au mot progrès, le terme de développement varie en fonction du domaine dans lequel on l'utilise : économie, géographie, politique, mathématique, clinique, photographie, etc. Depuis qu'on observe ça et là en face de la croissance économique des pays une certaine pauvreté sur fond d'injustice sociale, on pense désormais que le développement n'est pas que économique, mais global. C'est-à-dire qu'il est à la fois matériel et spirituel. D'où toute l'actualité de la pensée de Nkrumah. Il est donc plus qu'urgent pour les décideurs africains de se ressourcer à cette philosophie pratique appelée *consciencisme*. C'est une philosophie adaptée à notre société, en ce sens qu'elle tient compte des valeurs culturelles africaines en phase avec des valeurs culturelles exogènes. C'est une philosophie réaliste et non embourbée dans des considérations utopiques. Concrètement, le *consciencisme* renvoie à une exploitation intelligente de toutes les valeurs positives endogènes et exogènes. Le *consciencisme* est un matérialisme dont la toile de fond est l'humanisme.

L'humanisme est l'objectif ultime visé par le matérialisme qui constitue le fondement du socialisme du penseur ghanéen. On entend par humanisme, la promotion de l'homme pour l'homme et non pour autre chose. Ce socialisme inédit prône la promotion du travail, lequel, dans le système socialiste de Nkrumah, est aux antipodes du travail tel qu'il se fait dans le système capitaliste. En effet dans le système capitaliste, le travail est fondamentalement aliénant. Le *consciencisme*, par contre, opte pour un travail désaliénant. Il s'agit d'un travail où l'homme se reconnaît. Un travail fondé sur la justice dont le pivot est le respect de la dignité humaine. Les Africains doivent prendre conscience leur dignité.

La conscience africaine est la condition sine qua non de l'émancipation et du développement de l'Afrique. Ainsi, pour peu que l'Afrique intègre la philosophie pragmatique qu'est le *consciencisme*, elle peut sortir, comme par enchantement, du sous-développement dont elle souffre pendant plus d'un demi-siècle d'indépendance nominale. La conscience africaine entendue comme *consciencisme*, est la cheville ouvrière du développement de l'Afrique. Selon Nkrumah,

> *« le* consciencisme *est l'ensemble en termes intellectuels, de l'organisation des forces qui permettent à la société africaine d'assimiler les éléments occidentaux, musulmans et judéo-chrétiens présents en Afrique et les transformer de façon qu'ils s'insèrent dans la personnalité africaine.*[93] *»*

L'Afrique ne peut se développer qu'en devenant réellement indépendante. Et cela n'est possible que par le biais du dur travail de la conscience de soi ou réaction délibérée, laquelle passe par une appréciation des réalités africaines. Car la qualité des réalités africaines est une conséquence intellectuelle des Africains. La conscience de soi est la première étape du *consciencisme* ou philosophie de développement de l'Afrique. Elle est une pensée réaliste, donc à la fois pratique et théorique. C'est une pensée qui n'est ni exclusivement théorique ni exclusivement pratique, en ce sens que, pour Nkrumah, *« la pratique sans théorie est aveugle ; la théorie sans pratique est vide.*[94] *»* Par opposition à une réaction instinctive, le *consciencisme* est une réaction aperceptive, c'est-à-dire délibérée. Il est une réaction sur fond de conscience de soi. Conscience de soi et connaissance de soi sont une seule et même chose. Pour ce faire, l'émancipation et le développement de l'Afrique passent par sa connaissance de soi.

---

[93] Kwamé NKRUMAH, *Le consciencisme*, Payot, Paris, 1965, p.120.

[94]Kwamé NKRUMAH, Ibidem, pp.119-120.

La conscience ou connaissance de soi exige des Africains d'être fiers de leur africanité, en transcendant le substantif « *nègre* ». Ce terme appartient *« à un autre âge, celui du premier capitalisme*[95] *»* ou traite négrière. La prise de conscience des Africains les amène à ébranler les mythes mystificateurs qui prétendent justifier la domination occidentale sur l'Afrique. Véritable appel au sens de la responsabilité, le *consciencisme* permet aux Africains de briser tous les obstacles qui entravent le développement de l'Afrique. Parmi ces obstacles, on peut citer entre autres, la dictature, la corruption, l'ethno-démocratie, etc. Ce qu'on appelle croissance économique n'est, en vérité, qu'un catalyseur de la paupérisation des masses populaires. Celles –ci sont exploitées, en chair et en os, par les sangsues locales prétendument appelés opérateurs économiques. En Afrique ce qu'on appelle aujourd'hui opérateurs économiques ne sont, en réalité, que des riches injustement fabriqués par les élites politiques corrompues. Rares sont les opérateurs économiques qui le sont devenus par leurs propres forces libérées de toute forme de corruption. Le *consciencisme* confère aux cadres africains la capacité de combattre les pratiques éhontées de fausses factures qui font souvent légion dans la gestion des affaires publiques dans l'Etat en Afrique.

**De la reconnaissance de la dignité de l'homme noir**

La finalité du *consciencisme* c'est la reconnaissance de la dignité de l'homme noir. Ainsi, le développement de l'Afrique exige, pour parler comme Bernanos, le cri spontané d'une conscience outragée par le scandale du capitalisme. Celui-ci exige que l'Afrique se dresse immédiatement devant l'indignité qui lui est infligée par l'impérialisme. Et cela sans ressentiment. Le cri de la conscience meurtrie est le seul sentiment qui est capable de restaurer la dignité de l'homme noir. Un tel cri est révolte au sens de Camus. La conscience africaine réconciliée avec elle-même donne un sens à l'exigence de justice condition du développement africain. C'est cette justice qui permettrait à tout africain de jouir des fruits de son travail. Encore faut-il souligner que sa connaissance de soi ne réside pas pour l'Afrique, dans la seule saisie de ses traditions, mais de l'ensemble des réalités dont elle fait l'expérience. Autrement dit, les réalités africaines ne se résument pas à ses seules traditions. A celles-ci s'ajoutent les éléments occidentaux et musulmans.

---

[95]Achille MBEMBE, *Critique de la raison nègre*, Editions La découverte, Paris, p. 46.

C'est donc la conscience africaine, en tant que synthèse de tous ces éléments traditionnels, occidentaux et musulmans, qui permettrait à l'Afrique de se tracer la voie royale qui conduit à son développement.

La solution idoine au conflit que traverse la conscience africaine est une solution dialectique. La dialectique, par définition, c'est l'auto-développement du concept qui s'aliène dans l'altérité, puis retourne à soi par résolution des contradictions. Dans sa méthode elle est hégélienne. Dans son contenu elle est matérialiste. La dialectique nous renvoie ici à une conscience qui s'unifie en transcendant ses contradictions sur fond de son vécu existentiel. Il s'agit d'une conscience unifiée, laquelle est l'horizon ontologique dont ont fondamentalement besoin les Etats Africains qui sont des Etats-nations en construction. Arbitrairement tracés par l'Occident colonisateur, les Etats africains souffrent des clivages ethniques persistants. Quand la conscience africaine est éduquée à l'unité, la mobilisation citoyenne des forces progressistes se fait facilement. La conscience unifiée est à même d'orienter une politique inclusive et citoyenne. La conscience unifiée crée une conscience républicaine. Elle crée dans les Etats africains ce que Habermas appelle l'intégration républicaine condition sine qua non de toute politique de développement. La conscience unifiée est seule capable de concilier l'universalité des principes sur lesquels repose un Etat républicain avec la diversité des identités tribales et religieuses de la société africaine.

Le *consciencisme* aide à créer dans tous les Etats africains une identité nationale afin qu'émerge la posture philosophique de l'Etat-nation contre toute forme de tribalisme.

> *« Le tribalisme est à combattre dans toutes ses formes. Fondé sur le refus métaphysique de toutes racines juridiques de l'humanité, le tribalisme comme le racisme sont foncièrement destructeurs. Ils sont des moyens très destructeurs dont se servent la plupart des dirigeants africains en mal d'éthique collective, laquelle est le soubassement de tout Etat civilisé. Un Etat tribal est un Etat barbare fait pour des hommes de la classe mesquine et méprisable*

*pour reprendre une terminologie de Platon.* [96]»

Il convient de remarquer que les tribalistes sont des hommes d'esprit obtus, mesquin et méprisable, sinon non dialecticien. En effet, un tribaliste ignore et nie l'idéal du genre humain et de la dignité humaine. Sa bizarre logique sectaire est une négation de l'origine commune de l'homme. Eduquer les masses aux valeurs du *consciencisme* de Nkrumah c''est les éduquer dans un esprit d'amour fraternel condition sine qua non de toute politique participative. Le *consciencisme* est pour l'Afrique d'une utilité économique manifeste en ce qu'il encourage les masses à l'amour du travail et au refus de l'injustice d'une certaine bourgeoisie locale qui vit du travail des masses populaires.

Le développement de l'Afrique est fondé sur une certaine intégration des valeurs tant endogènes qu'exogènes.

> *« L'interrogation du consciencisme porte sur une possibilité essentielle de nous-mêmes : une Afrique spirituellement et matériellement intégrée sur la base d'une idéologie moderne dynamique ; la conscience africaine est actuellement déchirée entre les idées et valeurs occidentales, modernes, musulmanes et chrétiennes. La question que se pose Nkrumah est de savoir par quelle voie, partant de l'état actuel de la conscience africaine le progrès sera tiré duconflit qui agite actuellement cette conscience*[97] »

Partisan résolu de l'intégration politique en Afrique, Nkrumah défend ici une intégration culturelle du continent passage obligé de son développement. Le développement de l'Afrique est fonction de sa culture. Nkrumah est contre un développement aliénant comme nous le vivons

---

[96] H. YACOUBA « Prise en compte du « *consciencisme* » de Nkrumah dans une visée d'émancipation et de développement de l'Afrique » *CERPHIS Revue scientifique de l'Université Félix Houpheit Boigny*, Numéro O13, Abidjan, 2014, p.59.

[97] Marcien TOWA, *Essai sur la problématique philosophique dans l'Afrique actuelle*, Edititions CLE, Yaoundé, 2012, p.60.

aujourd'hui. L'homme moderne se trouvé menacé par le désir effréné de l'importance du côté purement économique du développement. Son style de vie tout entier tourné vers la production matérielle a débouché sur la négation de la vie intérieure, faisant du coup de l'homme une brute.

Le développement de l'Afrique, dont il est ici question est à la fois matériel et spirituel. En effet, le *consciencisme* vise une économie spiritualisée, sinon humaniste. Toute chose qui le distingue du matérialisme inhumain du système capitaliste actuel dans lequel patauge le monde entier. Comme l'a bien noté Nicolas Berdiaef,

> *« Nous vivons à l'époque de la barbarie civilisée. La vie intérieure, la contemplation, devient de plus en plus difficiles. L'homme est déchiré par le monde. On est forcé de mener une lutte héroïque pour le droit à la vie intérieure dont l'existence même est niée... Mais le caractère matérialiste de la civilisation, la puissance de plus en plus menaçante de la technique exigent précisément une spiritualité plus intense que n'exigeaient les siècles passés.*[98] »

Entre autres, Nkrumah est en quête de ce qu'on appelle aujourd'hui une économie sociale et solidaire. Or un regard historico-phénoménologique sur l'Afrique, permet de comprendre que la solidarité était au cœur de la société traditionnelle africaine où certes tout individu cherche son bonheur. Mais il s'agit d'un bonheur humain puisque pluriel. Avec la pratique sociopolitique de la philosophie du *consciencisme,* la solidarité africaine sera pensée et repensée pour être favorable au développement. Il s'agit du vrai développement, lequel vise le vrai bonheur. Dans l'univers culturel africain le vrai bonheur est pluriel, c'est-à-dire à partager. Le bonheur égoïste crée l'exclusion dont la conséquence logique est la révolte sur fond d'envie. D'où la nécessité de le combattre. Le bonheur que vise la société capitaliste est fondé sur l'individualisme. Il est fondamentalement privé d'humanisme.

---

[98] Nicolas BERDIAEF cité par Ebénezer NJOH MOUELLE, *De la médiocrité à l'excellence*, Yaoundé, Editions CLE, 2011.

Nkrumah est en quête d'un développement économique de l'Afrique qui tient compte du sens anthropologique, c'est-à-dire humain. L'homme doit être l'alpha et l'Omega de tout développement. Car l'homme a une dignité, laquelle est une valeur absolue. Pour être en accord avec elle-même, la société africaine doit combattre la philosophie du capitalisme, fondée sur l'injuste inégalité criarde entre les hommes. Seule une telle attitude permettrait à la société africaine d'échapper à ce que Nkrumah appelle la *schizophrénie* ou aliénation. L'humanisme de Nkrumah est que l'indépendance économique de l'Afrique doit aller de pair avec l'émancipation de l'homme. Elle passe par la reconstitution de la société égalitaire africaine en phase avec les principes de la modernité. Toute chose qui suppose la remobilisation des hommes.

C'est dire que l'Afrique a besoin d'une politique de développement participative. Le caractère merveilleux, sublime et inédit du modèle de développement que propose Nkrumah réside dans le fait qu'il est à cheval entre celui de l'Occident matérialiste et celui du monde musulman spiritualiste. L'Afrique doit donc être en quête d'une économie spiritualisée. Telle est la philosophie à la fois économique et métaphysique qui doit être le fondement du développement de l'Afrique. Celle-ci doit éviter toute forme de conformisme moutonnier à un modèle de développement qui serait en conflit avec sa personnalité. Par le *consciencisme*, Nkrumah prône une politique de développement participative, laquelle se trouve aujourd'hui au cœur des orientations économiques de nos Etats africains. D'où toute l'actualité de la pensée philosophique, politique et sociale de Nkrumah. C'est une pensée qui peut beaucoup contre les pratiques corruptives qui sont en train d'éroder les économies nationales en Afrique. En effet, une radioscopie sans complaisance met en exergue l'existence de la corruption dans presque tous les secteurs économiques des Etats africains.

La corruption trouve ses manifestations phénoménales dans le monde judiciaire, dans le domaine de la santé, dans certains programmes de coopération au développement. Les pratiques corruptives en Afrique ont été démontrées par d'éminents chercheurs. D'où cette révélation on ne peut plus édifiante sur la corruption quotidienne en Afrique de l'Ouest :

> *« Les résultats de notre recherche dans les trois pays concernés (Bénin, Niger, Sénégal) et dans les secteurs pris en compte (douanes et transports, justice, santé, marchés publics, fiscalité locale, projets de développement et dispositifs de lutte contre*

*la corruption) ont montré une étonnante convergence tant dans les dysfonctionnements administratifs que dans les diverses pratiques corruptives (au sens large, rappelons –le) auxquels ces dysfonctionnements ouvrent la voie.* [99]»

Ces pratiques corruptives sont caractéristiques de presque tous les Etats africains. Comment faire, sinon revenir aux pratiques éducatives dont la finalité est le respect de la dignité humaine. En Afrique, dès l'enfance, on initie l'individu aux valeurs morales dont le principe de base est la dignité. Celle-ci est au centre de tout. C'est pourquoi dès l'instant où l'individu fait entorse à sa propre dignité, il est victime de déshonneur et même d'ostracisme. C'est dire que le retour à ces valeurs traditionnelles pourrait être l'antidote aux pratiques corruptives en Afrique. Toute chose qui implique le passage de la révolution au socialisme.

Mais il convient de préciser que la révolution de type nkrumahiste est à l'opposé de la révolution de type marxiste-léniniste. Elle ne consiste pas dans un passage brutal· d'un état à un autre, mais dans une réaffirmation de soi en phase avec les réalités présentes. En effet, pour Nkrumah, il convient de comprendre ceci :

> *« Comme l'esprit du communalisme existe toujours dans une certaine mesure dans les sociétés qui ont un passé communaliste, socialisme et communalisme ne sont pas au sens strict du mot, des doctrines révolutionnaires. Ils peuvent être décrits comme des réaffirmations, dans un langage contemporain, des principes du communalisme.* [100]»

Concrètement la révolution part du désir des travailleurs et des paysans à assimiler le *consciencisme* en vue de transformer la société pervertie par le capitalisme, en société égalitaire, c'est-à-dire sans classes. Une société sans classe est une société imprégnée d'humanisme dont le principe

---

[99] Giorgi BLUNDO et al, *Etat et corruption en Afrique*, Karthala, Paris, 2007, p.80.

[100] Kwamé NKRUMAH, *Consciencism*, Panaf Books, 1970, p.74.

fondateur est la solidarité. Le capitalisme est aux antipodes de la philosophie humaniste de la société africaine. *« Le capitalisme serait une trahison de la personnalité et de la conscience de l'Afrique.*[101] » Il a des présuppositions et des desseins contraires à ceux de la société africaine traditionnellement solidaire. Encore faut-il que la solidarité de type africain soit repensée afin qu'elle ne conduise à l'oisiveté ou à une sorte d'encouragement à ce que Alice Cherki appelle l'assistance maternelle.

### Des bienfaits du *consciencisme*

Le *consciencisme* permet de combattre la classe dangereuse pour l'Afrique, à savoir la bourgeoisie nationale ou produit du colonialisme. Une fois devenue consciente et jalouse de son indépendance, la société africaine va rendre impossible l'accumulation du capital. La bourgeoisie nationale va trouver inévitablement sur son chemin ce que Frantz Fanon appelle « *le capital révolutionnaire que constitue le peuple.* [102]» Toute chose qui n'est possible que si la société africaine est bien éduquée. L'éducation de la société africaine est la condition de son émancipation. Et comme *consciencisme* signifie, d'une certaine manière, laïcité, les pratiques traditionnelles en Afrique ne peuvent favoriser son développement que s'ils s'accommodent avec les principes de la modernité occidentale dont le substratum est la dialectique. Toute chose qui renvoie à un désir en rapport avec les principes de la philosophie occidentale, lesquels sont non pas subjectifs et contingents, mais nécessaires et universels, c'est-à-dire rationnels, donc acceptables par tous. Un tel désir appliqué comme praxis accouche d'une société rationnellement solidaire.

La solidarité raisonnée s'oppose à la solidarité non raisonnée, qui par nature ne peut qu'encourager l'oisiveté. Elle conduit logiquement à ce qu'Alice Cherki appelle l'assistance maternelle, l'autre nom du paternalisme de type kantien. Le *consciencisme* se veut une pratique sociopolitique sur fond de pensée dialectique et émancipatrice. Le caractère dialectique d'une telle pensée émancipatrice consiste dans la capacité des Africains à transcender la crise de leur conscience. Il s'agit d'une crise due à l'antagonisme entre les trois courants culturels

---

[101] Kwamé NKRUMAH, *Consciencism*, Heinemann, Paris, 1964, p.64.

[102] Franz FANON, *Les Damnés de la terre*, François Maspéro, Paris, 1961, pp.8-9.

historiques, à savoir le courant traditionaliste, le courant occidental et le courant musulman. C'est l'unité dialectiquement obtenue de ces trois courants qui conditionne le développement continental.

Vu qu'il ne peut y avoir de développement en Afrique sans unités nationales, le recours au *consciencisme* est d'une contribution inestimable. Il contribue à conjurer le tribalisme qui fait le malheur politique de l'Afrique. Le tribalisme se définit *« comme le nationalisme des peuples qui n'avaient pas participé à l'émancipation nationale et n'avaient pas réussi à atteindre à la souveraineté de l'Etat-nation.* [103]*»* Il peut amener les peuples africains à enterrer définitivement les hostilités fondamentales qu'ils nourrissent les uns contre les autres. Le *consciencisme* signifie que l'intérêt général doit être la poutre maîtresse de l'idéologie nationale. Il permettrait d'amener les nations colonisatrices à renoncer à la réalisation de leur épanouissement aux dépens des nations colonisées.

Le *consciencisme* nous permettrait, en tant que peuples africains, de transcender un des obstacles du développement de notre continent, à savoir le complexe injustifié d'infériorité. Par le *consciencisme*, nous comprendrions qu' *« il y a d'ores et déjà de l'accompli en nous, et seul notre engagement à fond dans l'existence ouvre les yeux sur la possibilité de l'avenir.*[104] *»* Nous n'avons qu'à exploiter judicieusement toutes les potentialités intellectuelles, morales et culturelles de notre continent pour amorcer son développement. Il nous faut un combat politique intellectuellement encadré capable de déjouer les stratagèmes du néocolonialisme, confondre ses desseins et provoquer sa chute, mais sans esprit revanchard.

Concrètement, Il renvoie à une exploitation intelligente de toutes les valeurs positives endogènes et exogènes. Par le *consciencisme* Nkrumah revendique une Afrique à la fois traditionnelle, réformiste et moderniste. Il nous faut une société africaine bien ordonnée, pour reprendre l'expression de John Rawls. Est appelée bien ordonnée toute société démocratique dont le fondement est la justice. La démocratie et l'Etat de droit, condition du développement de l'Afrique, doit avoir pour

---

[103]Hannah ARENDT, *L'impérialisme,* Editions Fayard, Paris, 2010, p.187.

[104] Emmanuel LEVINAS, *En découvrant l'existence avec Husserl et Heidegger*, Vrin, Paris, 2006, p.116.

fondement aussi bien la philosophie humaniste de la déclaration universelle des droits de l'homme que celle des religions monothéistes. Car *« du point de vue religieux, tous les hommes sont égaux.* [105]*»*
Quelles perspectives critiques pour un développement humaniste de l'Afrique ?

Le *consciencisme* est d'une grande contribution au développement de l'Afrique vu qu'il est une philosophie à la fois révolutionnaire et réaliste. A la lumière de la pensée de Nkrumah nous comprendrons que le développement est un tout. Il est à la fois matériel et spirituel. C'est en ce sens que Axelle Kabou disait : *« C'est un processus complexe qui a trait tant aux aspects économiques, qu'aux aspects sociologiques, psychologiques et politiques de la vie en société.*[106]*»* Le *consciencisme* se veut une philosophie dont la cause finale est la décolonisation, condition du développement de l'Afrique. Plus qu'un simple progrès économique, le développement renvoie à une manière de vivre, à une émancipation politique. Pour ce faire, nous devons combattre aussi bien les dictatures prédatrices que les démocraties falsifiées sur fond de complicité coloniale, lesquelles entravent les politiques de développement continental. Le premier ennemi nouveau de l'Afrique c'est la bourgeoisie locale qui opère au moyen de la corruption.

Philosophiquement parlant, la corruption est un vice qui consiste à rendre mauvais. Elle détruit l'homme et la société comme la nielle détruit le blé, la rouille le fer. Elle est donc une pratique malsaine à combattre par l'éducation et le règne de la justice dans l'Etat. Ainsi, il convient aux Africains de combattre cette bourgeoisie locale qui a supplanté la bourgeoisie coloniale. C'est dire que l'émancipation de l'Afrique est double. Elle est à la fois interne et externe. Au plan interne, on doit lutter contre les élites politiques corrompues et au plan externe, contre le néocolonialisme. Ce qui suppose un vrai engagement citoyen, lequel passe nécessairement par une éducation républicaine. Celle-ci est productrice de conscience morale, laquelle favorise l'émergence d'une vraie démocratie. Elle produit des hommes moralement parfaits, c'est-à-dire qui se comportent toujours sous les auspices de leur conscience dans

---

[105] Bertrand RUSSERL, *Ethique et politique*, Editions Payot, Paris, p81.

[106] Axelle KABOU, *Et si l'Afrique refusait le développement ?* L'Harmattan, Paris, 1996.

la mesure de l'humaine condition. Est moralement parfait tout homme qui obéit à sa conscience.

Bien appliqué, le *consciencisme* permet de rapprocher les peuples africains culturellement distincts que l'Etat colonial maintient dans un rapport permanent d'hostilité mutuelle. C'est dire que le *consciencisme* favorise l'avènement des unités nationales passage obligé du décollage économique des Etats africains. Il mettrait fin à l'ethnie et la région comme principes du corps politique en Afrique. Toute chose qui conduit à l'éclosion de la conscience citoyenne seule capable de comprendre et de conjurer ou de transcender toutes les politiques de prédation coloniales en Afrique. Il s'agit de ces politiques qui consistent dans ce que Achille Mbembé appelle *« l'extraction du nègre comme minéral.* [107]»

Bien plus, le *consciencisme* permet aux décideurs africains d'opter pour un développement économique spiritualisé au sens bergsonien du terme. Pour ce faire, il revient aux Etats africains de spiritualiser leurs économies au moyen de la justice sociale. Le vrai développement ne rime pas avec la logique sectaire de l'exploitation de l'homme par l'homme, avec une cruelle répartition inégale des biens publics. L'injustice est aux antipodes du credo humaniste de la Déclaration universelle des droits de l'homme. Sans tout prendre du *consciencisme*, sans chercher à faire disparaître totalement l'existence des classes en Afrique, nos dirigeants peuvent l'apprivoiser en optant pour une économie sociale et solidaire. Celle-ci est l'antidote au visage deshumanisant du système ultralibéral qui cherche à s'installer en Afrique.

Bien appliqué, le *consciencisme* permet de faire apparaître l'homme africain *« comme un être complètement émancipé et autonome, portant sa dignité en lui-même sans référence à quelque ordre plus vaste et global.*[108] » Il favorise une éthique capable d'entraver la progression de la domination blanche-française, britannique ou allemande. Il s'agit de la domination dont le principe est la bureaucratie. Le droit de l'Afrique au développement passe par son droit à l'indépendance politique, laquelle a

---

[107] Achille MBEMBE *Critique de la raison nègre*, La Découverte, Paris, 2013.

108 Hannah ARENDT, *L'impérialisme*, Paris, Editions Fayard, Paris, 2010.

pour fondement le droit d'être nous-mêmes, c'est-à-dire de garder notre identité tout en nous ouvrant aux valeurs positives occidentales, judéo-chrétiennes et musulmanes. De ce fait, le droit de l'Afrique au développement doit tenir compte du secret de la puissance de l'Occident colonisateur, à savoir la science et la technique. L'Afrique doit faire du travail intellectuel la base effective de son économie sans faire du positivisme et du technicisme. Autrement dit, elle doit éviter la technique et la science comme idéologie.

Bien analysée à fond, la corruption est la première raison pour laquelle le capitalisme doit être combattu. Et le meilleur antidote contre la corruption consiste dans la culture et la pratique de la dignité qui étaient au centre de la philosophie de l'éducation traditionnelle en Afrique. Le fond abyssal du *consciencisme* entendu comme fondement et cheville ouvrière du développement de l'Afrique c'est la conscience africaine. Celle-ci se concrétise par la capacité de l'Afrique à se réconcilier avec les éléments occidentaux et musulmans au moyen de la compréhension. Le développement de l'Afrique passe par sa réconciliation avec elle-même, laquelle est liée à la compréhension. Celle-ci, par définition, comme le dit si bien Arendt, *« est une activité sans fin, qui nous permet, grâce à des modifications et à des ajustements continuels de composer avec la réalité, de nous concilier avec elle, et de nous efforcer de nous sentir chez nous dans le monde.*[109] *»* Une telle compréhension permet aux Africains de positiver l'impérialisme en le transcendant. Transcender l'impérialisme revient à entraver son expansion et à tracer la voie d'un développement à visage humain. En effet, dans l'univers africain l'homme est à la fois la source et le but suprême de tout développement. Il s'agit certes pour l'Afrique de tenir compte de la science et de la technique, mais sans pour autant en faire une idéologie. En clair, l'émancipation et le développement de l'Afrique passent par l'univers de la science et de la technique, univers dont la matrice est la philosophie comprise ici comme matérialisme spiritualisé.

En définitive, pour toutes ces raisons parmi tant d'autres, le *consciencisme* de Nkrumah est d'une contribution inestimable aux politiques de développement et d'émancipation du continent africain.

---

[109] Hannah ARENDT, *La nature du totalitarisme*, Payot, Paris, 1990,

## 4. Du bien-être du travailleur

Parmi les approches les plus prometteuses pour combattre les atteintes aux droits de l'homme en situation de travail, figure l'approche philosophique[110]. Le monde du travail est un monde complexe. Il renvoie au sens de la vie humaine, laquelle est multidimensionnelle. Discipline charnière de toutes les sciences humaines, la philosophie est science du tout. Et c'est justement parce que, comme dit Hegel, le vrai c'est le tout que le bien-être du travailleur doit être global, donc à la fois matériel et spirituel. C'est dire que le bien-être qui fait abstraction de la dimension humaine est une contradiction dans les termes.

Philosophiquement pensé, le concept de bien-être a une connotation à la fois économique et ontologique. L'économique nous renvoie à l'avoir, et l'ontologique à l'être en tant qu'être. De ce fait, s'il y a un problème éminemment philosophique c'est bien la question du bien-être en rapport avec le travail. Car ce dernier est étymologiquement aux antipodes de la philosophie humaniste des droits de l'homme. Du latin « *tripalium* » ou instrument de torture, le travail demeure une contrainte pour l'individu. Il est synonyme de souffrance. D'où à propos de l'homme cette adresse de la Genèse 3 19 : *« c'est à la sueur de ton front que tu vivras ».* D'un point de vue dialectique, le travail peut être la voie royale qui conduit à l'épanouissement personnel de l'individu, sinon à son bien-être. D'ailleurs tout homme travaille pour être heureux. Le bien-être ou la vie bonne est la cause finale de tout travail humain voulu et pensé. Il s'inscrit dans une logique existentielle.

Bien analysé, le bien-être a une dimension plurielle. Il renvoie au bonheur, à la qualité de vie, disons à la satisfaction dans la vie. C'est dire qu'il se veut à la fois psychologique, social et physique. Le problème fondamental est de savoir ici comment organiser le travail pour qu'il ne puisse ni ruiner le corps et ni briser l'âme du travailleur. Par exemple, une entreprise, par définition, est en quête de profit, de retombées financières et de performance. Toutes choses qui, cependant, ne doivent nullement faire violence à la dignité humaine du travailleur, laquelle est une valeur

---

[110] Voir H. YACOUBA, « Une construction philosophique du concept de bien-être du travailleur » , *Revue Européenne des Sciences Sociales, et de Management*, Germany, 2014.

absolue. Si le travail est fondamentalement valeur, il est pourtant en-dessous de la valeur des valeurs qu'est la dignité humaine. Pour ce faire, le travail doit avoir un sens, sans quoi le rapport entre bien-être et travail serait une contradiction dans les termes.

Ainsi en quoi consiste clairement la contribution de la philosophie à la compréhension de la question de l'épanouissement de la condition pleine et effective de l'homme en situation de travail ? Concrètement quel rapport existe-t-il entre le bien-être et le travail ?

Soumise à une certaine objectivité critique, la question du travail est éminemment complexe. Le travail est avant tout le propre de l'homme. Malgré son inflation sémantique, le concept de bien-être semble nous renvoyer à toute activité socialement rentable. Il renvoie à tout effort physique ou intellectuel poursuivant une fin idéale. Ainsi travaillent, pêle-mêle, l'ouvrier, l'employé ou le cadre, l'écolier, l'artiste ou le sportif professionnel. Les uns et les autres sont tous conscients de leur travail. A la base de tout travail se trouve la conscience, laquelle distingue l'homme de l'animal. C'est dire que le travail est spécifiquement humain, et même ce par quoi l'homme produit son humanité. Par opposition à l'activité animale qui est purement instinctive, le travail libère l'homme, sinon l'arrache à son existence immédiate qui trouve ses manifestations phénoménales dans ses sentiments primitifs. Tout homme travaille en vue de son bien. A proprement parler le travail est une activité soumise aux nécessités vitales et au souci de survie individuelle et spécifique. *« La condition humaine du travail, dit Hannah Arendt, c'est la vie elle-même.*[111] »Mais le travail humain se fait dans le temps. La médiation du temps s'impose au travailleur dont l'objectif ultime est la satisfaction de ses besoins.

Le bien-être du travailleur est un concept complexe. Il est particulièrement remarquable que tout homme travaille pour être heureux. Le bien-être ou vie bonne est donc la cause finale de tout travail humain. Mais ce qui est problématique c'est comment le travail peut-il créer le bien-être quand, pour reprendre les propos de Judith Butler, les formes du pouvoir contemporain organisent les vies, quand elles leur attribuent des valeurs variables, quand elles instituent partout des inégalités ?

---

[111] Hannah ARENDT, *La condition de l'homme moderne*, Calmann-Lévy, Paris, 2012, p.

Concrètement, comment le travailleur dans des mauvaises conditions de travail peut-il mener une vie bonne ? En effet, il faut souligner

> *« la difficulté qu'il y a à trouver une voie pour suivre une vie bonne pour soi et en tant que soi, dans le contexte d'un monde plus vaste et structuré tout entier par l'inégalité, l'exploitation et les diverses formes d'effacement ...Comment peut-on mener une vie bonne dans une vie mauvaise ?*[112] »

Métaphysiquement parlant, comprendre sa situation de travailleur exploité constitue pour le sujet un désir de se libérer. Toute chose qui est déjà un début, sinon un acheminement vers le bonheur, au moyen d'une revendication plus forte en faveur d'une vive vivable, à savoir une vie digne d'être vécue. C'est pourquoi tout travailleur exploité doit contester la condition injuste dont il est victime, condition que lui impose le capitaliste qui prétend être heureux. Il convient de souligner que ne mène pas une vie heureuse celui qui vit du travail des autres. Le bien-être, en tant que vie bonne, doit se réconcilier avec d'autres valeurs normatives C'est dire que ceux qui prétendent vivre une bonne vie en profitant du travail des autres, ou en s'appuyant sur un système économique qui produit de l'inégalité, doivent se raviser. Ils doivent comprendre que toute conduite morale est fonction des conditions sociales. D'où cette remarque d'Adorno :

> *« une conduite éthique ou une conduite morale ou immorale est toujours un phénomène social- en d'autres termes, il est absolument absurde d'évoquer une conduite éthique ou morale sans prendre en compte les relations que les humains entretiennent,*

---

[112] Judith BUTLER, *Qu'est-ce qu'une* vie *bonne ?* Editions Payot, Paris, 2014, pp 56-58.

*et un individu qui n'existerait que pour lui-même n'est qu'une abstraction vide*[113]. »

Comme il y a toujours des sadiques dans un Etat, il faut des politiques sociales qui considèrent que la vie de tout travailleur est digne de soin, de protection ou de valeur ; il faut des politiques sociales responsables capables de trouver des solutions adaptées à *« cette souffrance qui appartient aux formes de travail qui détruisent plus ou moins vite le corps du travailleur.*[114] » Le cas de la radioactivité dont sont victimes, avec le temps, les travailleurs des compagnies minières dans le monde est un exemple d'illustration. Il faut que la biopolitique, c'est-à-dire ces pouvoirs politiques qui organisent notre vie, prenne des mesures conséquentes relativement au statut des travailleurs. Les pouvoirs politiques doivent considérer les travailleurs comme des sujets dignes de droits, de protection et de liberté.

Tous ces droits doivent être protégés en permanence par de réels moyens politiques avec le soutien des spécialistes en sciences humaines et des organisations non gouvernementales en abrégé ONG. Celles-ci constituent la pièce maîtresse de la société civile. D'où la nécessité pour les travailleurs d'avoir une formation syndicale. Le combat pour la justice sociale suppose une éducation à la justice et aux méthodes de dialogue et de négociations. Ils doivent savoir raisonner et mener un dialogue social avec les pouvoirs publics ou privés pour sortir du carcan de la survie. Car la survie ne constitue pas une vie et ne saurait constituer une fin en soi. Seule la vie bonne rend la vie digne d'être vécue au sens socratique du terme.

Le bien-être du travailleur consisterait dans une vie professionnelle apaisée. Il s'agit d'une vie sans conflit, sans passions égocentriques, donc ouverte à autrui. C'est une vie de transcendance des difficultés inhérentes à tout travail. La transcendance se traduirait plus par ce que Russel appelle une conquête épanouissante basée sur l'acceptation joyeuse de la

---

[113]Théodor W. ADORNO, *Problems of moral philosophy*, trad. Anglaise Rodney Livingstons Polity Press, Cambridge, 2000, p.19.

[114] Judith BUTLER, *Qu'est-ce qu'une* vie bonne ? Editions Payot, Paris, 2014, p.80.

vie qu'une résignation. Cela signifie que tout travailleur peut être heureux, mais en acceptant sa condition avec philosophie. Celle-ci a une fonction régulatrice de la vie au moyen de la raison dont tout homme est doté. Tout travailleur peut être heureux en faisant un choix rationnel des moyens en vue de la fin désirée. Encore faut-il souligner que cela n'est possible que dans une société bien organisée, c'est-à-dire démocratique. Une société démocratique a pour cheville ouvrière l'éthique collective, laquelle doit être éclairée en permanence par les spécialistes en sciences humaines.

Il convient aux spécialistes en sciences humaines d'apporter un éclairage éthique aux politiques sociales des gouvernements qui se trompent souvent sur la condition humaine des travailleurs. Ils doivent aider les pouvoirs publics à la réalisation d'un projet commun consistant à mener à bien des idéaux de justice et d'égalité qui soient universalisables. Il faut de véritables politiques de redistribution pour édulcorer la vulnérabilité des travailleurs. Pour ce faire, ceux-ci doivent résister contre toute forme d'injustice sociale. Mais la question est de savoir aujourd'hui si la résistance peut se réduire à la protestation. La résistance n'est acceptable qu'à la seule et unique condition qu'elle consiste à mettre en acte les principes de la démocratie pour laquelle elle combat. Elle exclut toute forme d'acte de vandalisme. La conquête du bien-être ou vie épanouie des travailleurs passe par des revendications justes et raisonnables.

Le travail ne peut produire le bien-être que s'il se fait dans un environnement de justice sociale et de reconnaissance. Et cela est possible en ce sens que l'économique n'est pas antinomique au social. L'homme n'est content de son travail que si et seulement si il s'y reconnaît.

Le travail humain ne peut procurer du bien-être que s'il a un sens, sinon une signification. Par signification di travail, il faut entendre la clôture de son signe par l'événement de sa désignation. Le bien-être qui mérite d'être recherché par tout travailleur doit être économiquement et spirituellement quantifiable. Par le travail, l'homme doit s'humaniser, autrement s'inventer soi-même. Le bien-être du travailleur est fonction des conditions sociales et démocratiques de ce que nous entendons en général par « *la vie bonne* ».Celle-ci est fonction de l'application des principes démocratiques de l'égalité et des principes économiques de l'interdépendance. Le combat contre la précarité et la vulnérabilité des travailleurs doit avoir pour finalité une redistribution équitable des conditions. Il a pour passerelle une politique juste, à savoir *« une politique dont l'action performative prend des formes incarnées et plurielles en attirant l'attention critique sur les conditions de survie corporelle, de la survie et du bien-être dans le cadre d'une démocratie radicale.* [115]» Le bien-être du travailleur ne rime pas avec certaines formes d'esclavage moderne. Seule une société bien ordonnée, c'est-à-dire démocratique peut favoriser les conditions de vie bonne pour le travailleur. Bien managé le travail s'avère un véritable facteur d'épanouissement de l'homme.

En clair, la bonne compréhension du concept de bien-être du travailleur nous renvoie à une philosophie à la fois anthropologique et politique du travail. Le caractère complexe du bien-être du travailleur exige qu'il ait une fondation philosophique. Donatrice originaire de sens à toutes les sciences, seule la philosophie dans sa vision synoptique du monde est à même de comprendre tous les tenants et aboutissants du travail humain. N'est-ce pas que pour combattre le mal inhérent au travail il fallait d'abord le connaître ?

## 5. Un modèle d'Etat multiethnique et paisible en Afrique précoloniale : l'Empire songhay

Vu que la philosophie s'oppose, dans son principe comme dans son achèvement, à toute forme de pensée unique ou dogmatique, il importe d'aborder la complexité de la notion de violence pour voir si celle-ci est absolument antinomique avec la paix. C'est ainsi qu'il convient de réfléchir sur la question des violences coloniales dans la légende d'un Empereur africain appelé *Sonni Ali Ber.*[116] Il s'agit des violences dont la cause finale est l'intégration républicaine au sens moderne du terme. Il est important de comprendre ici la diversité comme un creuset fertile pour l'unité des peuples. La diversité n'est pas forcément source d'antagonisme.

---

[115]Judith BUTLER, *Qu'est-ce qu'une vie bonne ?* Editions Payot, Paris, 2014, p.109.

[116] Voir H. YACOUBA Pour une relecture de l'histoire des violences coloniales dans la légende de Sonni Ali *Etudes Sahéliennes Revue scientifique de la faculté des Lettres et Sciences Humaines* de l'Université Abdou Moumouni, 2012.

De ce fait, tout comme l'histoire de Charlemagne dans les poèmes du moyen âge, l'histoire de Sonni Ali Ber est devenue une légende surtout par la bouche des « *djassars* », c'est-à-dire des griots. S'il y a une légende aussi merveilleuse que marquée du sceau de la fierté d'un peuple, les songhay, c'est bien celle de ce grand souverain Ali le Grand, le dâli, autrement dit le très haut. De la dynastie des si ou sonni, il régna de 1464 à 1492. Toujours vainqueur jamais vaincu comme le confirment les écrits arabes de son temps, Sonni est sans nul doute le plus grand héros national que la société Songhay ait jamais connu.

A parler de la légende de Sonni Ali Ber comme le plus grand empereur de l'Afrique précoloniale du 15ème siècle, on se heurterait forcément à au moins un écueil a priori pessimiste : Sonni le cruel ou le sanguinaire, selon les intellectuels musulmans. Soumettre ces qualificatifs attribués à Sonni à une certaine objectivité critique, telle est cependant notre intention.

De la bouche des « *djassars*[117] », membres de la caste des poètes musiciens, détenteurs des traditions chez le peuple songhay-zarma, il est reconnu pour sa bravoure, sa grandeur d'esprit, ses exploits guerriers. Par son extraordinaire courage militaire, il a mené des guerres violentes contre des peuples ennemis qui ont capitulé soit par la servitude volontaire soit par la fuite pure et simple. En réalité, à bien voir les choses, les guerres violentes de Sonni, peuvent être considérées comme des violences coloniales. La situation des guerres violentes dans l'univers culturel songhay incarné par Sonni Ali Ber, est exemplaire pour deux raisons au moins. L'une que j'appellerai celle du déni de l'altérité ou la négation des autres peuples débouchant sur leur servitude. L'autre raison qui vient positiver la première en la transcendant, c'est la fin ultime de la croisade de ce souverain contre ces peuples, à savoir leur intégration dans une communauté politique multiethnique. Revisiter la légende de Sonni Ali Ber, exige une écoute singulière et authentique de la parole des griots, afin de saisir son sens profond. Par sens, il faut entendre ce au moyen duquel la signification et les signes se transforment en signifiants. Pour comprendre le contenu substantiel, sinon le véritable sens de la légende de Sonni Ali Ber, nous devons opérer, en tant qu' « *enfants de*

---

117 Djassar signifie griot en songhay ou songhaï : langue nilo-saharienne du groupe songhay-zarma, l'une des langues nationales principalement au Niger et au Mali.

*l'actuel* »[118] pour parler comme Alice Cherki, une relecture de l'histoire sans pour autant la falsifier. Le qualificatif, par exemple, de cruel et de sanguinaire qu'on donne, à tort ou à raison, à ce grand souverain doit être revu. Et cela non pas dans le but d'être l'avocat du diable, mais de saisir le vrai dans son effectivité, selon l'expression de Hegel.

De là, nous devons profondément réfléchir sur la guerre d'expansion territoriale menée par Sonni Ali Ber, et ses conséquences de domination avec son cortège de violences transcendé par le noble objectif d'intégration des différentes communautés ethniques. En clair, il nous faut une lecture phénoménologique, sinon herméneutique des traditions orales portant sur les guerres violentes ou violences coloniales de Sonni, le grand souverain que l'Empire Songhay n'ait jamais connu.

Il nous revient de faire une exégèse des textes historiques et d'écouter profondément la parole des griots songhay, laquelle parole est la poésie originelle dans laquelle s'exprime l'âme du peuple songhay.

D'abord, en quoi consistent le rôle et la place des griots dans la société songhay –zarma ?

Il convient de souligner d'abord que les songhay et les zarma sont, par définition, un seul peuple habité par un seul esprit du monde au sens hégélien du terme. Certains considèrent les seconds comme étant des assimilés des premiers. Ainsi la société songhay-zarma est une société pyramidale dans laquelle on trouve en haut les « *borokini* » (hommes libres) et en bas les esclaves (*bagno* ou *kogno* femmes esclaves). Il est particulièrement remarquable que cette dernière catégorie à laquelle appartiennent les griots est minoritaire. A propos de la question des castes chez les Songhay, Jean Rouch dit ceci :

> *« la société Songhay comprend de bas en haut de l'échelle : les esclaves, les captifs, les castes d'artisans et griots, les hommes libres, les chefs. Les esclaves (homme banya, femme kongno). C'étaient les prisonniers faits à la guerre, et libérés*

---

[118] A. CHERKI, *La frontière invisible*, Paris, Editions elema, 2006, p. 92

*(par suite de leur courage ou de liens lointains de parenté.) quelle que fit leur condition sociale antérieure ils étaient devenus la propriété de celui qui les avait vaincus. »*[119]

Mais ce qui est paradoxal et tout autant intéressant, c'est que les griots ont une place importante et honorable au sein de la société songhay-zarma. Autant ils doivent honorer, par leur parole, les chefs, les princes ou hommes libres songhay-zarma, autant on doit aussi les honorer par leur présence à des cérémonies festives telles que les mariages, les baptêmes ou intronisation de chefs coutumiers. Ce qui signifie que la relation griot-société se veut une relation de dialectique de complémentarité, du donner et du recevoir. Organiser une cérémonie en pays songhay authentique, c'est-à-dire qui n'a pas encore été véritablement influencé par les valeurs culturelles occidentales, sans la présence d'un griot, c'est faire faillir ladite cérémonie. Une telle absence manifeste du griot est un signe de déshonneur pour l'organisateur de la cérémonie. Est également déshonorant, pour un homme de condition libre, le refus de faire un geste au griot. Un « *Maïga*[120] », c'est-à-dire un vrai songhay de condition libre doit faire un cadeau à celui qui, riche ou pauvre, le lui demande.

Les griots sont considérés comme des réservoirs de connaissances ou des livres d'histoire vivants. Le rôle fondamental, premier et originel des griots, c'est de rappeler aux familles royales ou aux hommes de condition libre leur passé glorieux, celui de leurs ancêtres au moyen des éloges. C'est grâce à eux que la société songhay conserve ses traditions comme l'oralité.

*« A l'instar des autres sociétés africaines, la société songhay a une civilisation de l'oralité véhiculée par les griots maîtres de la parole vivante,*

---

[119] Jean ROUCH , *les Songhay*, L'Harmattan, Paris, 2005, p.40.

[120] Titre honorifique attribué généralement à tout sonray, mais normalement à un sonray de condition libre, donc non esclave.

> *libératrice et empreinte de beauté. Car c'est l'esthétique de la parole qui incite à l'écouter. Une parole sans beauté décourage, endort l'auditoire. La parole a besoin d'écoute authentique, laquelle est sa cause finale*[121]. »

Force est de constater que partout où il y a écoute, il y a aussi espoir d'amour, de découverte de la vérité ou de la justice. C'est par la parole que commence l'humanité. La parole sollicite l'ouverture de l'autre qui est le moi qui n'est pas moi. Dès lors, celui qui écoute avec amour philosophique la parole du griot arrive avec certitude à pénétrer les secrets ultimes de la communauté dans laquelle il vit. L'amour philosophique, convient-il de préciser, n'est pas un amour sentimental, car les sens nous trompent comme le dit si bien Descartes à la suite de Platon. C'est un amour qui, même s'il est sentimental, a un fondement rationnel. La parole du griot bien écoutée est recueillement. Elle favorise la communion de l'individu avec sa communauté. Les guerres violentes de Sonni ont fait de ce dernier un héros national. L'histoire de Sonni Ali Ber, c'est l'histoire des violences coloniales du Songhay. Par violences coloniales, nous entendons celles faites, a priori, dans le but de coloniser des peuples. Mais, a posteriori, selon la terminologie kantienne, ces violences ne sont que des moyens qui ont pour vocation la réalisation d'un idéal suprême : l'intégration communautaire.

La parole du « *djassar* » ou griot généalogique est une invitation, pour tout songhay, à régler son comportement, autrement dit, ses actes et ses propos, sur celui de Sonni, lequel est un modèle, un archétype. Le nom de Sonni a traversé tout le Sahara sur les lèvres des « *djassars* », des chercheurs arabes, des commençants ambulants ou des vieillards qui, en Afrique subsaharienne, selon Amadou Ampaté Bâ, sont comme des bibliothèques de type occidental ou oriental. En clair, Sonni est devenu une légende guerrière. Il est le héros national pour les songhay. En effet il est l'artisan de la grandeur du songhay. Mais il convient aussi reconnaître que celle-ci s'est malheureusement accomplie dans le sang au moyen des

---

[121] oir H. YACOUBA Pour une relecture de l'histoire des violences coloniales dans la légende de Sonni Ali *Etudes Sahéliennes Revue scientifique de la faculté des Lettres et Sciences Humaines* de l'Université Abdou Moumouni , 2012, pp.159-160.

guerres violentes contre notamment l'Empire du mali, les peuls, les touaregs, les haoussas, les mossis, etc. Il extermina ainsi la tribu peuple des sangarés. Les intellectuels musulmans le font même passer pour un débauché, un maudit, un sanguinaire, voire un oppresseur… C'est ainsi que Kati, dans son œuvre, le Fettach, dénonçant ses cruautés, écrit ceci :

> *« Il fit mettre à mort des jurisconsultes. Et que des villages il détruisit, faisant périr leurs habitants dans les flammes : il infligeait toutes sortes de tortures aux gens : tantôt il se servait du feu pour les faire périr ! Il faisait emmurer un être vivant pour le laisser mourir ainsi, tantôt enfin il faisait ouvrir le ventre d'une femme vivante pour en retirer le fœtus. »*[122]

Mais comme la philosophie est, avant tout, inquiétude en face de ce qui se fait ou se dit, nous estimons que l'être de Sonni, à travers ses actions guerrières, est loin d'avoir été suffisamment précisée. Les reproches faits à Sonni sont-ils réellement fondés ? Une clinique à la fois psychanalytique, phénoménologique, voire herméneutique de tous ces reproches, peut nous autoriser à dire que c'est surtout à cause de son comportement laïc que Sonni a été victime d'un lynchage verbal de la part des intellectuels musulmans.

La question parmi les questions que l'on est en droit de se poser est la suivante : Si Sonni est réellement un tyran hors pair, un sanguinaire attitré, pourquoi son peuple n'a-t-il pas une seule fois tenté la moindre révolte ? Vu que toute chose a des limites, que tout excès conduit nécessairement à un excès contraire, selon les sages propos de Platon, l'excès de torture de la part de Sonni allait inévitablement entraîner la révolte du peuple Songhay. Telle peut être la première remarque qui fait penser que la plupart des reproches faits à Sonni portent les stigmates de doute originel. La description lucide de Sonni comme l'unificateur du

---

[122] Boubou HAMA, *Ecrits sur le Soudan*, Centre d'Etudes Linguistiques et Historiques par Tradition Orale, Niamey 1983, p.24.

Songhay, implique en elle-même un dépassement de sa cruauté supposée. Aller au fond des choses, sauver l'être de Sonni de sa diabolisation par l'intelligentsia musulmane, telle est la tâche préalable de tout amoureux de la vérité. Il s'agit de chercher à replacer Sonni sur le chemin de son être en tant que héros national du songhay.

Quand on examine profondément l'histoire des guerres violentes de Sonni, on s'aperçoit qu'elles sont un mal nécessaire comme la colonisation occidentale en Afrique. La stabilité au sein du Songhay, voilà le but ultime poursuivi par Sonni à travers ses guerres de conquêtes. Une interprétation approfondie peut nous dévoiler la signification réelle de ses actions guerrières. Que penser de la nécessaire intervention guerrière de Sonni pour qu'il y ait justement possibilité d'unité organisée du Songhay ? Force est de reconnaître que les violences sont non seulement possibles, mais inévitables entre celui qui attaque et celui qui résiste. Il faut avant tout se libérer de l'idée erronée selon laquelle on peut se passer de la violence lorsqu'on combat des résistances.

Dans ces conditions, la violence est de tout point de vue inévitable. Elle ne peut que varier en nature. Car la violence n'est pas que physique. Elle peut être aussi psychologique, affective ou morale. Le problème des guerres violentes posé ne date pas d'aujourd'hui. De même, ce qu'on oublie le plus souvent, c'est que la guerre est avant tout la continuité de la politique. La raison raisonnante veut qu'on ne s'arrête pas aux simples faits mais, d'abord et avant tout, à leurs causes. Cause est ce qui répond à la question pourquoi. Dès lors, il nous importe de chercher à comprendre les causes profondes des actions guerrières violentes de Sonni. A la fois musulman et magicien, Sonni s'est hissé au rang des vrais hommes d'Etat au sens moderne du terme. Sur bien de points, l'Empire songhay dont il a fait l'apogée n'a rien à envier à l'Etat moderne de type formel ou occidental. Sonni est musulman et non fondamentaliste. Il pratique un islam modéré dont l'objectif est de respecter aussi le culte des peuples vaincus. D'où la laïcité comme fondement de l'empire songhay sous le règne de Sonni.

Quant à la magie, l'une des pratiques culturelles de Sonni, elle ne doit en aucun cas être mal vue ou dépréciée. Il est à remercier les spécialistes de l'anthropologie culturelle au rang desquels figure en premier lieu Claude Lévi-Strauss. Ce dernier est à saluer pour avoir épistémologiquement restauré la magie dans ses droits. En effet, pour

Claude Lévi-Strauss, la magie, tout comme la science, forme un système bien articulé :

> *« au lieu donc, dit-il, d'opposer magie et science, il vaudrait mieux les mettre en parallèle, comme deux modes de connaissance, inégaux quant aux résultats théoriques et pratiques (car de ce point de vue, il est vrai que la science réussit mieux que la magie bien que la magie préforme la science en ce sens qu'elle aussi réussit quelque fois), mais non le genre d'opérations mentales qu'elles supposent toutes deux, et qui diffèrent moins en nature qu'en fonction des types de phénomènes auxquelles s'appliquent. »*[123]

Comme on le voit, Sonni tenait à deux mondes : l'islam et l'animisme. Ce n'est que par une synthèse dialectiquement obtenue de ceux-ci que l'on peut se faire une idée juste et vraie de Sonni. Il nous faut relire profondément la parole des griots songhay, afin de capturer les non dits de cette parole, de dévoiler le surmoi de type freudien ou d'opérer une herméneutique des actions guerrières du grand souverain songhay. Sonni est avant tout un homme courageux. Car dans l'univers culturel songhay, la magie elle-même n'est efficace que par le biais du courage, lequel est sa cheville ouvrière. La magie ne fait pas bon ménage avec la peur ou la lâcheté. C'est la magie sur fond de courage qui constitue, pour tout songhay authentique, une force extraordinaire face à laquelle aucun ennemi ne peut résister.

Mais, tout comme dans la philosophie occidentale d'obédience platonicienne, le courage de Sonni Ali Ber repose sur une certaine science. C'est dire qu'il n'est synonyme ni de sauvagerie ni de témérité, mais de science des choses à craindre et de celles qui ne le sont pas : *« c'est cette force, dit Socrate, qui sauvegarde constamment l'opinion droite et légitime, touchant les choses qui sont ou ne sont pas à craindre,*

---

[123] Claude LEVI-STRAUSS, *La pensée sauvage*, Plon, Paris, 1962, p.21. Cet auteur a beaucoup contribué à la lutte contre le racisme dans le monde.

*que j'appelle, que je pose comme courage.*[124] »Telle est la nature du courage qui est à l'origine des exploits guerriers de Sonni. La science ne peut s'isoler du pouvoir, lequel est un exercice, bien davantage qu'une possession. La science constitue le fondement du courage militaire de Sonni. Etre courageux ne signifie pas tenir tête à l'ennemi vaille que vaille, mais savoir l'affronter, connaître le '*'kairos''* ou moment opportun pour parler comme les Grecs antiques.

Pour une vraie compréhension de cette figure historique qu'est Sonni, il faut une écoute authentique de la parole des griots. Il faut savoir écouter ceux-ci. Sait écouter celui qui est patient, celui qui prend tout son temps à écouter toute la parole du griot. Car la vérité, comme dit Hegel, c'est le tout. Aucun détail n'est anodin, n'est à rejeter. C'est pourquoi, pour vraiment savoir les exploits guerriers de Sonni, il faut comprendre la parole des griots généalogiques.

> *« La compréhension explicite et authentique de la parole des griots est plus qu'une recherche. Elle est aussi, pour tout songhay, l'expression du fait fondamental de l'existence humaine. Exister, dans l'univers culturel songhay, ce n'est pas seulement vivre, mais poser des actes honorables, dominer les autres ou, à la limite, être honoré dans l'obéissance.*[125] »

Dans l'univers culturel songhay le courage est une vertu qui se prouve tant chez le maître que chez l'esclave. C'est pourquoi, même un esclave Songhay est prêt à réagir contre son maître si ce dernier n'assume pas bien sa fonction de maître qui consiste à le sécuriser sur tous les plans. Il s'agit principalement des plans alimentaire et vestimentaire. *« On n'est pas maître pour rien »* disent souvent les griots songhay au cours des cérémonies festives.

---

[124] PLATON, *La République*, Trad. Robert Baccou, GF-Flammarion, Paris, 1966, 403 e.

[125] Voir H. YACOUBA Pour une relecture de l'histoire des violences coloniales dans la légende de Sonni Ali *Etudes Sahéliennes Revue scientifique de la faculté des Lettres et Sciences Humaines* de l'Université Abdou Moumouni, 2012, pp.163.

L'étude de la parole du griot généalogique ou des vieillards est d'une importance capitale. Elle nous permet de découvrir l'horizon à l'intérieur duquel le problème des guerres violentes de Sonni se pose. C'est dans cette parole approfondie et enrichie par les manuscrits arabes que la compréhension de l'être de Sonni se fait. L'intérêt d'une exégèse de cette parole est qu'elle dévoile le sens de l'être de cette figure historique, de ce grand homme. Mais d'autre part, cette compréhension de l'être de Sonni n'est pas elle-même un attribut. Elle est le mode d'existence de tout homme songhay qui doit se comporter, en tout et partout, comme Sonni, c'est-à-dire un homme courageux, juste et généreux. Après les almoravides, Sonni fut de la trempe des hommes qui ont changé le destin des hommes.

Sonni est-il réellement cruel et sanguinaire comme le laissent entendre les marabouts de Tombouctou ? A vrai dire, ce qualificatif honteux lui vaut pour son comportement civilisé et laïc. Il n'est ni athée, ni impie, mais refuse que le fanatisme religieux intervienne dans la gestion des affaires publiques. Il ne fait aucun doute que Sonni considère comme particulièrement importante, au plan politique, la question religieuse, sans que celle-ci n'intervienne dans la gestion de la chose publique. Cette attitude apparemment paradoxale du Chef songhay a pour finalité la défense de cette valeur universelle, à savoir la laïcité. Celle-ci constitue l'un des principes fondamentaux d'une société moderne. Elle est l'une des caractéristiques fondamentales de l'Etat moderne. Sonni n'interdit à aucun membre de sa communauté multiethnique de célébrer un culte, de croire en Dieu. Seulement il n'accepte pas que les érudits musulmans aient un droit de regard sur sa façon de gérer son empire.

Pour Sonni, la foi religieuse doit rester une affaire strictement privée, donc une liberté de conscience en termes modernes. Les célébrations religieuses ont une utilité incontestable qui est une part de l'utilité privée, mais non commune. Respecter la foi religieuse ne signifie nullement, pour Sonni, que celle-ci doit supplanter ou réguler sa politique impériale. Les Erudits musulmans peuvent tout au moins lui proposer des conseils selon son vouloir et quand les circonstances l'exigent. Comme l'a si bien dit Boubou Hama, *« si Sonni a secoué la torpeur congénitale de la bourgeoisie intellectuelle de Tombouctou, il ne fit pas que cela. L'Empereur du Songhaï, pris par le feu de l'action savait accorder à la science et aux hommes de sciences leur place honorable dans la nation*[126]. » Le courage de Sonni repose sur la science des érudits musulmans ou celle des grands magiciens, laquelle science prévoit l'opportunité ou non de toute expédition militaire à entreprendre contre l'ennemi. Sonni est un fin stratège et non un audacieux, un téméraire. Il est à cheval entre la science musulmane, l'islam, et la science africaine, la magie. C'est dire d'un point de vue dialectique que l'une comme l'autre a ses forces et ses faiblesses. C'est pourquoi en bon stratège, il faut savoir profiter de leur synthèse, c'est-à-dire leur unité dialectiquement obtenue.

La seule fois que Sonni aurait foulé aux pieds la science de ses conseillers militaires lui avait été fatale : la débâcle de son armée à Tondibi en 1492 face aux marocains. Selon certains vieillards songhay, on lui avait dit, face au dispositif militaire supérieur de l'ennemi, le Maroc, de renoncer à la conquête. Il avait fait fi de ces sages conseils, et comme conséquence son armée a été mise en déroute. Mais la question qui se pose est de savoir ici si l'on doit en vouloir à Sonni sur toute la ligne. N'est-ce pas qu'un ennemi peut être matériellement bien équipé, mais être nul en maniement d'armes ?

Bien plus, Sonni est un empereur qui respecte et fait respecter sa parole, laquelle a une fonction légale. Désobéir à la parole du chef c'est désobéir à la loi qui est l'expression phénoménale de la volonté du peuple. Et Sonni est effectivement l'incarnation de la volonté du peuple songhay. Mais comme dans toute communauté humaine, il y a des intraitables, des intolérants et des endurcis, force reste à la parole du chef qui sait justement punir. La parole de Sonni est une parole juste et vraie. Elle est juste signifie qu'elle a une base éthique et vraie, c'est-à-dire fondée sur des principes nécessaires et universels, autrement dit rationnels, donc acceptables par tous. Désobéir à la parole de Sonni c'est résister à son pouvoir. Or le pouvoir de Sonni ne se discute pas. Il ne se discute pas ne signifie pas pour autant que Sonni est un dictateur, un sanguinaire. La parole de Sonni ne se discute pas parce qu'elle se veut scientifique. Elle se veut le symbole de l'Universel.

---

[126] Boubou HAMA, *Histoire des songhay*, Imprimerie du Niger, Niamey, p.131. C'est nous qui soulignons.

Troisième partie

# DIALOGUE ET PARDON COMME ASSISES SPIRITUELLES DE LA PAIX

Pour paraphraser Yves Charles Zarka, il n'est pas besoin de sombrer dans un catastrophisme irrationnel pour comprendre les limites du droit. En effet, la seule application des lois ne parvient pas à stopper la conflictualité permanente en Afrique. Celle-ci est née d'une certaine intolérance culturelle qui risque de mettre en péril l'existence politique même de ces Etats imposés par la colonisation. D'où la nécessité pour les gouvernements des Etats africains en proie à des conflits identitaires meurtriers, de privilégier un dialogue interculturel[127] entre les différentes communautés ethniques ou religieuses. Cela permettrait de conjurer le repli sur soi et l'identité radicale qui conduisent à un isolement mortel.

> *« Partant de l'esprit de tolérance dont se réclament pourtant les ethnies ou des cultures en conflit, nous allons nous allons nous attarder à la définition du dialogue interculturel comme voie privilégiée pour parvenir à une vie sociopolitique apaisée en Afrique, tout en montrant que l'ethnocentrisme et les fondamentalismes religieux, en tant qu'expressions des identités radicales, peuvent être transcendées par le dialogue.[128] »*

---

[127] Voir H. YACOUBA « Guerres et conflits identitaires en Afrique : nécessité d'un dialogue interculturel » *Revue Cités* Numéro 52 PUF, 2012.

[128] Ibidem, p.131.

## Chapitre 5 : Du dialogue interculturel

### 1. Rôle et place du dialogue interculturel dans le contexte démocratique africain

Face aux limites manifestes du droit, le dialogue interculturel s'avère nécessaire en matière de prévention et de gestion des guerres et conflits identitaires en Afrique. Certes guerres et conflits identitaires sont aussi vieux que l'humanité. Mais leur prédominance en Afrique semble inacceptable surtout en ce début du troisième millénaire ou siècle de la modernité politique. Le dialogue interculturel permet aux uns et aux autres de comprendre les différences culturelles en termes d'unité plurielle de l'humaine condition. Cela ne signifie nullement que les différences culturelles n'ont aucune consistance. Bien au contraire, elles sont importantes en ce sens qu'elles sont porteuses d'enrichissement mutuel. *« Le dialogue interculturel les amène à apprendre à gérer la diversité culturelle dans la double dynamique des différences et du droit aux ressemblances. Il signifie intégration au sens non pas d'assimilation pure et simple, mais plutôt de complémentarité.* [129]*»*

Concrètement, deux idées fortes et concurrentes fondent notre réflexion : d'une part la conflictualité à caractère ethno-religieux dont sont souvent victimes les processus de démocratisation en Afrique, et d'autre part l'esprit de tolérance dont se réclame pourtant chacune des ethnies ou cultures religieuses en conflit. Privilégiant la seconde question, nous allons nous appesantir sur la définition du dialogue interculturel comme voie royale qui conduit à une vie sociopolitique apaisée en Afrique. Il s'agit donc pour nous de montrer que l'ethnocentrisme et les fondamentalismes religieux, en tant qu'expressions des identités radicales, peuvent être transcendées par le dialogue, afin qu'émerge l'ouverture spirituelle ou l'humanisme de l'autre homme pour paraphraser Emmanuel Levinas.

Le dialogue entre les ethnies ou les différentes communautés religieuses ne peut être un instrument de prévention ou de résolution non violente des guerres et conflits en Afrique que si et seulement si elles sont entendues non pas comme tyrannie de l'identité, mais spiritualité au sens

---

[129] Ibidem, p.131.

d'ouverture ou de liberté de pensée. De là l'exigence d'une éducation au dialogue, c'est-à-dire d'une invitation des ethnies et des croyants à faire une ouverture à la posture philosophique de la raison. En effet, on connaît les ravages de la pensée dogmatique lorsqu'elle fait irruption dans le champ politique par exemple.

Malgré la polysémie du mot dialogue interculturel, on peut affirmer, sans crainte de se tromper et sans position partisane, que l'approche définitionnelle faite par l'Union européenne donne une idée claire et distincte du dialogue interculturel. De ce fait, on entend par dialogue interculturel, un échange d'idées entre groupes et individus culturellement distincts. Autrement dit, il renvoie au meilleur vivre ensemble des peuples ou individus, malgré leurs différences d'ordre ethnique, culturel, religieux et linguistique. Il s'origine dans la mobilité des personnes et la porosité de leurs identités culturelles. Il est rencontre des cultures, donc des rationalités différentes. Car toute culture est implicitement l'expression de la rationalité d'un peuple. Mais qu'est-ce que la culture ? On entend par culture, tout ce qui dans une société relève de la tradition externe et est transmissible sans être naturel, autrement dit, l'ensemble de coutumes, institutions (art, droit, religion), sciences, techniques. Quant à la guerre, elle est par définition un conflit, sinon une lutte armée (par exemple guerre entre plusieurs pays ou peuples. Elle trouve sa manifestation phénoménale dans des combats violents opposant au moins deux groupes. Enfin, on entend, par conflit opposition entre deux choses ou deux personnes.

Ainsi, en quoi consistent le rôle et la place du dialogue interculturel dans un contexte démocratique ? Un contexte démocratique, convient-il de préciser, désigne un contexte de pluralisme, c'est-à-dire de position tolérante et ouverte. Mieux, c'est un contexte qui accepte ou trouve une place à une pluralité ou diversité de styles de vue, de doctrines ou de religion. Ceci est une preuve que le pluralisme est une valeur positive et une attitude indispensable.

S'il y a un continent profondément déchiré par des guerres et conflits identitaires, c'est bien l'Afrique. Et une analyse à la fois étiologique et phénoménologique, permet d'affirmer qu'elle s'origine essentiellement dans une certaine intolérance culturelle, laquelle, si on n'y prend garde, risque de mettre en péril l'existence politique même de ces Etats impériaux, c'est-à-dire imposés par la colonisation. D'où la nécessité pour les gouvernements des Etats concernés de privilégier un dialogue interculturel entre les différentes communautés ethnique ou religieuses, afin de conjurer le repli sur soi démesuré, l'identité radicale qui conduit à un isolement mortel. On ne peut pas concevoir notre identité en soi, mais uniquement en relation avec ceux qui nous entourent Le dialogue interculturel permet aux uns et aux autres de comprendre les différences culturelles en termes d'unité plurielle de l'humaine condition. Cela ne signifie nullement que les différences culturelles n'ont aucune consistance. Bien au contraire, elles sont très importantes, en ce sens qu'elles sont porteuses d'enrichissement mutuel. Le dialogue interculturel les amène à apprendre à gérer la diversité culturelle dans la double dynamique des différences et du droit aux ressemblances. Il signifie intégration au sens non pas d'assimilation pure et simple, mais plutôt de complémentarité. Toute chose qui n'est possible que par une conception partagée de la justice par les citoyens malgré leurs conceptions divergentes du bien.

La philosophie du dialogue interculturel c'est l'humanisme, autrement dit la promotion de l'homme pour l'homme. L'altérité est son fondement. L'autre c'est moi, moi c'est l'autre. Comprendre cela c'est comprendre le sens de la tolérance ou base de la diversité culturelle.

La place prépondérante du dialogue interculturel dans le contexte démocratique africain, est qu'il favorise la paix, gage d'intégration politique et de réussite économique. N'est-ce pas que c'est souvent la pauvreté qui pousse les gens, à tort ou à raison, à accuser le pouvoir en place de favoriser l'ethnie du Chef de l'Etat ? Source de compréhension mutuelle entre les groupes et individus d'expériences culturelles différentes, il conjure l'avènement du monstre politique africain qu'est l'ethno-démocratie. Celle-ci, en tant que pratique démocratique centrée sur l'ethnocentrisme, est source potentielle de guerre civile, laquelle est pire qu'une guerre entre deux Etats. Guerre civile ou guerre fratricide, voilà ce que le dialogue interculturel doit et peut résoudre ou conjurer dans nos Etats africains engagés dans un processus de démocratisation. Dire, dans un contexte démocratique, que je n'adhère qu'à un parti politique dont le leader est de mon ethnie, c'est aller contre la philosophie du dialogue interculturel.

Ainsi dans l'univers culturel de beaucoup de pays ouest-africains par exemple, il existe une pratique du dialogue interculturel à promouvoir, à savoir la parenté à plaisanterie. Celle-ci prévient l'ethnicité politique. Car, comme l'a si bien dit le sociologue et philosophe français, Alain Touraine,

> *« quand l'ethnicité désigne l'appartenance à une communauté représentée par un pouvoir politique ou même simplement incarnée par une collectivité territoriale : quartier, pays, ou région, est chargée de menaces pour la démocratie : au contraire, quand elle est un élément de l'identité personnelle, elle est une composante du sujet. »*

Le dialogue interculturel est une solution adaptée aux conflits identitaires. Il a un fondement éminemment philosophique, en ce sens qu'il signifie que l'identité culturelle radicale est un isolement mortel pour les peuples et les individus. Il signifie qu'être soi-même n'a pas de sens. Tout vient de l'autre qui est un autre moi-même. Autrement dit, il n'a de contenu substantiel ou de sens que grâce à l'autre. L'identité radicale conduit inévitablement au racisme. A tout point de vue, elle est mauvaise du fait de son caractère insidieux et présomptueux, dogmatique et mensonger, réducteur et aliénant. La paix civile passe par le dialogue interreligieux. C'est par le dialogue que les identités culturelles qui sont a priori des frontières deviennent poreuses en laissant entrevoir une unité originaire : l'humanité. En réalité, le dialogue interculturel fondé sur la tolérance est transcendance des différences. Par celle-ci les différences viennent à dépasser leurs unilatéralités réciproques. Le dialogue est recueillement pour les différentes identités culturelles naturellement conflictuelles. Dialoguer c'est échanger avec l'autre en vue de faire amitié. Pour ce faire, le dialogue interculturel contre les conflits identitaires doit avoir pour fondement un besoin philosophique.

En effet, le besoin philosophique correspond, pour parler comme Hegel, à la nécessité où se trouve l'esprit de dépasser opposition et scissions :

> *« Quand la puissance d'unification disparaît de la vie des hommes et que les oppositions ont perdu leur rapport vivant, leur action réciproque, et deviennent*

*indépendantes, alors naît le besoin philosophique ; en tant que tel ce besoin est une contingence, mais dans la scission donnée il est une tentative nécessaire pour dépasser l'opposition de la subjectivité.*[130] »

Bien plus, il existe en Afrique une pratique culturelle appelée « *parenté à plaisanterie* » dont le but est de résoudre ou prevenir des conflitst tant individuels que collectifs. La parenté à plaisanterie est un vecteur de dialogue interculturel entre les peuples. Elle a joué un rôle très positif dans le processus démocratique en Afrique, et singulièrement au Niger. Elle transforme les joutes en humour, évitant de ce fait même l'aboutissement à la tragédie comme il en est de coutume dans beaucoup de pays africains. En tant que source de solidarité ethnique, elle peut renforcer le lien social en contribuant à une intersubjectivité basée sur la reconnaissance et le respect de l'autre. En tant que dialogue dialectique, elle prévient les drames humains comme les génocides. De là, un coup d'œil sur l'histoire démocratique du Niger, permet de remarquer que la parenté à plaisanterie a beaucoup contribué au renforcement de l'unité nationale. Car, malgré des longues et graves crises politiques qui ont bloqué le fonctionnement normal des institutions de la République, les populations en général, les acteurs sociaux et politiques ne se sont jamais laissé emporter par le syndrome de la division ou « *délitement social* » pour emprunter l'expression de Jean-François Lyotard.

A aucun moment, les Nigériens entrés en rébellion ne se sont officiellement réclamés d'une revendication tribale ou raciale. De même à aucun moment, les populations hors zone de rébellion ne se sont dressées contre les Nigériens originaires des zones de rébellion. L'impact positif de la parenté à plaisanterie est visible dans le dialogue interculturel dans la sous-région africaine, en particulier en relation avec les populations frontalières du Mali, du Burkina, du Bénin, du Nigéria et du Tchad.

Dans le cadre du dialogue interculturel, il importe aux différentes communautés ethniques et religieuses souvent en guerre en Afrique, de se ressourcer sans honte ni condescendance à la civilisation occidentale marquée du sceau de l'ouverture. Une société civilisée est une société

---

[130] Hegel, *Oeuvres complètes*, par André BRETON, Gallimard, Paris, 1988, p17.

ouverte, donc démocratique pour parler comme le penseur britannique, Karl Popper. Certes tous les peuples sont civilisés et que les civilisations sont égales. Cependant force est de reconnaître dans les faits que la civilisation occidentale est supérieure à toutes les civilisations. Elle est le modèle de toutes les civilisations qui la copient allègrement. Et pourquoi ? Elles la copient non pas parce que la race blanche est supérieure aux autres races, mais parce que c'est une civilisation qui a fait ses preuves historiques par le biais de sa démarche méthodique, laquelle est fondamentalement dialectique. Et comme tous les hommes sont rationnels et que les Africains sont aussi des hommes, ces derniers peuvent aussi s'adonner à l'entraînement dialectique.

La cheville ouvrière de la civilisation occidentale est la dialectique qui est source de progrès, par opposition aux civilisations dogmatiques, donc stationnaires. La dialectique, par définition, c'est l'auto-développement du concept qui s'aliène dans l'altérité puis retourne à soi par résolution des contradictions. La cause finale de la dialectique c'est la synthèse qui n'est rien d'autre que la réconciliation de l'esprit avec lui-même. De ce fait, étant donné que tous les peuples sont raisonnables, ces peuples africains enclins aux conflits et guerres identitaires peuvent raisonner dialectiquement pour faire progresser leurs cultures. La condition primordiale de ce progrès c'est l'esprit d'ouverture, condition elle-même de compréhension mutuelle entre eux, malgré leur différence. La compréhension mutuelle est gage de paix. En d'autres termes, le dialogue interculturel est synonyme de sagesse. Celle-ci consiste, selon les justes propos du penseur malien Amadou Ampaté Ba, à savoir souffrir de la coexistence pacifique avec les autres, malgré leur différence.

Le dialogue interculturel se veut une interconnexion des différentes cultures. Pour reprendre la pertinente remarque du philosophe ivoirien, Dibi Kouadio Augustin,

> *« la différence est ainsi essentiellement un acte : celui de se différencier, et de se différencier précisément à partir d'une unité que l'on ne saurait renier sous peine de s'éteindre dans la rigidité sans vitalité d'un contenu extérieur. Deux cultures ne peuvent être différentes et significatives dans leur différence qu'à la condition de renvoyer à*

*une unité de principe en et par laquelle elles se posent* [131] ».

N'est-ce pas par le dialogue que les différentes cultures font signe d'une fraternité secrète ? N'est-ce pas par lui que les frontières culturelles deviennent fluides et laissent entrevoir des sentiers conduisant à une unité originaire appelée l'humanité ?

En d'autres termes, la philosophie se présente comme une entreprise totalisante et synoptique c'est-à-dire synthétique s'efforçant de mettre fin au conflit, à la séparation et au déchirement, qui représentent le malheur et le lot commun de l'humanité. La philosophie est culture de la non-violence qui passe par la sagesse. La sagesse comme dit le philosophe malien, Amadou Hampâté Bâ, consiste à savoir souffrir la coexistence pacifique avec les autres malgré leur différence. Lorsque les hommes ne sont pas en mesure d'unifier leur champ théorique, spéculatif, historique, la philosophie tente de répondre au besoin fondamental d'unité de l'esprit, c'est-à-dire de la réconciliation de l'esprit avec lui-même.

N'est-ce pas que la philosophie, dans son essence originelle, est dialogue ? Il convient donc aux hommes politiques africains, face aux guerres tribales dont ils sont pour la plupart auteurs ou complices, de se ressourcer à la philosophie pour engager un vrai et authentique dialogue politique capable de réconcilier les différentes composantes ethniques de la nation. Bien plus, la paix que revendique la philosophie passe par la pratique de la citoyenneté responsable, laquelle ne peut être garantie que par l'esprit critique et tolérant. C'est pourquoi le dialogue interculturel doit être initié aux Africains dès l'enfance. Car celle-ci, selon les justes propos de Platon, est la période de la vie où l'âme encore pure et malléable peut être réglée sur le modèle de la vertu. Il doit être expérimenté à l'école primaire à travers la discipline appelée langage ou par les jeux entre les élèves issus d'horizons culturels différents.

C'est par le dialogue interculturel que les peuples et individus d'horizons culturels différents dans les Etats africains en gestation démocratique, peuvent se comprendre mutuellement. Face aux conflits

---

[131] Augustin Kouadio DIBI, *L'Afrique et son autre : la différence libérée,* Collection penser l'Afrique, Abidjan, 1994, p.75.

confessionnels auxquels sont souvent confrontés bon nombre de Pays africains comme le Nigéria et le Soudan par exemple, conflits entre musulmans et chrétiens tous en quête du pouvoir d'Etat, la promotion du dialogue interculturel s'impose.. Ainsi les communautés chrétiennes reconnues par le port de minijupe, et les musulmanes du foulard, peuvent se comprendre mutuellement sans accroc à travers un dialogue franc et sincère. Le port d'une minijupe et celui du foulard sont tous les produits des deux cultures, la culture de liberté vestimentaire et la culture islamique dont la philosophie est l'amour de la pudeur.

C'est par le dialogue dialectique que ces deux philosophies culturelles peuvent converger pour rendre possible la laïcité dans la Cité. C'est par le principe de la laïcité qu'elles peuvent parvenir à un consensus, à une vie où le musulman et le non musulman se retrouvent tous deux libres et libérés. C'est au moyen du dialogue interculturel qu'un juif, un chrétien et un musulman peuvent vivre pacifiquement dans une cour commune par exemple. Ceci est une preuve parmi tant d'autres que le pluralisme est une valeur positive et une attitude indispensable. Or le dialogue interculturel n'est rien d'autre que l'acceptation du pluralisme culturel fondé sur la dialectique du donner et du recevoir. Comme tel, il demeure un impératif de la réalité, laquelle doit toujours être vue d'un œil pluriel et non unitaire.

Le dialogue interculturel s'oppose, de fond en comble, à la pensée unique, à la pensée dogmatique, laquelle pense mal, elle ne pense pas il faut la détruire pour paraphraser Bachelard. La pensée dogmatique pense mal parce qu'elle n'est pas démocratique. Elle pense mal parce qu'elle ignore que tout ce qui existe, existe grâce à son contraire. Ainsi s'il y a le chaud c'est parce qu'il y a le froid, s'il y a le noir c'est parce qu'il y a le blanc, s'il y a le jour c'est parce qu'il y a la nuit, s'il y a le fini c'est parce qu'il y a l'infini, s'il y a le centre c'est parce qu'il y a la périphérie, et ainsi de suite. En clair, la pensée dogmatique pense mal parce qu'elle conduit à l'exclusion, laquelle est inacceptable dans un contexte démocratique marqué par les principes de la modernité. Elle est l'œuvre des ghettos culturels. N'est-ce pas que le dialogue interculturel et la culture de la paix, sont une seule et même chose. ?

La culture de la paix est un ensemble de valeurs, d'attitudes, de comportements et de modes de vie qui rejettent la violence et préviennent les conflits en s'attaquant à leurs racines au moyen du dialogue et de la négociation entre les individus, les groupes et les Etats.

## 2. Le dialogue interculturel contre le racisme en Afrique

Le dialogue interculturel conjure le racisme en Afrique. Le racisme tire son origine dans la peur des différences, Il s'agit, entre autres, de la différence de langue comme différence de cultures et d'horizons culturels. La peur des différences pousse au mépris et au dénigrement de l'autre, au déni de son humanité pouvant conduire à son assujettissement par la force, voire à son élimination physique. L'ethnocentrisme est l'incarnation de la voix des préjugés conduisant à l'exclusion de l'autre considéré ipso facto comme inférieur, comme un attardé culturel ou historique, un étranger dans notre région, un déphasé à notre culture dont la manifestation phénoménale est notre langue, un infidèle à notre religion. Ce sont là autant de types de racismes faisant le malheur du continent africain. Ces racismes débouchent souvent sur des conflits confessionnels ou intercommunautaires armés entre sédentaires et nomades aux conséquences dramatiques. Le racisme, en tant que mépris de l'autre, est une cause justificatrice de guerre et de conflit.

Et à bien voir les choses, le dialogue interculturel, en tant qu'amour des différences, est le meilleur antidote contre cette plaie morale universelle qu'est le racisme. Il se veut un combat civilisé contre toute discrimination raciale, culturelle, religieuse. Toute chose qui passe par la communication qui signifie mise en commun, sinon discuter aussi. Or selon les justes propos de l'auteur de Logique de la philosophie, Eric Weil, dans la discussion la supériorité de tout interlocuteur ne peut *« s'exprimer naturellement, brutalement par la violence* [132]»

Qui dit dialogue interculturel dit alliance pour un monde responsable et solidaire où est exclue toute forme de discrimination, d'atteinte aux droits de l'homme (racisme contre nord musulman ou sud chrétien). Le dialogue interculturel n'est pas un simple dialogue d'arguments, mais un dévoilement de nos différentes humanités qui

---

[132] Eric WEIL, *Logique de la philosophie*, Editions Vrin, Paris, 1950, p.125.

convergent dans une Humanité universelle où chacune se retrouve. C'est par l'échange d'arguments rationnels, de nos témoignages que nous parvenons à dégager progressivement notre humanité commune en sortant de nos préjugés racistes les plus tenaces, des différents mythes idéologiques dans lesquels nous sommes enracinés. Nous comprenons par là que la Raison d'aucune culture ne peut entièrement épuiser la réalité. Ce qui signifie que le dialogue interculturel est un dialogue où les différentes cultures font montre de leurs richesses et manières spécifiques de construire leur relation au monde.

Le dialogue interculturel est échange en vue d'une amitié véritable entre les groupes et individus de patrimoine et d'expérience culturelle distincts. L'amitié véritable consiste pour deux amis à s'aimer en se transmettant mutuellement la vertu pour parler comme Aristote. Par le dialogue, nous comprenons le sens de nos façons de parler, de saluer, de nous habiller pour qu'émerge un monde de tolérance et de solidarité. Celle-ci, il convient de préciser, ne consiste pas seulement à donner à celui qui est dans le besoin, mais à partager une vie avec ses malheurs et ses bonheurs. Le dialogue interculturel pose le problème du rapport à l'autre, de paix et de proximité pour emprunter le langage d'Emmanuel Levinas.

Pour sa contribution permanente au service de la paix en Afrique, le dialogue interculturel doit être saisi par les spécialistes en sciences sociales comparatives, par les artistes et les organisations non gouvernementales. Tous ces intellectuels et acteurs de la société civile et d'autres groupes de pression peuvent aider les différents gouvernements à gérer les demandes de reconnaissance culturelle, groupements linguistiques, populations indigènes et communautés de migrants. Les Etats africains ont plus que jamais besoin d'une gestion démocratique de la diversité ethnique, linguistique et religieuse fondée sur les droits humains, lesquels arrachent l'individu aux préjugés de toute sorte. Pour ce faire, il convient d'apprendre aux enfants africains dès le primaire les principes démocratiques parmi lesquels demeure en premier lieu celui de la tolérance. L'instituteur peut enseigner que la tolérance est une pratique entre camarades, entre voisins, à l'égard des étrangers. Etre tolérant c'est accepter que les autres pensent, agissent différemment de soi. Le fanatisme religieux, politique ou culturel doit être banni. Relativement à la tolérance religieuse, l'instituteur peut, par exemple, conférer les uns et les autres aux textes coraniques et bibliques :

*« Point de violence en matière de religion. La vérité se distingue assez de l'erreur. Celui qui ne croit pas au Thagout, et croira en Dieu aura aussi une anse solide à l'abris de toute brisure » (Coran, II,237).*

*« Vous avez entendu qu'il a été dit ;tu aimeras ton prochain et tu haïras ton ennemi. Eh bien, moi je vous dis ; aimez vos ennemis et priez pour vos persécuteurs » (Evangile de Saint-Mathieu,5, 43).*

La pratique du dialogue interculturel prévient la barbarie. Et n'est-ce pas, comme dit Claude Lévi-Strauss, que est barbare celui qui croit à la barbarie ?

En définitive, disons que le dialogue interculturel renforce le contexte démocratique dont l'objectif final est le progrès économique et social en Afrique. Mais ce dialogue entre les différentes ethnies ou communautés religieuses ne peut être un instrument de prévention ou de résolution non violente des guerres et conflits en Afrique démocratique que si et seulement si ces ethnies et communautés religieuses sont entendues non pas comme tyrannie de l'identité, mais spiritualité au sens d'ouverture ou de liberté de pensée. De là, l'exigence d'une éducation au dialogue, c'est-à-dire d'une invitation des races, des ethnies ou des croyants à faire une ouverture à la posture philosophique de la raison. Et cela parce qu'on connaît les ravages de la pensée dogmatique lorsqu'elle fait irruption dans le champ politique. Le mono culturalisme, disons l'identité culturelle radicale est un assaut contre la liberté politique, laquelle est le principe de base d'un contexte démocratique. Les uns et les autres doivent comprendre que les différences culturelles sont fondées sur une différence qui libère. Car comme l'a dit le poète allemand Hölderlin :

*« Diverses sont les lignes de la vie.*

*Comme sont les chemins, les contours des montagnes.*

*Ce que nous sommes, Dieu l'achèvera là-haut*

*Dans la paix, l'harmonie et l'éternelle grâce*[133]. »

Dès lors, les peuples africains doivent tous être amoureux du dialogue interculturel. Et être amoureux du dialogue interculturel n'est-ce pas être disposé à partager et à s'inquiéter d'autrui pour que soit possible un monde plus juste et plus humain, où règne la paix ? Mais vu qu'il est pluridimensionnel le dialogue doit avant tout être politique. Car selon l'anthropologie politique dans sa version aristotélicienne, c'est la politique qui a la main mise sur toutes les sphères de l'Etat. De ce fait, que peut le dialogue politique dans la gestion et la prévention des conflits en Afrique ?

---

[133] HÖLDERLIN, *Poèmes*, Trad. G. Blanquis, Collections Bilingue, Aubier Montaigne, 1943, p. 455.

## Chapitre 6 : Du dialogue politique

A quoi bon le dialogue ? Question qui, certainement, dépasse largement la seule question, mais question qu'on se pose généralement à l'occasion des situations pénibles qui en exigent de nous. Une autre bonne raison du recours au dialogue est que bien mené, celui-ci est capable d'exclure la perspective de résurgence de la spirale de la violence. De ce fait, face à une pratique démocratique souvent en panne dans bon nombre d'Etats africains, l'importance du dialogue politique[134] est plus qu'une évidence. Celui-ci semble être l'une des solutions idoines dans des situations de crises institutionnelles et sociales.

En quoi consistent le rôle, la place et le fonctionnement du dialogue dans le processus démocratique souvent en crise endémique ? Tout cela nécessite bien sûr quelques précisions

### 1. Sens, valeur et modalités pratiques du dialogue politique

Si, selon Aristote, seul l'homme mérite le titre d'animal politique, c'est d'abord parce que *« seul parmi les animaux l'homme a un langage.* [135]» C'est celui-ci qui a permis aux hommes d'accéder à une certaine idée du bien et de la justice, conditions d'une vie sociopolitique harmonieuse. Ainsi le langage, plus précisément le dialogue politique figure au nombre des moyens aptes à préserver la stabilité d'un régime, c'est-à-dire sa capacité à engendrer son propre soutien. La faiblesse des règlements purement juridiques des guerres et conflits multiformes en Afrique, réside dans leur défaut d'humanité. D'où la nécessité d'envisager les moyens de les humaniser parmi lesquels figure le dialogue politique. En effet, ce dernier est apte à humaniser et à consolider les traitements juridiques des crises politiques en Afrique. Mais qu'est ce donc que le dialogue politique ?

---

[134]Voir notamment H. YACOUBA « Repenser le dialogue politique en Afrique» *Le Korè Revue ivoirienne de philosophie et de culture,* N 43, de l'Université de Cocody-Abidjan (Côte d'Ivoire ), 2012, p.87.

[135]ARISTOTE, *La Politique*, 1, 2, Traduction Tricot, Editions Vrin, Paris, 1970, pp24-28.

L'expression « *dialogue politique* » est devenue aujourd'hui un leitmotiv dans les discours des acteurs politiques en Afrique. Cependant, il est particulièrement remarquable que le terme « dialogue » se trouve galvaudé ici et là soit par ignorance soit par mauvaise foi. En clair, seul un dialogue politique authentique, c'est-à-dire pensant, permet de réconcilier la classe politique avec elle-même dans le contexte démocratique africain. D'où la nécessité de repenser le dialogue politique en Afrique. *« Historiquement parlant toutes les guerres ont eu pour origine le refus obstiné du dialogue, complété par la volonté maléfique d'anéantissement de l'Autre - qui aurait dû être pourtant le partenaire privilégié du dialogue.* [136]*»*

Face aux multiples fléaux menaçant la paix en Afrique, il importe d'entreprendre au plus vite dans les pays concernés un dialogue politique authentique entre pouvoir et opposition. La démocratie apparemment apaisée que vivent actuellement certains pays africains est le fruit non pas d'un vrai dialogue, mais d'une certaine complicité ou supercherie politique. Ce qui, du coup, constitue une bombe à retardement, car le temps, comme dit Heidegger, est dévoilement de l'être, donc de la vérité. La supercherie politique finit par se démasquer tôt ou tard avec toutes ses conséquences néfastes. Aujourd'hui, la pratique démocratique, en Afrique subsaharienne, est paradoxalement marquée par une certaine conflictualité. Celle-ci se traduit par la contestation politique, les revendications économiques et sociales souvent déraisonnables qui sont en partie dues à l'échec du politique. Cette nouvelle conflictualité essentiellement due à l'intolérance risque de compromettre l'existence politique même de ces Etats.

De ce fait, seul un dialogue politique authentique constitue un moyen apte à préserver la stabilité d'un régime, c'est-à-dire sa capacité à engendrer son propre soutien. Le dialogue politique répond à la nécessité où se trouve l'esprit démocratique de réconcilier pouvoir et opposition politique. Les réconcilier ne signifie pas les faire vivre indifférents l'un en face de l'autre, mais les amener à jouer leurs fonctions respectives dans le respect mutuel. C'est dire que la cause finale du dialogue est

---

[136] Arno MÜNSTER, *Le principe discussion*, Editions Kimé, Paris, 1998, p.9.

l'intercompréhension gage de l'accord, de l'entente, du consensus rationnellement et démocratiquement obtenu. Selon la très juste expression d'Erich Weil, *« l'intérêt essentiel est vraiment l'accord, puisque aucun désir ne peut trouver satisfaction en dehors de la communauté*[137]. »

Il convient aussi de préciser qu'un dialogue peut ne pas aboutir ou même déboucher sur des désaccords. Ce qui n'est pas un mal en soi. Ce qui est cependant fort dommage et regrettable c'est de voir un dialogue devenir un conflit et une discussion qui dégénère. Pour éviter une telle situation paradoxale, seuls les vrais intellectuels sont habilités à participer à un dialogue politique. Par contre, les faux intellectuels sont disqualifiés à y prendre part. Sont appelés faux intellectuels ceux qui mettent leur science au service du mal, selon l'expression de Platon, le père fondateur de l'Académie. Les faux intellectuels sont ceux qui trahissent leur vocation en cessant de rappeler au politique la prééminence de l'exigence morale.

Dans son sens étymologique, le dialogue veut dire converser, discuter par voie de questions et de réponses. Le dialogue est un entretien théâtral où s'effectue la convocation des opinions devant le tribunal de la raison. Dans le vrai dialogue politique, les adversaires politiques auront le droit de questionner et l'obligation de répondre en évitant toute forme de violence. Le dialogue politique comme tout dialogue se traduit par l'intercompréhension. D'après l'analyse de Habermas, celle-ci *« est la seule solution de remplacement à de querelles d'influence plus ou moins violentes.* [138]»

En tant que règle de procédure, le dialogue politique s'établit en vue du Bien commun, lequel, en réalité, est sujet de la discussion. Le dialogue politique authentique est dialectique, autrement dit, opère par contradiction conceptuelle. Vouloir la non-contradiction dans un débat,

---

[137] Erich WEIL, *Logique de la philosophie*, Librairie J. Vrin, Paris, 1950, p. 137.

[138] Jürgen HABERMAS, *Morale et communication*, Paris, Editions Cerf, Paris, p.40. Arno MUNSTER, Le principe discussion, Editons Kimé, Paris, 1998, p.9.

c'est supprimer la discussion, c'est détruire la raison. D'ailleurs, même l'entente entre les protagonistes ne signifie pas la disparition des contradictions. *« Les contradictions ne s'apaisent jamais, et leur neutralisation est impossible.*[139] *»* Pour être fécond et positif, le dialogue doit être critique et libre. Cela suppose des conditions telles que l'ouverture d'esprit et de cœur, la reconnaissance des faits, la précision des mots, c'est-à-dire du langage. Il doit respecter ce qu'on pourrait appeler un code éthique fondé sur l'amour du prochain, lequel amour n'est pas aussi automatique qu'on le pense. Comme dit Levinas, *« il n'est pas l'élan spontané et facile, mais le dur travail sur soi : aller vers l'Autre, là où il est véritablement autre, dans la contradiction radicale de son altérité* [140]*(...) »* De même, contre toute forme de consensus dogmatique les interlocuteurs sont tenus de comprendre que toute discussion politique doit déboucher sur des accords toujours révocables et partiels. Philosophiquement pensé, le consensus se veut une force qui transcende les limites du simple vote majoritaire.

Que signifie donc repenser le dialogue politique en Afrique, sinon que le circonscrire dans une perspective méthodologique. Autrement dit, à quelles conditions est-il réellement dialogue politique ? Qu'est-ce qu'un vrai dialogue politique est la question à laquelle nous allons tenter de répondre. C'est sous le signe du logos et non des desiderata des uns et des autres que le dialogue doit être conduit. C'est l'entente dialectiquement obtenue qui est au bout de l'entreprise. La dialectique, c'est le combat des idées excluant toute forme de lutte brutale. Elle est *« la capacité la plus scientifiquement constituée d'interroger et de répondre*[141]*. »* La supériorité de l'opinion de tout interlocuteur sur une autre ne peut s'exprimer naturellement par la violence, mais par la seule force des arguments. Un regard phénoménologique du dialogue politique tel qu'il se fait dans les Etats africains, permet d'affirmer qu'il doit être repensé pour bien résoudre les crises politiques.

---

[139] Gilbert ROMEYER- DHERBEY, *Les sophistes*, PUF, Paris, 1985, p.40.

[140] Emmanuel LEVINAS, *Altérité et transcendance*, Editions Fata Morgana, 1995, Paris, 1995, p.101.

[141] PLATON, *La République*, Trad. Léon Robert, Ed. Gallimard, Paris, 1950, 534d

Si l'Afrique veut construire des véritables espaces démocratiques et conjurer par là les violences postélectorales, c'est au travail du logos universel que les acteurs politiques doivent courageusement s'adonner. Il leur revient de mener une discussion rationnelle. Ce qui suppose qu'ils sont bien éduqués. Car ce n'est que par une bonne et droite éducation qu'ils peuvent bannir les considérations ethniques, religieuses ou régionalistes, lesquelles font obstacle à la pratique démocratique. La démocratie africaine est aujourd'hui en panne parce que le dialogue politique piétine. Concrètement il y a un déficit de vrai dialogue politique dans l'Etat en Afrique.

. Partant de toutes ces remarques préliminaires, essayons, à présent, de montrer le sens, la valeur, les modalités et les limites du dialogue politique dans un contexte démocratique. En quoi consistent les voies nouvelles de dialogue politique en Afrique et une activité dialogique constructive et positive ? Assurément, celle-ci ne peut être qu'une stratégie pacifique de l'entente et de consensus excluant tout recours à une quelconque violence révolutionnaire. La cause finale du dialogue est l'intercompréhension gage de l'accord, de l'entente, du consensus rationnellement et démocratiquement obtenu. Selon la très juste expression d'Erich Weil, *« l'intérêt essentiel est vraiment l'accord, puisque aucun désir ne peut trouver satisfaction en dehors de la communauté*[142]. *»* Pour être fructueux, le dialogue doit être critique et libre. Le débat libre et les discussions permettent à la classe politique d'unifier son champ théorique sur l'espace politique.

L'espace politique dans une démocratie doit être analysé comme un espace de discussion libre. La démocratie se construit par un processus délibératif. Le débat libre que tient l'ensemble de la classe politique signifie que le pouvoir est partagé et non monopolisé par un seul parti aussi majoritaire soit-il. C'est presque un secret de polichinelle que la nécessité du dialogue politique consiste dans le fait qu'il est l'unique solution sensée des problèmes concrets dans un Etat bien ordonné, c'est-à-dire démocratique. C'est contre l'éclatement du lien social que les acteurs politiques privilégient le dialogue. Celui-ci est, à tous égards, préférable à l'usage de la force physique, laquelle n'est jamais une garantie. Car comme le dit Rousseau, *« le plus fort n'est jamais assez fort*

[142] Erich WEIL, *Logique de la philosophie*, Librairie J. Vrin, Paris, 1950, p. 137.

*pour être toujours le maître, s'il ne transforme sa force en droit et l'obéissance en devoir. De là le droit du plus fort, droit pris ironiquement en apparence, et réellement établi en principe*[143] *»*.

Le dialogue politique est une exigence de ce que Auguste COMTE appelle l'esprit positif, lequel cherche à résoudre les problèmes de l'humanité, non pas par des méthodes théologiques ou métaphysiques, mais scientifiques. L'esprit positif est directement social : *« Pour lui, l'homme proprement dit n'existe pas, il ne peut exister que l'humanité puisque tout notre développement est dû à la société, sous quelque rapport qu'on l'envisage*[144] *»*. La démocratie, en tant que produit de l'esprit positif, passe par la socialité dont la condition fondamentale est la communication, autrement dit le dialogue. En effet, c'est au dialogue que commence l'humanité. Encore convient-il de préciser que le dialogue véritable est fondé sur une éthique.

Si l'individu humain est libre par essence, il ne l'est cependant qu'au sein de la société. La démocratie qui est forme d'organisation sociale consiste dans une bonne manière d'être avec les autres. Or la coexistence pacifique avec les autres, passe par une compétition mutuelle, laquelle présuppose le langage. C'est par ce dernier que les uns et les autres accèdent à une certaine idée du Bien et de la Justice, idées d'après lesquelles ils ont vocation à vivre politiquement. D'où la nécessité d'une éducation politique du peuple. Certes celle-ci n'est pas un remède parfait au risque d'une discussion politique. Mais il est clair qu'elle réduit les déviations inattendues de toute société démocratique.

Le dialogue politique doit viser, avant tout, l'unité politique, laquelle est l'horizon ontologique d'une République. Il est à préciser que l'unité politique, dans une République démocratique, ne consiste pas à vouloir réduire l'espace public à l'unité simple et absolue, sinon c'est préparer le terrain à la dictature. L'unité politique, dans une République démocratique, passe par l'opinion plurielle du corps politique. En effet, selon l'expression d'Arendt, *« le monde public prend fin lorsqu'on ne le voit que sous un seul aspect, lorsqu'il n'a le droit de se présenter que*

---

[143] Jean-Jacques ROUSSEAU, *Du contrat social*, Bordas, Paris, 1966, p.65.

[144] August COMTE, *Discours sur l'esprit positif*, Vrin, Paris, 1995, p. 118.

*dans une seule perspective* [145]». La cause finale de la démocratie est la volonté du peuple formée de façon discursive. En tant qu'une manière de vivre, la démocratie passe par le partage des besoins souvent divergents, et cela de façon communicationnelle. Aussi faut-il comprendre que le droit à la communication n'est lui-même possible sans le droit à la sûreté.

Si la démocratie se maintient par l'expression et le débat libre, force est aussi de constater que ces droits ne peuvent éviter des dérapages et des catastrophes que par une vigilance permanente. Le principe fondamental de la démocratie, la liberté, comporte par nature un risque de destruction. C'est pourquoi il est recommandé aux adversaires politiques de mener une discussion rationnelle. Une discussion est dite rationnelle lorsqu'elle est animée par des personnes consciencieuses et pleinement raisonnables. C'est-à-dire des gens capables de s'arracher aux préjugés, aux intérêts égoïstes ou de groupe, à l'aveuglement et l'entêtement. Toutes choses qui doivent être mises entre parenthèses au cours d'un débat démocratique dont l'objectif ultime est la vérité. Cela veut dire que les interlocuteurs doivent abandonner non pas leurs convictions, mais leurs certitudes. Ils sont tenus de s'attendre à l'imprévisibilité et aux risques propres à toute dynamique dialectique, laquelle passe par la reconnaissance de l'autre dans toute son idiosyncrasie.

Bien plus, la discussion rationnelle est celle qui porte sur les problèmes réels et non apparents et fictifs : *« ce qui est rationnel est réel, et ce qui est réel est rationnel* [146]». Ceux qui sont en quête du pouvoir et ceux qui le détiennent doivent toujours faire prévaloir l'intérêt supérieur de l'Etat. C'est-à-dire qu'ils sont tenus d'être éminemment moraux. Et comme la moralité ne tombe pas du ciel, mais est le fruit de l'éducation, c'est aux citoyens ayant reçu une honnête éducation, de participer à un dialogue politique. Car ces derniers seuls sont capables de percevoir le Bien public. Celui-ci, il convient de préciser, n'est pas la somme arithmétique des biens particuliers, mais leur synthèse dialectiquement opérée. Or celle-ci n'est possible que dans un territoire de moralité objective.

---

[145] Hannah ARENDT, *Condition de l'homme moderne*, Traduction de Calmann-Lévy, 2ème édition, Paris, 1983, p.69.

[146] HEGEL, *Principes de la philosophie du droit*, Editions Vrin, Paris, 1975, p.54. p.69.

Dans un contexte de crise politique, l'opposition du parti minoritaire qui revendique à cor et à cri la tenue d'une discussion politique avec le parti majoritaire au pouvoir, ne doit nullement être perçue par celui-ci, comme facteur d'imposture, mais une exigence démocratique. En effet, c'est l'affirmation des différences qui fait l'honneur, sinon la force d'un Etat démocratique. Est appelé Etat démocratique, celui qui assure le principe de la liberté de critique et de la confrontation des opinions, autrement dit consacre en son sein la tolérance. C'est par l'opinion plurielle qu'on peut identifier et résoudre les problèmes réels de la cité. En tant que mode d'échange des idées, le dialogue permet d'aplanir le conflit inhérent à la société humaine. Encore faut-il rappeler que pour être fécond, un débat doit être toujours critique et libre. De ce fait, avant toute chose, les acteurs politiques dans une démocratie doivent se considérer non pas comme des ennemis les uns des autres, mais comme des adversaires politiques. La déclaration de guerre est donc exclue de part et d'autre pour ne laisser la place qu'à l'éthique qui, selon Habermas, *« doit prendre pour principe seule la discussion argumentative justifie la validité d'une quelconque norme (principe de la discussion).*[147] *»*

## 2. Du code éthique et des limites du dialogue politique

Il est frappant que la plupart de ceux qui aspirent à la paix dans un contexte de crise revendiquent le recours au dialogue dont l'importance est un secret de polichinelle. Mais il convient de remarquer qu'on ne dialogue pas n'importe comment. La question du dialogue et surtout politique est éminemment complexe. Le dialogue politique réside dans le respect scrupuleux des règles morales régissant les rapports entre les interlocuteurs politiques. Car, faute d'être moralement surveillé, le dialogue politique met l'Etat à la merci d'une crise profonde qui le désintègre ou le pousse au désordre, lequel est goût de la destruction ou excès d'amour de liberté.

L'éthique de la discussion entre adversaires politiques veut que ces derniers n'aient pas la peine à définir entre eux le sujet qu'ils entreprennent de discuter et à terminer le débat après s'être instruits et avoir instruit les autres. Ils doivent faire preuve de sagesse. Faire preuve

---

[147]Jürgen HABERMAS, *Morale et communication*, Paris, Editions Cerf, Paris.

de sagesse dans le débat c'est ne pas se fâcher et imaginer que c'est par envie qu'on est contredit et qu'on lui cherche chicane. *« Le dialogue exige des adversaires politiques une attitude responsable consistant dans une réflexion rationnelle, analytique, critique et autocritique.* [148]*»* Il leur revient de faire un travail de rectification contre eux-mêmes. Autrement dit, une meilleure approche de la vérité, but du dialogue, demande une répudiation complète de ce que Bachelard appelle *« obstacles épistémologiques* [149]*»* Le débat politique est un moyen de réconcilier vérité et liberté. Ces deux valeurs, loin de s'exclure s'impliquent mutuellement. En effet, l'assentiment qu'accorde mon esprit à une équation est nécessité par la puissance interne du raisonnement, il n'est donc pas imposé de l'extérieur.

**De la tolérance**

Qui dit tolérance dit acceptation de la différence, laquelle, loin de léser, enrichit les interlocuteurs. Elle réconcilie la liberté et la vérité, en ce qu'elle permet à chacun d'exprimer son opinion. La tolérance ne constitue pas un déni de vérité. Son but est de libérer les opinions de l'arbitraire de la pensée solipsiste, de la pensée repliée sur elle-même. Elle constitue une valeur proprement démocratique. Est valeur ce qui est digne d'être estimé. La tolérance est l'une des plus hautes valeurs républicaines. S'expérimentant dans le dialogue elle demeure la solution sensée des conflits. A ce propos, Voltaire écrit : *« La discorde est le grand mal du genre humain, et la tolérance en est le seul remède. Il n'y a personne qui ne convienne de cette vérité* [150]*».*

Mais la tolérance a pour condition que l'on relativise la place de la vérité dans les manières de penser en reconnaissant leur diversité. Tant

---

[148] Voir notamment H. YACOUBA « Repenser le dialogue politique en Afrique» *Le Korè Revue ivoirienne de philosophie et de culture,* N 43, de l'Université de Cocody-Abidjan (Côte d'Ivoire ), 2012, p.92.

[149] Gaston BACHELARD, *La formation de l'esprit scientifique*, Editions Vrin, Paris, 1998, pp13-17.

[150] VOLTAIRE, *Dictionnaire philosophique* cité par Hervé Boillot dans *25mots clés de la philosophie*, Paris, Editions Maxi-livres, Paris, 2004, p.312.

qu'une idéologie rejette le pluralisme et de plus, fait appel, pour s'imposer, aux pressions, aux intimidations, à la violence assurée, il n'y a qu'une seule solution : elle doit être dénoncée et combattue, si l'on est vraiment démocrate. C'est dire que la tolérance a ses limites. Il est antidémocratique d'être tolérant avec les intolérants. La tolérance consiste dans le dur travail des preuves. Elle est diamétralement opposée au fanatisme qui fonctionne avec les passions, les habitudes et les a priori. C'est parce qu'il est incapable de dialoguer, autrement dit, de fournir des preuves que le fanatique tente d'imposer l'objet de sa croyance par la violence. Convaincu de la faiblesse rationnelle de son discours, il établit celui-ci par braverie et commandement. C'est dire que dialoguer, c'est exposer ses idées et les étayer en s'appuyant sur des connaissances et sur le raisonnement. L'exposition oratoire est la traduction de la pensée rationaliste.

Le débat politique est un moyen de réconcilier vérité et liberté. Ces deux valeurs, loin de s'exclure, s'impliquent mutuellement. La pensée rationaliste est une pensée entièrement ouverte à la discussion et à la diffusion des idées. Elle appelle de tous ses vœux les interlocuteurs au travail des preuves. Les preuves qui me sont avancées par mon interlocuteur, n'oppriment d'aucune manière ma liberté, en ce sens qu'elles reposent sur mon accord. La preuve d'autrui comprise de moi n'est jamais une contrainte, mais tout au contraire un principe de liberté. Elle devient ma preuve et j'adhère librement à la vérité. Ainsi la tolérance, condition du dialogue politique, constitue une valeur proprement démocratique.

En d'autres termes, le dialogue politique, dans une démocratie, se veut totalement rationnel dans son fonctionnement. Il est fondé sur des bases universelles, donc acceptables par tous dans la mesure de l'humaine condition. Etant dialectique, il refuse de facto de part et d'autre la mauvaise foi ou l'hypocrisie. Il veut que ce que l'on dise soit l'expression verbale et exacte de ce que l'on pense. Les adversaires politiques doivent délibérer dans la franchise et la responsabilité. La franchise et la responsabilité des gouvernants consistent à accepter l'opposition comme la preuve ontologique de leur existence politique et juridique. Ils se doivent souffrir, tout au long de leur mandat, du débat politique. Mais celui-ci doit s'opérer sur le pacte fondateur de la république, à savoir la constitution. Aussi leur mandat ne peut-il être écourté que par la voie constitutionnelle.

Quant à la franchise et la responsabilité des opposants, elles supposent l'acceptation inconditionnelle de l'autorité du pouvoir, laquelle est légale, donc rationnelle. L'autorité du pouvoir trouve sa justification dans le fait qu'elle est garante de l'ordre social et politique. Certes l'ordre démocratique reconnaît à chaque citoyen le droit de défendre ses opinions, de critiquer les institutions de l'Etat et les hommes qui les incarnent, mais dans le strict respect de ces derniers comme autorités. Ce sont leurs actes, c'est-à-dire les manifestations phénoménales de leurs idées politiques, qui sont à combattre, et cela doit se faire dans un esprit républicain. L'autorité du pouvoir doit être comprise en termes non pas de suprématie, mais d'autorité. Elle doit être respectée, en ce que sa perte équivaudrait à l'effondrement de l'Etat : *« lorsque l'autorité disparaît, c'est la fondation qui s'écroule, fondation qu'on ne peut comprendre si l'on ne perçoit pas qu'« elle repose sur les règles des principes ou des valeurs supérieures et indiscutables* [151] *»*.

C'est dire que l'autorité n'a même pas besoin du pouvoir, autrement dit de la force, pour se faire respecter. Tout en reconnaissant l'égalité des citoyens devant la loi, la démocratie tenait pour légitime le respect de l'autorité. Tels sont, entre autres, les préalables que suppose le dialogue politique dans un espace démocratique qui, faut-il le remarquer, est un espace de tolérance et de pluralisme des opinions. C'est un dialogue qui trouve toute sa signification dans la quête d'un choix correct et l'adoption d'une solution sensée aux problèmes politiques, juridiques, philosophiques, moraux et autres. Le dialogue est une discussion animée, l'instrument de recherche collective de la vérité. Cela permet de supposer que les adversaires politiques sont éminemment dialogiques, capables de défendre leurs idées, mais aussi d'écouter et d'apprécier à leur valeur les arguments des uns et des autres

La place prépondérante du débat politique dans une démocratie tient du fait que la vérité et les connaissances, loin d'être des données à l'état définitif et achevé, constituent pour le pouvoir et l'opposition un problème, et impliquent une quête commune. Personne ne doit être non dialogique à l'excès, c'est-à-dire sûr d'avoir raison et incapable d'envisager une question autrement que de sa propre vision. Etre tout à fait sourd aux arguments de l'autre et uniquement à l'écoute de soi-même,

---

[151] Nicolas TENZER, *Philosophie politique*, PUF, Paris, 1994, p.208.

tel est l'obstacle premier et fondamental du dialogue politique. Celui-ci implique une vivante communication caractérisée par la présence d'interlocuteurs égaux en droit et en valeur. Dialogue, dialectique et démocratie sont indissociables. Ignorer cela c'est ignorer l'essence du dialogue politique dans une démocratie. Il existe des moments où l'opposition revendique un dialogue profond avec le pouvoir. Il s'agit précisément des moments qui ont une grande portée historique. Car autant une question est cruciale, autant elle doit susciter des idées éminemment contradictoires et complémentaires. Cela signifie que le devoir d'une opposition politique consiste non pas à s'opposer pour le plaisir, mais en vue d'une meilleure pratique politique. Est appelée meilleure pratique politique celle qui participe des bonnes idées, notamment celles du Juste, du Vrai, du Beau et du Bien, lesquelles idées conditionnent le bonheur tant privé que public.

Les discussions politiques ne consistent point à se railler les uns les autres, mais résident uniquement dans la force et la pertinence des idées qui sont les essences des choses ou la réalité elle-même. C'est la raison pour laquelle le dialogue politique ne doit nullement se réduire à des problèmes de personnes. Il est un dialogue scientifique et suppose par conséquent que les dialoguistes sont bien éduqués. D'où la place centrale de l'éducation dans une démocratie. Le dialogue politique dans un espace démocratique doit être hautement civilisé. La moralité commande aux adversaires politiques bien éduqués de ne pas chercher à l'emporter vaille que vaille les uns des autres. Ils doivent comprendre que le dialogue politique comme tout dialogue peut déboucher sur une aporie. Et face à une telle situation la meilleure méthode consiste dans un consensus qu'on peut appeler *« consensus par recoupement*[152] *»*.

Les interlocuteurs doivent expulser de leurs discussions politiques toute forme de ruse. La ruse est la stratégie des détours empruntée par la raison en vue de tromper. De ce fait, le dialogue politique ne doit être ni de l'éristique qui est l'art d'embarrasser l'adversaire ni de la sophistique

[152] John RAWLS, *Justice et démocratie*, Trad. Cathérine AUDARD, Paris, Ed. Seuil, p.245. Ce que Rawls appelle consensus par recoupement est différent d'un simple modus vivendi entre les doctrines opposées qui se maintiendrait par opportunisme. L'idée a été introduite par Rawls dans Théorie de la justice.

qui est l'art de le tromper par des raisonnements captieux. Il ne doit pas viser d'astuces logiques plus ou moins frauduleuses. Il faut que les interlocuteurs fassent montre d'un langage marqué du sceau de la plus authentique sagesse, en évitant de tenir des discours éloquents. Cela, parce qu'ils sont à une table de discussions et non de controverse ou d'antilogie.
L'éthique de la discussion entre les adversaires politiques leur exige le souci constant de la vérité et non la culture du vraisemblable au moyen du jeu avec les apparences susceptibles de séduire l'interlocuteur. Loin d'être un moyen de soumission d'autrui, le dialogue n'a de valeur et de sens qu'à l'unique condition de dire la vérité. D'Après Heidegger, celle-ci consiste à se tenir dans l'être, c'est-à-dire la réalité. C'est dire que le débat franc et responsable est aux antipodes de la controverse où ce qui est important, ce n'est pas la valeur intrinsèque de ce qui est dit, mais le triomphe que permet la façon de le dire, l'habileté à le défendre. Toutes choses qui relèvent de la ruse. L'opposition politique consiste non pas à s'opposer pour le plaisir, mais en vue d'une meilleure pratique politique. Est appelée meilleure pratique politique celle qui participe des bonnes idées, notamment celles du Juste, du Vrai, du Beau et du Bien ; lesquelles idées conditionnent le bonheur tant privé que public

La mission sacrée de l'opposition dans un dialogue est d'amener le pouvoir par la méthode persuasive à ne pas déraper et non lui créer les conditions d'échec en vue de parvenir au pouvoir à tout prix. L'éthique de la conviction lui commande de ne pas ergoter sur des vétilles, insulter ou jeter des balivernes sur les dirigeants politiques. Ces derniers, à leur tour, doivent s'empêcher toute attitude orgueilleuse. L'orgueil, l'autre de l'humilité, est le propre des gens de la classe mesquine et méprisable. Il n'est que niaiserie et néant. Le meilleur moyen de le conjuguer consiste dans une approche existentielle de l'altérité. C'est dire que le dialogue politique est profondément philosophique, c'est-à-dire fondamentalement rationnel. Il est fondé sur le fait que la vérité naît toujours de la discussion en jaillissant comme d'une étincelle. Mais il s'agit ici d'une vérité à la fois matérielle et formelle, autrement dit basée sur les faits et la logique. Encore faut-il préciser que la procédure démocratique du dialogue politique ne réside pas dans un verbalisme logomachique ou une rhétorique sophistique, c'est-à-dire l'art de rendre plus fort un argument faible et inversement.

Dans un Etat démocratique il est normal que l'opposition exige des gouvernants de rendre raison de ce qu'ils disent et de ce qu'ils font. Ils sont tenus de rendre des comptes au peuple en permanence. Cependant, il revient aussi à l'opposition de comprendre que n'accepter toujours qu'une vérité totalement claire serait politiquement incorrecte, à la limite antidémocratique. Car d'un point de vu épistémologique, d'après Karl Popper, le réel n'est jamais épuisé. Il cache toujours des zones d'ombres.

Dans une société civilisée le dialogue s'avère, pour les acteurs politiques, la méthode idoine, en vue de surmonter leur mésentente. Il est mille fois préférable à la violence. Celle-ci, en tant qu'accoucheuse d'une autre violence, nous renvoie à un éternel recommencement. C'est pourquoi le dialogue est d'une extrême nécessité. Les dirigeants qui martyrisent les opposants, et les opposants qui sont victimes d'injustice s'adonnant à des actes de vandalisme, doivent comprendre que ni les uns ni les autres n'aiment leur patrie. Il n'est pas juste, en vue de la conservation ou de la conquête du pouvoir, d'être sourd à tout débat démocratique, c'est-à-dire contradictoire. Etre démocrate, c'est être toujours disposé à communiquer. C'est comprendre que la vérité politique n'est pas définie par un contenu, mais une vision, autrement dit un regard différencié sur le même objet. Là où il y a absence de pluralité, il y a la dictature en germe, c'est-à-dire l'autre de la démocratie.

La démocratie est un régime politique qui progresse inéluctablement par le dialogue dialectique, lequel consiste dans la contradiction des différentes opinions. Celle-ci débouche sur la différence libérée, c'est-à-dire réconciliée. Le dialogue implique donc l'altérité, la reconnaissance de soi à travers l'autre. Car vouloir exclure l'autre c'est s'exclure soi-même puisqu'on est soi-même autrui. La sagesse commande aux acteurs politiques de se respecter mutuellement. Le respect passe par la communication rationnelle, condition de la force d'une société démocratique. L'amitié entre les citoyens de différents bords politiques est rendue possible par le consensus, autrement dit par l'accord entre leurs conceptions contradictoires unifiées dans la diversité. Ainsi, pour

Emmanuel Picavet, « *un consensus ne peut se développer qu'à partir de doctrines plurielles, mais raisonnables*[153].»

Les acteurs politiques doivent savoir que le statut de la vérité dans un pluralisme politique est complexe. Sans nous renvoyer au scepticisme, la vérité, dans sa nature politique, est relative. La vérité, dans un pluralisme politique, est relative signifie que chaque opinion a le droit de s'exprimer à condition qu'elle ne nuise pas à l'intérêt commun ou public. Disons, plus concrètement, que toute vérité se discute. D'où ces sages propos de Marie-Claude Blais :

> *« C'est par et à travers le dialogue que le moi conquiert peu à peu sa propre identité. La sortie hors de soi, le détour par l'autre, parce qu'ils ouvrent une brèche dans la clôture du moi, ouvrent celui-ci à sa propre vérité, et le ramènent ainsi à la conscience de sa propre identité, à un retour chez soi*[154]. »

Dans le pluralisme politique, il s'agit pour les protagonistes de prendre conscience du nécessaire partage des points de vue, en instituant des débats argumentés sur des questions de société. La vérité réside dans l'aboutissement d'une prise de décision découlant du principe de majorité. L'opinion de la majorité, quoique vraie, est non pas absolue, mais relative. Son relativisme réside dans le fait qu'elle autorise l'opinion minoritaire à s'organiser pour faire valoir d'autres options. C'est dire que dans un dialogue politique *« l'intime conviction, le faisceau d'indices et d'arguments ne font pas une vérité. »*[155]

Si donc l'Afrique veut construire un véritable espace démocratique, c'est au travail du logos universel que les acteurs politiques doivent courageusement s'adonner. Il leur revient de discuter uniquement au moyen de l'œil de leur âme, à savoir la raison. Ce qui suppose qu'ils

---

[153] Emmanuel PICAVET, *La doctrine de Rawls et le pluralisme comme modus vivendi*, in Revue de philosophie, Paris, 2006, pp.-369-386.

[154] Marie-Claude BLAIS et al, *Pour une philosophie politique de l'éducation*, Editions Bayard, Paris, 2002.

[155]Idem, p.288.

sont bien éduqués. Car ce n'est que par une bonne et honnête éducation qu'ils peuvent bannir les considérations ethniques, religieuses ou régionales, lesquelles font obstacle à la pratique démocratique. Et la démocratie africaine est aujourd'hui en panne parce que le dialogue politique piétine. Cette situation tient du fait que les adversaires politiques n'arrivent pas à se libérer de ces idées infra politiques. Le dialogue politique dans le contexte démocratique africain ne peut être un mode de discussions et de solutions justes des problèmes politiques que s'il est dialectique, donc éminemment contradictoire. Car la vie a plusieurs dimensions. D'où l'extrême lucidité du poète allemand, Hölderlin, qui disait ceci : *« Diverses sont les lignes de la vie. Comme sont les chemins, les contours des montagnes. Ce que nous sommes, Dieu l'achèvera là-haut dans la paix, l'harmonie et l'éternelle grâce [156]».*

Le dialogue politique demeure le meilleur instrument pour résoudre les problèmes d'un Etat. Là où il n'existe pas, c'est là où la politique a échoué. Le pouvoir pour se faire respecter n'a pas besoin de recourir à la force. Si force il y a dans une démocratie, c'est celle des idées. Celles-ci sont les forces impartiales dans une situation de crise politique. Loin d'être des abstractions vides de contenu substantiel, elles sont les véritables *''étants ''*, desquels participent les réalités sensibles qui sont par nature marquées du sceau du changement et de l'instabilité permanente.

En clair, pour nos Etats africains, le meilleur instrument de règlement pacifique de leurs problèmes demeure le libre débat démocratique. Celui-ci consiste dans la réelle volonté des citoyens à dialoguer librement sur les fins de l'Etat. Dialoguer librement revient à débarrasser leur âme de toute idée transcendante préétablie. C'est que l'Etat est la propriété des citoyens et non quelque chose qui leur est extérieur. L'Etat démocratique est celui qui est conçu sous la forme d'un cadre de discussions et de négociations permanentes, autrement dit un Etat dont l'action n'est plus unitaire.

Mais pour être parfait, le dialogue politique doit être accompagné du dialogue social. Aussi les interlocuteurs sont-ils tenus de comprendre

---

[156] HOLDERLIN, cité par Kouadio Augustin DIBI in *L'Afrique et son autre : la différence libérée*, Abidjan, 1994, p.87.

que toute discussion politique doit déboucher sur des accords toujours révocables et partiels. N'est-ce pas que l'aboutissement du dialogue entre le pouvoir, l'opposition politique et la société civile c'est la destruction de ce que Alice Cherki appelle *« la frontière invisible*[157]*»* ? Il s'agit de cette frontière qui rend impossible tout passage aussi bien géographique que psychique, tout passage de l'homme à l'homme, lequel passage désigne la différence libérée, c'est-à-dire la réconciliation objet de tout dialogue authentique. Le dialogue politique n'est efficace que si et seulement si les uns et les autres comprennent la corrélation entre morale et politique.

**Du lien entre morale et politique**

Ainsi, la question de l'interdépendance entre morale et politique a toujours été une préoccupation dominante pour les législateurs, les grands hommes d'Etat et surtout les philosophes. Parmi les philosophes africains dont la pensée est d'une contribution inestimable à la compréhension du rapport entre morale et politique, figure le philosophe ivoirien, Niamkey Koffi. Ainsi, le couple conceptuel morale–politique est problématique du fait de la confusion sémantique faite par les politiciens entre intérêt public et intérêt privé. De l'Antiquité à nos jours en passant par l'époque médiévale, la question politique a toujours préoccupé les philosophes. Pour les uns comme pour les autres, se pose la question du rapport entre morale et politique. Comme l'a si bien dit Judith Butler,

> *« le rapport de la morale et de la politique redevient central pour la réflexion, et l'interrogation angoissée qui a saisi la pensée de Platon à Rousseau se repose dans le contexte du capitalisme avancé dont Adorno sut décrire les effets parce qu'il ne renonça jamais aux exigences descriptives que Marx avait reçu de Hegel.*[158] »

Il est particulièrement remarquable que les différentes conceptions philosophiques analysées à fond s'avèrent à la fois contradictoires et complémentaires. Et cela parce qu'autant une politique

---

[157]Alice CHERKI, *La frontière invisible*, Editions Elema, Paris, 2006, p.13.

[158]Judith BUTLER, *Qu'est-ce qu'uneviebonne ?* Payot, Paris, 2014, p.38.

qui ne s'occupe que de morale risque de conduire à l'inaction politique, autant une politique qui fait abstraction de toute considération morale conduira inévitablement à des désastres politiques, humains et écologiques pour reprendre la pertinente remarque du philosophe français Jean-François Mattéi.

Ainsi, dans son acception noble, sinon étymologique, la politique est étroitement liée à la morale. Fouler aux pieds celle-ci en politique semble découler de la corruption du pouvoir politique. Pourtant à bien voir les choses, il existe une éthique politique au moyen de laquelle l'homme politique peut, de manière volontariste, s'occuper exclusivement de l'intérêt général dans la mesure de l'humaine condition. C'est pourquoi, il nous convient d'éviter, comme dit Niamkey Koffi,

> *« le risque de confusion dont nous menacent tant les identifications que les distinctions exclusives qui concourent au renforcement de notre incapacité à penser des relations légitimes entre politique et morale. En effet, les confusions nées d'un tel état de fait suscitent le mépris de la politique, dévalorisent celle-ci et tuent l'exercice de la citoyenneté sans laquelle il n'y a plus de société démocratique.*[159] »

Le problème fondamental est de savoir ici la fin, autrement dit le but de la politique. La politique est-elle liée à la morale ? Ou bien peut-elle se passer de la morale, sinon du moral ?

Soumettre la corrélation, c'est-à-dire le rapport interactif et dynamique entre morale et politique, à une analyse critique, tel est notre objectif.

Du grec polis cité, la politique est l'art de gérer la Cité, laquelle est constituée par l'ensemble des citoyens. La Cité est un Etat en miniature. La politique renvoie donc aux actions ou plans d'action relativement aux affaires publiques dans l'Etat. Dans son acception moderne, l'Etat est un ensemble d'individus soumis à une même autorité politique et vivant sur un même territoire dont la souveraineté est reconnue par le droit constitutionnel. Quant au terme, morale, il renvoie au bien général et

---

[159] Niamkey Koffi, *Ecrits politiques* Tome2, NEI CEDA, Abidjan, 2014, p.112.

singulièrement au bien particulier. La morale a une double dimension. C'est ce qui fait dire à Russell ceci :

> *« Nous avons jusqu'ici considéré deux conceptions discordantes de la morale. La première dit que la morale est ce qui est conforme au code éthique de la communauté à laquelle on se trouve appartenir ; la seconde, que la morale est l'obéissance à la volonté de Dieu ou à la conscience individuelle.*[160] *»*

L'approche philosophique fait de la morale le critère définissant une conduite morale, laquelle consiste à bien agir. La morale est science du bien et du mal, des principes de l'action par opposition à l'éthique entendue comme science de la morale. Cependant en français, morale et éthique ont des sens souvent confondus. Le sens c'est ce grâce à quoi la signification et les signes se transforment en signifiants. On entend par signification la clôture du signe par la manifestation de la désignation. Ainsi maîtriser les sens des termes morale et politique, revient à bien comprendre leur rapport dialectique. En d'autres termes,

> *« pour comprendre les rapports multiples et contradictoires qui nouent et dénouent les liens de la morale et de la politique, nous avons choisi de faire retour aux mots pour penser la distinction des termes, tout en apprenant à les articuler afin de nous rendre aptes à mettre en évidence des relations légitimes entre eux.* [161]*»*

Concrètement, le problème fondamental est de savoir ici si ces deux domaines pratiques que sont la politique et la morale peuvent faire bon ménage.

La politique a pour cause finale le maintien de la cohésion sociale en ménageant les antagonismes caractéristiques de tout vivre ensemble. Autrement dit,

---

[160] Bertrand RUSSEL, *Ethique et politique*, Payot, Paris, 2014, p.50.

[161] Koffi NIAMKEY, *Ecrits politiques* Tome2, Abidjan, NEI CEDA, 2014, p.112.

> *« la politique, conformément à sa double racine (polemos et polis consiste toujours à domestiquer l'hostilité et à essayer à domestiquer le potentiel d'antagonisme qui accompagne toute construction d'un espace social et des identités collectives et individuelles.*[162] *» Quant à la morale, partant de son étymologie, elle a une visée normative : « elle indique ce qu'il faut faire et proscrit ce qu'il ne faut pas faire.*[163] *»*

Une politique paisible est donc une politique de l'équilibre ou du juste milieu en termes aristotéliciens. Selon Henri Hude, *« la paix constitue un objet et un objectif à la fois éthiques et politiques* [164]*»* Pour les Anciens, il existe un lien indissociable entre morale et politique. Et c'est parce que, comme dit Hegel, toute philosophie est fille de son temps, que les premiers grands essayistes de la politique, à savoir Platon et Aristote, ont tenté de donner une fondation scientifique, sinon rationnelle à cette opinion vraie. Pour le premier, toute politique sérieuse a pour cause finale l'intérêt général, lequel ne peut préoccuper que ceux qui en possèdent la science, à savoir les philosophes. C'est dire que science politique et science du bien sont une seule et même chose. Qui dit science du bien dit dialectique ou science politique. Le véritable dirigeant politique est par nature dialecticien. Connaissant l'idée du Bien il est à même de la dispenser dans la Cité tout entière. De ce fait, il instaure le bonheur dans la Cité. Etant désintéressé, il ne revendique pas le pouvoir, mais est revendiqué pour le pouvoir. Sa haute posture morale garantie par son esprit dialecticien, fait qu'il n'est pas opportuniste.

Le gouvernant dialecticien, en portant sa pensée sur les « *gnôstons* » ou intelligibles, se retourne pour les appliquer au monde sensible ou monde des « *doxastos* » pour parler comme Niamkey Koffi. C'est dire que la politique est à la fois théorie et pratique du bien dans l'Etat. Le bien renvoie à un savoir suprême appelé dialectique. Celle-ci est entendue

---

[162] Koffi NIAMKEY, *Ecrits politiques* Tome2, Abidjan, NEI CEDA, 2014, p.113.

[163] Ibid., p.113.

[164] Henri HUDE, *L'éthique des décideurs*, Editions Economica, Paris, 2013, p.245.

comme « *apothéose de la science*[165]. » « *La dialectique se présente comme une méthode de mise en crise de l'opinion pour la conduire à l'expérience de la nescience où elle éprouve la conscience de son ignorance.*[166] » Ceux qui possèdent ce savoir sont appelés vrais philosophes ou dialecticiens. Ils gouvernent en vue de rendre l'Etat heureux. Cet Etat heureux s'appelle république. Le concept de République de type platonicien nous renvoie au meilleur régime politique, à savoir l'Etat dont l'appareil gouvernemental est piloté par les philosophes, c'est-à-dire les amis du savoir. Il s'agit du vrai savoir ou dialectique.

La dialectique, par définition, est la science du bien. Et le bien dont il est ici question c'est le bien qui est fondé non pas sur des principes subjectifs et contingents, mais nécessaires et universels, c'est-à-dire rationnels, donc acceptables par tous dans la mesure de l'humaine condition. Toute chose qui se confond avec ce qu'on appelle la sagesse politique dont la cheville ouvrière est le sens de la responsabilité. Cela signifie que l'homme politique doit prendre conscience « par rapport à l'obligation d'un engagement politique fondé sur ce que Hans Jonas appelle « *Principe responsabilité* » Celui-ci induit, pour la politique, la double exigence d'une *« éthique de la sagesse » et d'une « éthique du respect.*[167] » Encore faut-il souligner que l'exigence d'une morale civique ne peut être que le produit de l'éducation. Celle-ci produit des citoyens actifs qui, une fois devenus politiques, arrivent facilement à faire coïncider morale et politique. C'est ce qui fait penser à Platon que toute réforme politique passe par une réforme éducative. La pratique du bien dans la Cité est fonction de l'éducation de ses membres et surtout de celle de ses dirigeants.

Pour Platon, la foule ignorante, c'est-à-dire privée de connaissance est ontologiquement disqualifiée à faire de la politique. Celle-ci est une science dont seuls ceux qui la possèdent sont habilités à diriger une Cité.

---

[165] Koffi NIAMKEY, *Les images éclatées de la dialectique*, Presses Universitaires de Côte d'Ivoire, Abidjan, 1994,p34.

[166] Koffi NIAMKEY, *Les images éclatées de la dialectique*, Presses Universitaires de Côte d'Ivoire, Abidjan, 1994, p34.

[167] Hans JONAS cité par Koffi NIAMKEY, in *Ecrits politiques* Tome2, NEI CEDA, Abidjan, 2014, p.113.

La science politique ou dialectique est le produit non pas du hasard, mais de l'éducation supérieure. La dialectique est une science absolue dont l'objet qu'est le Bien est lui-même absolu. Ce n'est pas un bien qui est bien pour les uns et mal pour les autres, bien sous un rapport et mal sous un autre, bien en un temps et mal en un autre, bien pour les uns et mal pour les autres, mais un bien qui est bien en tout temps et pour tous dans la mesure de l'humaine condition. C'est un bien qui est marqué du sceau de l'immuabilité, de la stabilité et de l'éternité. Le dirigeant-philosophe ou dialecticien se doit de dispenser ce bien dans la Cité tout entière. Le dirigeant politique tel que l'entend Platon est, par nature, d'esprit dialecticien, autrement dit capable d'intégrer l'unité au sein de la diversité.

L'unité, hier comme aujourd'hui, demeure l'horizon ontologique de toute République. Ainsi le meilleur dirigeant politique est, par analogie, un pasteur, lequel conduit son troupeau non pour son propre intérêt, mais pour celui du troupeau. Autrement dit, le bon dirigeant politique gouverne le peuple dans l'intérêt de ce dernier et dans le sien propre. Tout comme son maître Platon, pour Aristote, l'action politique a pour cause finale le Souverain bien, condition de tous les biens particuliers. Le Souverain bien est le but suprême de l'Etat vu que tout homme dans le moindre de ses actes vise son bien. Or l'Etat ne peut atteindre ce Souverain bien que si et seulement si tous les citoyens sont vertueux. D'où la nécessité de l'éducation comme transmission de la vertu ou science du bien. Dans le même ordre d'idées, Kant pense qu'on peut subordonner la politique à la morale, plus précisément à l'impératif catégorique entendu comme bonne volonté. La morale est la fin visée par la politique. L'action politique trouve son fondement dans un devoir ou bonne intention. La politique dans sa visée éthique refuse de facto le mensonge, la mauvaise foi, tout ce qui fait entorse à la morale, disons à l'éthique collective pour reprendre une formule hégélienne.

Le bien, en tant qu'il s'oppose au mal, est lié, à l'origine, au pouvoir pour reprendre les propos de l'auteur d'Ethique et politique, Russell. C'est ainsi que, par exemple, le Roi doit faire ce qui est droit aux yeux du Seigneur. Et il convient de remarquer que ce code éthique existe dans toutes les professions étatiques. Les militaires doivent combattre pour la défense de la patrie au prix de leur vie. Les pompiers doivent risquer leur vie lors d'un incendie. Les sauveteurs maritimes doivent aller en mer lors d'une tempête. Les médecins doivent risquer une infection lors d'une épidémie. Tous ces codes éthiques concourent à la mission régalienne de l'Etat qui doit réaliser le bien général selon Russell.

C'est dire que la politique est la science organisatrice par excellence de la société. Elle est la science souveraine de laquelle dépendent toutes les sciences particulières. Celles-ci ne sont que des moyens dont elle se sert pour réaliser le bien général : *« La politique, dit Aristote, utilise les autres sciences pratiques, qu'elle légifère sur ce qu'il faut faire et éviter, la fin qu'elle poursuit peut embrasser la fin des autres sciences, au point d'être le bien suprême de l'homme.. »* En d'autres termes, la politique est la science de faire le mieux au sens moral du terme, et en vue du bien public. D'où la nécessité pour les intellectuels de rappeler constamment aux politiques la prééminence de l'exigence morale, sans quoi ils trahissent leur vocation. En face des pouvoirs, ils doivent constituer une gauche exigeante, au lieu de se cloîtrer dans une tour d'ivoire. Ils doivent faire irruption dans l'espace public pour éclairer la communauté politique. Comme dit Niamkey, *« contre la réalité, on attend donc des intellectuels, en Afrique, qu'ils ne servent pas les dictatures, mais qu'ils prennent la parole franchement, et qu'ils soient enfin une force d'émancipation des peuples.*[168] *»*

Et pourtant dans une autre façon d'analyser les choses, la politique n'a pas pour fin la morale, mais les succès de l'action, autrement dit ses résultats. Ce qui importe pour le politique c'est l'efficacité de l'action, laquelle fait abstraction des scrupules moraux. Peu importe que les moyens soient moraux ou immoraux. La politique, selon Niamkey,

> *« se réduit à une simple technologie de l'exercice du pouvoir, à l'économie.* [169] *»*

La fin justifie les moyens. La politique est, par essence, lutte pour conquérir et conserver le pouvoir. Et comme le but final de la lutte c'est la victoire, il faut user de la force pour vaincre ses adversaires ou ennemis politiques. Telle est d'ailleurs l'essence de la politique d'après Machiavel.

> *.« L'homme politique et particulièrement le tyran est l'incarnation du mal politique. Pour protéger son pouvoir il se sert de la terreur. Il assassine,*

---

[168] Koffi NIAMKEY, *Ecrits politiques* Tome2, Abidajn, NEI CEDA, 2014, p.60.

[169] Koffi NIAMKEY, *Ecrits politiques* Tome2, Abidjan, NEI CEDA, 2014, p.112.

> *emprisonne ou fait exiler ses ennemis réels ou supposés. Il rend malheureux ses gouvernés.*[170] »

Mais, à bien voir les choses, le tyran, incarnation de la toute-puissance, est lui-même un homme malheureux. En effet, d'après Platon, s'il fait ce qui lui plaît, il ne fait pas ce qu'il veut, en ce sens qu'il n'agit pas selon le bien.
Entre autres, qui mieux que Machiavel aura fait une anthropologie politique ? Pour ce penseur par exemple, l'homme politique pour conserver son pouvoir doit être à la fois lion et renard. Il doit être renard pour détecter ou contourner les pièges que lui tendent ses ennemis et lion pour briser ces pièges. Vouloir jouer aux scrupules moraux avec ses adversaires politiques c'est se faire impitoyablement vaincre par eux. La morale est aux antipodes de la politique en ce sens que les hommes sont naturellement méchants.

> *« Un homme dit Machiavel qui en toute occasion voudrait faire profession d'homme de bien, il ne peut éviter d'être détruit parmi tant de gens qui ne sont pas bons. Aussi est-il nécessaire à un prince, s'il veut se maintenir, d'apprendre à pouvoir n'être pas bon, et d'en user et n'user pas selon la nécessité.* [171]»

Et comme les gens n'aiment que les apparences, il convient au dirigeant politique de leur jouer aux apparences. Il doit chercher non pas à être aimé, mais craint par le peuple. Encore faut-il que cette crainte ne soit nullement fondée sur la haine. Car celle-ci exacerbée débouche inévitablement sur la révolte, dont la conséquence logique est la perte du pouvoir. De ce fait, la politique a le droit de subordonner la morale à l'intérêt. Faire le mal même à regret, s'impose nécessairement afin d'éviter d'être éliminé dans un monde de fourberie et de méchanceté. Le

---

[170] H.YACOUBA , « La problématique du rapport entre morale et politique », Revue ivoirienne de philosophie et de culture , Le Koré N 43, de l'Université de Cocody-Abidjan, 2014, p.39.

[171] MACHIAVEL, *Le Prince*, Traduction par Y. Levy, Paris, GF-Flammarion,

politique doit seulement éviter le vice qui entraîne un discrédit. En d'autres termes, pour Machiavel, la politique est au-delà du bien et du mal. Ignorer cela c'est ignorer l'essence de la politique.

En d'autres termes, la politique, dans son acception moderne marquée du sceau de la démocratie pluraliste, ne saurait imposer une morale unitaire. Selon la pertinente remarque de Niamkey Koffi,

> *« le principe cardinal de la démocratie c'est qu'il ne peut y avoir une seule conception du bonheur, du bien-être, du bien-vivre qui soit impossible à tous. Chacun doit avoir la possibilité de rechercher son bonheur comme il l'entend, de se fixer lui-même ses propres objectifs et de tenter de les réaliser à sa façon.*[172] »

Une telle vision du bien consiste dans ce que Rawls appelle le consensus par recoupement comme fondement de la société démocratique dite bien ordonnée. Chaque citoyen est libre de mener sa vie comme il l'entend, mais à la seule et unique condition qu'il ne nuise pas aux autres. C'est dire qu'il doit être à la fois rationnel et raisonnable. Si morale il y a en politique, elle ne peut être qu'une *« esthétique de l'existence où l'individu s'accomplit dans la plastique de sa conduite.*[173] » C'est dire que la question éthique en politique ne consiste plus dans une certaine morale métaphysique ou métamorale qui impose ses principes aux sujets. Elle ne saurait nullement se réduire à un système d'interdits, à une dialectique du bien et du mal. Aujourd'hui la question éthique en politique se résume, pourrait-on dire, au seul critère de la mesure dans la conduite de soi.

Aux yeux du philosophe africain, Niamkey Koffi, il se pose désormais la problématisation éthique et le rapport au pouvoir.

> *« Celle-ci, dit-il, s'ouvre sur une politique de la conscience, c'est-à-dire une morale personnelle, non universalisable, non prescriptive, dont chacun devrait décider et qu'il devrait pratiquer, quel que*

---

[172] Koffi NIAMKEY, Op.cit., p.118.

[173]Koffi NIAMKEY, *Op.cit.,* p.119.

*soit le poids du système d'assujettissement.*[174] »

C'est dire que le gouvernement de soi est l'antidote à tout mal politique. Même dans une dictature, l'individu humain peut être heureux s'il arrive à faire la distinction entre ce qui dépend de lui et ce qui ne dépend pas de lui. Accepter la nécessité vaut mieux que la braver. N'est-ce pas que la nécessité c'est ce qui ne peut pas ne pas être ? On peut éviter l'impact négatif de la nécessité non par la force, mais par la raison, sinon la ruse de la raison. C'est dire que *« au milieu de tant d'embûches, le gouvernant n'aura à se guider que sur sa seule raison personnelle. Toute chose qui fait de l'activité politique une pratique, une vie, à laquelle on ne peut se livrer que par un choix libre et volontaire.*[175] *»*

Comment donc savoir bien articuler morale et politique ?
Le caractère moral ou non de tout pouvoir politique consiste dans son élément constitutif universellement reconnu, *« à savoir le rapport commandement –obéissance*[176] *»,* lequel est motivé par trois choses : le désir de domination, le désir de faire le bien d'autrui et l'incorporation à la sacralité de tout pouvoir. Mais dans un cas comme dans l'autre, tout pouvoir même autoritaire ou totalitaire se dit marqué du sceau d'un *« versant altruiste, la satisfaction de contribuer au bonheur des gouvernés. (... Le pire tyran ne peut éviter d'invoquer même fallacieusement, un certain bien commun pour légitimer son pouvoir.*[177] *»*

D'ailleurs, tout pouvoir aussi démocratique soit-il, demeure un risque, en ce que son détenteur est naturellement tenté d'en abuser. Et cela parce que

> *« le désir de domination, dit Jean Luc Chabot, s'accomplit dans l'exercice d'une puissance à l'égard d'autrui comme dans l'admiration et la confiance dont les gouvernants peuvent bénéficier de la part*

---

[174] Koffi NIAMKEY, *Op.cit.,*, p.119.

[175] Koffi NIAMKEY, *Ecrits politiques* Tome2, Abidjan, NEI CEDA,2014, p.121..

*176Chabot Jean-Luc, Introduction à la politique, Paris, Presses Universitaires de Grenoble, 2007, p.36.*

[177] *Ibid., p.36.*

*des gouvernés. Ce versant égoïste de l'exercice du pouvoir peut aboutir à des déviations : excès d'autorité, volonté possessive d'accaparement des éléments du pouvoir y compris de la personne des gouvernés, vanité non corrigée issue de la position dominante, etc.* [178]»

Le risque de tout pouvoir c'est de ne pas réaliser sa fonction performative, à savoir la vie bonne des gouvernés. Dans un contexte démocratique, la non-satisfaction d'une telle exigence conduit à la contestation, sinon à des revendications. Encore faut-il que celles-ci soient justes et raisonnables. C'est dire qu'en politique si a priori l'obéissance est une exigence morale, elle devient un déni de liberté lorsque les gouvernants ne gèrent plus selon les termes du contrat social. Mais pour prévenir les guerres intestines ou civiles souvent inhérentes à la mauvaise gouvernance, il importe aux gouvernants de toujours privilégier le dialogue. Car,

> *« n'oublions pas à ce propos, que théoriquement parlant, pratiquement toutes les guerres ont eu pour origine le refus obstiné du dialogue, complété par la volonté maléfique d'anéantissement de l'Autre-qui aurait d'être pourtant le partenaire privilégié du dialogue.*[179] »

Les uns et les autres doivent comprendre qu'il existe une morale moins exigeante pour la politique. C'est ce qui amène Hegel à penser que l'Etat ne peut se poser les problèmes de la morale subjective. L'Etat est fondé sur une éthique collective. De ce fait, il n'est ni moral ni immoral.

Après un long développement de la question de l'éthique en politique, il importe d'aborder l'idée que la citoyenneté républicaine est gage du bien premier de la fonction d'un Etat, à savoir la sécurité de ses membres.

La paix est au centre de la pensée philosophique de ce philosophe politique qu'est Niamkey. Car sans paix aucun bien individuel ou collectif

---

[178] *Ibid., p.35.*

[179] Arno MUNSTER, *Le principe « discussion », Editions Kimé, Paris, 1998, p.9.*

ne peut être garanti. La culture de la paix a pour passerelle ce que Habermas appelle *l'intégration républicaine*, Encore faut-il préciser que le règne de la paix en démocratie ne signifie nullement l'absence de toute forme de conflictualité. La vitalité d'une démocratie se mesure par la possibilité donnée aux citoyens de manifester publiquement contre les conditions de vie induites par la précarité. D'où cette longue et édifiante remarque de Judith Butler :

> *« Quand des populations sont laissées pour compte par la politique économique et sociale, alors les vies sont jugées comme n'étant pas dignes d'assistance. A l'encontre de telles gestions politiques, la vision politique contemporaine de la performativité insiste sur l'interdépendance des créatures vivantes ainsi que sur les obligations éthiques et politiques qui découlent de toute gestion qui priverait une population d'une vie vivable.*[180] *»*

La vision postmoderne de la politique nous permet de dire, comme l'a déjà souligné le sage et pragmatique Kant, que toute politique doit se prosterner devant le droit et la morale sans pour autant alléguer de mauvais alibis pour s'y soustraire : *« Les droits de l'homme, dit-il, doivent être tenus pour sacrés quelque grands sacrifices que cela puisse coûter au pouvoir qui gouverne.*[181] *»* Il s'agit de concilier la justice avec la liberté. Le défi de la postmodernité est de construire la justice dans le plus injuste des mondes, pour reprendre la formule de Camus.

En définitive, même si la morale n'est pas la politique, toute politique qui foule aux pieds la morale est inévitablement suicidaire. La controverse entre morale et politique porte plus sur les moyens que les objectifs de la politique. Car tout pouvoir politique dit en principe qu'il est soucieux de l'intérêt général. Mais c'est dans les faits que cette

---

[180] Judith BUTLER, *Qu'est*-ce *qu'une vie bonne ?* Payot, Paris, 2014, p.27.

[181] KANT, *Eléments métaphysiques de la doctrine du droit*, Traduction par J. Barni, Editions A. Durand, Paris, p.320.

formulation éthique est soit prouvée soit démentie. Il est aujourd'hui indéniable de constater que malgré le progrès démocratique que nous vivons dans le monde, il persiste encore, à tort ou à raison, *« les préjugés contre la politique selon lesquels, en son fond, la politique est une activité sale, un tissu de mensonges et d'impostures au service d'intérêts sordides, bref amoralité.*[182] »

A vrai dire, comme l'a si bien vu Koffi Niamkey,

> *« les valeurs que propose la culture de soi, se résument au principe d'une relation à soi qui permette de fixer les formes et les conditions dans lesquelles une action politique, une participation aux charge s du pouvoir, l'exercice d'une fonction publique, seront possibles ou impossibles, inacceptables ou nécessaires.* [183]»

Partisan incontestable de la dialectique, Niamkey Koffi se veut un chantre des unités nationales dont nos Etats africains ont véritablement besoin. Si nos Chefs d'Etats africains peuvent s'efforcer à être des dialecticiens, ce serait le salut pour nos peuples. Le mal politique dont souffrent la plupart des Etats africains c'est l'ethnicité politique, laquelle débouche, tôt ou tard, sur des guerres et conflits identitaires non souhaitables. L'ethnicité politique empêche l'émergence des Etats-nations en Afrique. Il importe donc à nos dirigeants africains de se ressourcer à la pensée dialectique de Koffi Niamkey vu que son cheval de batail qu'est la dialectique, consiste à créer l'unité au sein de la diversité ethnique dans l'Etat en Afrique. Bien appliquée en politique, la dialectique conjure l'ethno-démocratie en Afrique.

La dialectique est génératrice de paix, condition nécessaire de toute politique de développement. Appliquée en politique, elle s'avère un bien inestimable, un bien qui est au-dessus de toute expression. Si d'aucuns pensent, à tort ou à raison, que dans l'histoire politique de son pays, la Côte d'Ivoire, Niamkey s'est comporté aux antipodes de sa science philosophique, il est loisible, sans être l'avocat du diable, de leur

---

[182] Koffi NIAMKEY, *Ecrits politiques* Tome2, NEI CEDA, Abidjan, 2014, p.1112.

[183] Ibidem, p.121.

répondre en ces termes : Juridiquement parlant, il n'est impliqué dans aucun acte de violence physique. Si violence il en a été acteur, n'est-ce pas la violence civilisée ? Est appelée violence civilisée celle qui procède par le débat d'idées, lequel, selon Niamkey, *« tire son importance de ce qu'il prend la place de la violence matérielle comme mode d'affrontement entre rivaux. Il substitue à la violence sauvage une violence civilisée qui se nourrit de l'arme du langage, d'où l'importance de celui-ci.* [184]»

A la limite, ses adversaires politiques peuvent aussi lui répondre, à juste titre, que la violence ne peut être véritablement civilisée qu'à la seule et unique condition qu'elle est constamment surveillée par le droit. D'où, comme dit Moses Finley, *« le prix de la liberté, c'est une éternelle vigilance.*[185] *»*

Pour dire les choses en raccourci, la politique s'avère à la fois comme science idéale du bonheur et art de l'action manifestement aventureuse. Mais vu l'entêtement des faits, des violences perpétrées de part et d'autre, le dialogue politique est incapable à lui seul de réconcilier les protagonistes. D'où le recours nécessaire à une autre condition spirituelle de la paix, à savoir le pardon.

---

184 Koffi NIAMKEY, *Ecrits politiquesTome2*, NEI CEDA, Abidjan, 2014, p.180.

185 Finley.I. MOSES, *La démocratie athénienne*, Traduction par Monique Alexandre, Payot, Paris, 2003, pp.169-170.

## Chapitre 7 : Du pardon

Une analyse critique des méthodes de gestion des conflits qui assaillent le continent africain, permet de bien comprendre les limites de leurs solutions exclusivement juridiques.Celles-ci ne peuvent avoir un fondement humainement acceptable que si elles ont des bases spirituelles parmi lesquelles figure le pardon. Il importe donc de s'adonner ici à une exégèse du pardon. Entendu comme rémission de la faute, le pardon semble être plus que cela.

### 1. De la transcendance à la restauration de la paix

Posons-nous la question suivante : la réconciliation est-elle problématique en Afrique ? Cette question engage une définition éminemment philosophique, sinon herméneutique. En effet, pour pardonner, il fallait d'abord savoir le sens et l'origine du déchirement, du conflit, disons de la crise. Celle-ci est à déchiffrer. C'est à la lumière des faits, donc de la vérité que serait possible le pardon condition de la réconciliation[186].

Quand on observe phénoménologiquement les politiques de réconciliation nationale en Afrique au terme de grandes crises sociopolitiques, on se met à l'évidence que tout n'est que supercherie de part et d'autre. On va de la logique sectaire de la demande de pardon des vainqueurs à celle de l'acceptation du pardon des vaincus. De ce fait, il se pose le problème de l'altérité auquel nous renvoie le concept de pardon. Celui-ci est pris ici principalement au sens d'un mode d'engagement et de reconnaissance mutuelle entre des protagonistes à enterrer définitivement ce que l'on a coutume d'appeler la hache de guerre. Ce qui est vraiment difficile, mais non impossible. Car les vaincus ont du mal à endurer la

---

[186] Voir H. YACOUBA « Pardon: penser les crises pour refonder la réconciliation en Afrique » *Les Cahiers du PASCRENA* Numéro 5 Actes du Colloque International Universitaire :Reconstruire au-delà des déchirures sociales : Homo capax. Apports de Paul Ricoeur, un penseur au carrefour des sciences humaines. p.219.

blessure à la fois physique et morale et les vainqueurs à la reconnaître. Alors le pardon exige vraiment du courage, lequel consiste ici à surmonter tous les obstacles qui y sont inhérents pour être dans le chemin de l'amour. Inestimable dans sa générosité infinie, l'amour appelle à l'oubli du mal causé pour ouvrir un avenir merveilleux.

C'est dire que le pardon est, philosophiquement parlant, anticipation. Par le pardon on cherche à pacifier l'avenir, lequel est ce temps à venir, celui qui deviendra nécessairement présent. Il faut restaurer le sens du pardon pour restaurer celui de la paix. Toute chose qui exige un dur travail herméneutique auquel nous renvoie toute demande de pardon dont la cause finale est la paix véritable. Est paix véritable celle marquée du sceau de la stabilité, de l'immuabilité et de l'éternité au sens platonicien du terme. Une telle paix passe par le vrai et sincère pardon, lequel exige un courage moral, celui de la reconnaissance comme dessein. Il s'agit, rappelle Ricœur, du *« dessein, présent en tout homme, d'être estimé, approuvé, reconnu comme personne. Mon existence pour moi-même est en effet tributaire de cette constitution de soi dans l'opinion d'autrui*[187] *»*. Ainsi le pardon dont la première exigence éthique est la sincérité, s'oppose, dans son principe comme dans son achèvement, à la mauvaise foi, à l'hypocrisie, au déni de sa propre personne, au mensonge. Car mentir c'est, d'une certaine manière, être en porte à faux avec sa conscience.

Comment construire philosophiquement le concept de pardon en vue d'une vraie réconciliation civile en Afrique, telle est la question qui mérite d'être profondément élucidée.

Malgré les multiples guerres et conflits identitaires que connaissent les Africains, force est de reconnaître qu' à un certain moment ils décident soit par eux mêmes soit sur une influence extérieure à aller à la recherche de la paix au moyen du pardon. Malheureusement ce pardon, soit par ignorance soit par mauvaise foi des parties, ne débouche que sur une paix caricaturale, précaire et fragile. Il importe donc aux protagonistes de se ressourcer à la philosophie pour vraiment comprendre le sens du pardon authentique. Par sens, il convient de comprendre ce grâce à quoi la signification et les signes deviennent signifiants. La réflexion philosophique est donatrice originaire de sens. Elle permet

[187] Paul RICOEUR *De l'interprétation*, Seuil, Paris, p.531.

d'évacuer, autrement dit de mettre hors circuit toute fausse compréhension du pardon.

La réflexion philosophique permet aux protagonistes d'établir et de restaurer la paix véritable, laquelle est pluridimensionnelle. La paix, par définition, renvoie à *« des rapports non conflictuels entre les hommes ; absence d'hostilités et de violences ouvertes au sein d'une communauté.*[188] *»* Elle consiste dans des relations harmonieuses ou de concorde entre membres d'une ou plusieurs communautés. D'origine religieuse, le pardon, dans son implication politique, intéresse au plus haut point la philosophie. Politiquement parlant le rôle du pardon est de palier à la fragilité des affaires humaines, *« à l'insociable sociabilité des hommes »*, pour utiliser l'expression kantienne. La fragilité des affaires humaines a une double cause : d'abord l'incertitude de la parole dont le cœur des hommes peut en déformer le sens et l'intention ; puis l'irréversibilité temporelle de l'action.

L'importance du pardon est qu'il restaure une paix impliquant l'autorité concertée et viable. Il impose des relations confiantes entre les hommes d'une même nation, malgré leur différence d'ordre culturel ou idéologique. Une paix nationale impliquerait la généralisation du pardon à tous les acteurs de la crise. Un tel pardon est seul capable d'assurer la dépendance de tous à l'égard d'un engagement. Pour ce faire, le pardon implique le dialogue politique véritable, lequel est éminemment dialectique. Il est dialectique signifie qu'il doit porter sur l'être, c'est-à-dire ce qui existe réellement comme problème et qui est à l'origine du conflit ou de la guerre. Malheureusement, quand on observe les initiatives de dialogue politique entreprises par les pouvoirs et oppositions politiques en Afrique dans les contextes de crise, elles sont généralement fondées sur la mauvaise foi de part et d'autre. D'où on n'assiste qu'à des dialogues politiques de nom, entraînant du coup, un éternel recommencement par rapport à la crise.

Pour mettre en œuvre le pardon, il fallait d'abord le connaître dans toutes ses dimensions. D'où, la place de la philosophie en tant que vision synoptique, autrement dit synthétique du monde. En termes hégéliens, le vrai c'est la totalité de tous les moments dont aucun n'est à isoler. Et c'est pourquoi dans la compréhension du pardon aucun élément ne doit être

---

[188] Clément ELIZABETH et al; *La philosophie* de A à Z, Editions Hatier, Paris, 1994, p.259.

isolé. Le pardon se veut un acte moral consistant essentiellement dans un mouvement spirituel vers autrui. Il passe par l'engagement solennel pour la paix avec autrui considéré jusqu'ici comme ennemi. Il exige un engagement d'amour mutuel entre le bourreau et la victime. Car seul l'amour, inestimable dans sa générosité infinie, confère une valeur à tout ce qui est. Cet amour, en tant qu'il vise le bien qui est d'une utilité à la fois privée et publique, est d'essence philosophique. C'est un bien fondé non pas sur des principes subjectifs et contingents, mais nécessaires et universels. Son fondement c'est l'exigence de soin pour toute personne humaine indépendamment de son appartenance, raciale, ethnique ou religieuse. Le respect de l'autre ne s'origine pas dans son statut social, mais dans sa posture ontologique en tant qu'être humain. C'est une telle compréhension qui libère le sujet de l'inimitié pour emprunter la voie de l'amour.

Ainsi, philosophiquement analysé, le concept de pardon renvoie à l'interpellation de l'homme face à son humanité perdue. Comprendre le pardon revient à saisir son sens, sa cause, son mécanisme ainsi que sa finalité. On pardonne pour avoir regretté l'acte indigne d'un homme qu'on a soi-même posé contre un autre homme. Est indigne l'acte qui viole notre obligation morale face à l'autre. Celui-ci a une dignité, laquelle ne se dit pas à l'indicatif, mais à l'impératif. Pour atteindre sa cause finale qu'est la réconciliation, gage de la paix, le pardon doit spiritualiser la justice. Car le pardon ne peut réussir sa finalité que lorsqu'après une crise, on parvient à *« instaurer de manière effective l'anonymat et l'impersonnalité dans le traitement des affaires*[189] » de la Cité. Une fois la justice rendue par le dévoilement de la vérité, le pardon permet de transformer les clivages ethniques en reconnaissance ethnique fondé sur l'amour mutuel.

Le pardon vrai et sincère instaure une égale solidité d'amour fraternel et de confiance entre les ennemis d'hier. Il transforme les solidarités ethniques sur fond d'exclusion en solidarités citoyennes inclusives. Mais, pour que cette transition pacifique se fasse et atteigne son but final, il faut qu'il soit accompagné d'une intense action éducative, à savoir celle capable de produire la citoyenneté républicaine. Ce qui suppose une redéfinition de la notion d'identité, qui consiste à aller de l'identité close et clanique à l'identité ouverte et démocratique. A ce propos, Samuel P.

---

[189] Ebénézer NJOH MOUELLEE et al, *L'Etat et les clivages ethniques en Afrique*, Edtions Ifrikiya, Yaoundé, 2011, p.12.

Huntington dit ceci:*« Face à un changement social rapide, les identités établies se dissolvent. On doit se redéfinir et se doter d'une nouvelle identité.*[190] *»* C'est dire que désormais avec le pardon, les fondements anciens de l'identité et les vieux systèmes d'autorité doivent être enterrés. Les identités conflictuelles ne peuvent se transformer en identités poreuses, au moyen du pardon, que si chaque protagoniste s'engage dans une certaine posture métaphysique dont la cheville ouvrière est la transcendance.

La transcendance, en tant que mécanisme spirituel du pardon, se veut un remède contre l'imprévisibilité, contre la chaotique incertitude de l'avenir selon les termes de Hannah Arendt. Il est rédemption, promesse d'un futur paisible. Le pardon se veut un remède contre la vie en danger Par le pardon, l'autre surveille ce qui peut me constituer un danger et vice versa. Nous nous .efforçons de nous prévenir mutuellement, au moyen de la prudence. Par le pardon, nous sommes tous deux édifiés sur ce qui peut altérer notre vivre ensemble. Le pardon nous donne les outils spirituels de pacifier notre vie commune. Il nous invite, pour parler comme Ricœur, à

> *« la réflexion, c'est-à-dire intelligence du sens » de toute communauté politique. Le pardon acte de parole doit être considéré comme une signature, donc comme création symbolique d'engagement responsable, comme gage à l'ensemble des pactes sociaux, comme « aurore de sens*[191] *»*

.

Partant de toutes ces considérations évoquées, les uns et les autres doivent comprendre que le pardon a une finalité métaphysique. Et comme tel il renvoie à une transcendance, laquelle se veut une inspiration éthique néantisant cette distance qui sépare l'homme de l'homme. Le pardon pose donc l'enjeu humain. Il s'agit ici de voir désormais l'autre non pas comme une catégorie historique ou sociologique, mais de révéler sa signification métaphysique en tant qu'être humain qui mérite toute sa place d'être humain. Un être qui a droit à l'existence, qui a des droits du seul fait qu'il est un homme, pour parler comme la philosophe suisse, Jeanne Hersch.

---

[190] Samuel. P.HUNTINGTON, *Le choc des civilisations*, Odile Jacob, Paris, 2000, p.135.

[191] Paul RICOEUR, *De l'interprétation*, Seuil, Paris, p. 114.

Accepter l'autre c'est le comprendre dans son être sans aucune considération raciste. Le mythe ethnolinguistique, régionaliste ou religieux débouche fatalement sur l'exclusion. Le groupe exclu vit une conscience humiliée, meurtrie et troublée. Il est opprimé, persécuté voir exterminé.

Les crises politiques en Afrique fonctionnent sur fond de différence vécue par les exclus, comme malaise et malheur. Les victimes des crises politiques en Afrique sont identiques aux victimes juives de l'hitlérisme. En tout et partout ils sont accusés paradoxalement comme les obstacles à l'unité nationale. Ils sont souvent arbitrairement arrêtés puis torturés, malmenés voire exécutés purement et simplement. Heureusement que sous la pression de l'Occident, berceau des droits de l'homme, les régimes tribaux finissent toujours par accepter des politiques de réconciliation nationale passant par la demande de pardon formulée de part et d'autre.

Mais malgré tout, on semble ignorer en Afrique que le pardon s'impose non pas par contrainte, mais par obligation. Ainsi les Africains, au terme des crises politiques dont ils sont essentiellement responsables, doivent comprendre qu'ils ne peuvent se réconcilier que si chacun spiritualise son moi. Comment donc faire cheminer les esprits vers la paix ?

## 2. Acheminement vers la paix des esprits réconciliés

La réconciliation pour la paix effective est toujours proclamée comme un vœu pieux des acteurs des crises en Afrique : Afrique du Sud, Tchad, Rwanda, Congo Brazzaville, République démocratique du Congo, Kenya, Nigéria, Centrafrique, Niger, Togo, Côte d'Ivoire, et tout récemment le Mali et le Soudan du Sud. Tous ces Etats imposés par la colonisation ont fini par s'arrêter au plus fort de leurs crises pour revendiquer la réconciliation[192]entre les citoyens au moyen du pardon. Ainsi les élites politiques et intellectuelles de ces Etats doivent se ressourcer sincèrement aux sciences humaines et singulièrement à la

[192] H. YACOUBA, « Pardon: penser les crises pour refonder la réconciliation en Afrique», *Les Cahiers du PASCRENA* Numéro 5 Actes du Colloque International Universitaire, Lomé, 2014, p.225.

philosophie. Discipline charnière de toutes les sciences humaines, la philosophie peut beaucoup contribuer à la réconciliation des esprits que prône le pardon. La paix véritable obtenue sous le signe du pardon a pour provenance la réconciliation des esprits. Or ne peuvent se réconcilier véritablement que les esprits dialecticiens. La force du pardon, au moyen de la dialectique, est qu'il arrive à chasser la haine, la méchanceté, les passions, les angoisses, les méfiances entre les protagonistes. Il y parvient en les spiritualisant, en les redressant, en les amenant à regarder vers le ciel. Toutes choses qui font d'eux des mystiques au sens bergsonien du terme. Regarder vers le ciel revient à faire montre d'esprit citoyen, lequel consiste à être juste, c'est-à-dire rationnel et raisonnable pour parler comme John Rawls. Si le rationnel consiste, pour chaque individu, à être en quête de son intérêt, quant au raisonnable il exige que dans la quête de son intérêt il ne nuise pas à celui des autres. Toute chose qui n'est possible que si chacun respecte les deux principes de justice que sont la liberté et l'égalité. D'où la place centrale de la justice comme instrument de facilitation du véritable pardon dans un contexte de crise.

La justice est l'une des solutions pratiques et efficaces au déchirement entre les hommes. Elle empêche à nos différences d'être sources de divisions, de conflits et de guerres. N'est-ce pas qu'en dernier ressort les crises qui secouent l'Afrique ont pour fondement l'intérêt ? Les citoyens d'un même Etat se dressent les uns contre les autres selon l'argument fallacieux de différence identitaire, alors que la vraie raison de leur mésentente c'est l'intérêt. D'où la nécessité d'une politique rationnelle de l'intérêt dans nos Etats africains. Il y faut une politique juste pour parler comme Alain Renaut. Une politique juste consolide et éternise le pardon en décolonisant les identités. Elle crée une atmosphère conviviale qui s'élève contre l'identité-racine dogmatique au nom de l'identité comme relation et processus dynamique. Une politique juste rend poreuses les identités, et ouvre de ce fait le chemin de l'Unité nationale. Celle-ci est l'horizon ontologique de toute République.

Le pardon accompagné d'une politique juste apprivoise l'identité radicale en transformant celle-ci en identité plus respectueuse des différences, donc ouverte à la diversité. Il crée ce que la psychanalyste politique, Alice Cherki, appelle la frontière invisible, c'est-à-dire le passage de l'homme à l'homme ou réconciliation. Le pardon qui va de pair avec la justice sociale, crée ce que Pierre Bourdieu appelle *« l'Etat-nation, l'Etat unifié contre les régions et les provinces, mais aussi contre divisions en classes*[193] ». Bien plus, le pardon se veut une tâche spirituelle qui consiste à regarder le ciel. Regarder le ciel revient à faire montre de civilité dans la Cité. Car la démocratie c'est aussi une manière d'être. Celle-ci est aspiration à la réconciliation.

Mais à bien voir les choses en profondeur, on s'aperçoit que la réconciliation, avant d'être une solution, est avant tout une question, celle de savoir résoudre les conflits nés des différences. Elle est une question vu qu'elle pose la question de comment résoudre les différences pourtant réelles entre les hommes. La réconciliation serait réelle et effective lorsqu'elle s'accompagne dans les faits d'une justice sociale. Sans celle-ci la réconciliation que prône le pardon n'est que pure supercherie, niaiserie et néant. C'est au moyen de la justice sociale que les uns et les autres arrivent à bouter de la Cité l'ethnocentrisme et amorcer le progrès culturel, lequel est fonction de la coalition entre les cultures. L'ethnocentrisme est l'une des causes principales des crises institutionnelles et sociales dans l'Etat dit démocratique en Afrique. Il mine douloureusement la pratique démocratique en Afrique, en faisant peser sur celle-ci une menace endémique d'éclatement.

L'ethnocentrisme est cette plaie morale qui inhibe l'émergence des Etats- nations en Afrique. Il crée une fracture sociale qui va de pair avec la fracture coloniale. Ce sont des Etats qui sont au prisme de l'héritage colonial. L'Occident néocolonial, pour bien régner, semble diviser les différents peuples africains. Mais là où nous devons édulcorer nos critiques à l'endroit de ce pilote du monde qu'est l'Occident que nous devons paradoxalement remercier, c'est son attitude finale face aux crises dont est souvent victime l'Afrique. En effet, l'Occident, berceau des droits de l'homme, finit toujours par entendre raison aux acteurs de ces crises. Il leur impose positivement un forum national de réconciliation dont le préambule, pourrait-on dire, spirituel, est le pardon. Mais ce qui est on ne peut plus intéressant c'est qu'il est ici question d'un pardon qui suppose, comme préalable, la justice. Pourquoi la justice comme préalable à la demande de pardon en temps de crise ? Parce que justement la justice dévoile la vérité des faits pour situer les responsables des crimes abominables. Le dévoilement de la vérité des actes criminels amène leurs coupables à les regretter.

---

[193] Bourdieu Pierre, *Sur l'Etat*, Seuil, Paris, 2012, p.546.

La paix qui prend sa source dans la vérité est transcendance. D'où cette longue et pertinente remarque d'Emmanuel Levinas :

> *« Paix à partir de la vérité- à partir de la vérité d'un savoir où le divers, au leu de s'opposer, s'accorde ou s'unit, où l'étranger s'assimile où l'autre se concilie avec l'identité de l'identique en chacun. Paix comme retour du multiple à l'unité, conformément à l'idée platonicienne ou néoplatonicienne de l'Un. Paix à partir de la vérité qui émerveille des merveilles- commande les hommes sans les forcer ni les combattre, qui les gouverne ou les assemble sans les asservir, qui peut convaincre, par le discours, au lieu de vaincre, et qui maîtrise les éléments hostiles de la nature, par le calcul et le savoir-faire de la technique. Paix à partir de l'Etat qui serait rassemblement des hommes participant aux mêmes vérités idéales. Paix qui y est goûtée comme tranquillité qu'assure la solidarité- mesure exacte de la réciprocité dans les services rendus entre semblables : unité d'un Tout où chacun trouve son repos, sa place, son assise. Paix comme tranquillité et repos ![194] »*

Ainsi, la demande de pardon à partir de la vérité révélée ou idéale, débouche sur une vraie et authentique réconciliation des esprits. Celle –ci amène les protagonistes à toujours cultiver la tolérance dans leur vie quotidienne. Encore faut-il préciser que la tolérance est une attitude pratique de l'esprit qui se fait confiance en soi et pour soi par l'amour de la diversité.

---

[194] Emmanuel LEVINAS, *Altérité et transcendance*, Editions La Flèche, Paris, 2006, pp.136-137.

Le pardon vrai et sincère proclame une autre pratique de l'identité. Il permet aux uns et aux autres de civiliser leurs différences en ouvrant leur identité à l'universel humain. S'ouvrir à l'universel humain c'est éviter que la pratique de l'identité se ferme aux autres. Dès lors, se trouvent anéantis les méfaits de l'identité absolue. L'émergence et la sauvegarde de ces valeurs cardinales d'amour et de tolérance, ne sont possibles qu'au moyen d'un certain consensus par recoupement. Le pardon pour la réconciliation suppose parfois le consensus comme accord unanime, au détriment du vote majoritaire. Car le modèle occidental de la démocratie doit tenir compte des réalités spécifiques aux pays d'accueil. Le consensus permet de bannir de la cité la dictature de la majorité tribale au profit de la majorité des visions citoyennes du monde. Ainsi, les décisions par consensus doivent être fortement valorisées et ritualisées à travers, par exemple, des danses, des sketchs, des pièces de théâtre, des ballets ou des matchs de football. Il faut républicaniser la démocratie tout en démocratisant la république pour emprunter les justes propos de Nicolas Tenzer. Cela empêcherait à la démocratie en Afrique de se transformer en *ethno-démocratie*, laquelle est en soi une bombe à retardement.

## Quatrième partie

# L'EDUCATION COMME CONDITION D'EFFECTIVITE DE LA JUSTICE SOCIALE

> S'il est vrai que la solution principale aux crises institutionnelles et sociales en Afrique c'est la justice sociale, il est non moins vrai que celle-ci ne peut perdurer qu'au moyen de l'éducation[195]. La justice sociale est la condition du progrès politique en Afrique, lequel passe inéluctablement par l'éducation. Car, comme dit Auguste Comte, autant un peuple accuse un déficit éducatif autant il accuse un déficit politique. L'organisation politique d'une société est toujours fonction de son organisation mentale, c'est-à-dire de l'éducation. C'est celle-ci qui éclaire les uns et les autres sur leurs droits et leurs devoirs. C'est elle qui institue le citoyen, selon les justes propos de Condorcet. D'où l'éducation est la cheville ouvrière du respect des lois dans un Etat républicain. Elle est l'un des moyens de prévention de la corruption des magistrats qui est devenue aujourd'hui une gangrène pour les pays en voie de développement. Les magistrats incorruptibles sont avant tout ceux qui ont reçu une droite et honnête éducation. C'est par celle –ci que sont déterminés les droits et les droits des citoyens.

Une radioscopie sans complaisance de la situation actuelle du continent africain, laisse comprendre que la plupart des conflits qui l'assaillent sont d'ordre ethnique ou religieux. En clair, ils trouvent leur origine dans l'intolérance. Face à cette conflictualité paradoxalement exacerbée par les démocraties naissantes, il importe aux Etats d'agir au plus vite, sans quoi ce serait la catastrophe. D'où la nécessité d'une initiation philosophique aux principes démocratiques dès l'enfance, afin de conjurer les guerres et les conflits identitaires dans l'Etat en Afrique. L'initiation philosophique aux principes démocratiques à l'école s'inscrit dans le cadre de l'éducation civique. Celle-ci partage avec d'autres disciplines dont la philosophie certains objectifs communs : *« le développement chez l'élève du sens de l'intérêt général, le respect de la loi, l'amour de la République*[196] *».* Toutes choses qui font l'objet de la réflexion philosophique. S'il y a une discipline qui peut aider les pays africains à

---

[195] Voir H. YACOUBA « Contribution de l'initiation philosophique au primaire à la prévention des conflits en Afrique » *Diotime revue internationale de didactique de la philosophie*, Numéro 37, p.14, 7/2008, 3084 mots, CRDP Montpellier, 2007, p. 14.

[196] Pierre WIRTH, et al., *Education civique* Paris, Delagrave, 1987, p. 4.

consolider leur démocratie en gestation, c'est bien l'éducation philosophique. De l'école primaire au collège, l'éducation philosophique, par des procédés allégoriques et des jeux, est susceptible d'imprimer aux élèves les valeurs fondamentales de la démocratie.

Face à l'effritement des valeurs républicaines, les activités morale et civique doivent avoir une place centrale. Ainsi dans ce processus de démocratie républicaine nous avons un nouveau citoyen à éduquer. Dès le primaire le système éducatif doit amener les élèves à se créer des questions fondamentales dans leur futur parcours d'homme et de citoyen. Toutes choses qui leur permettent d'assumer les responsabilités inhérentes à une démocratie fondée en droit.

## Chapitre 8 : De l'éducation à la citoyenneté.

L'éducation à la citoyenneté sert de fondation à la démocratie. En enseignant les valeurs de la république, elle favorise la culture démocratique chez le citoyen. En effet, pour que ce dernier puisse bien jouir de ses droits et exercer ses devoirs, il fallait qu'il les connût. D'où l'importance de l'éducation du citoyen[197]. Celle-ci, en socialisant les citoyens, contribue beaucoup à la culture de la paix. L'école, en tant que territoire du sens de la République, prépare des citoyens soucieux d'un Etat libre et paisible. Victor Hugo a bien vu en affirmant que les hommes ne seront libres que le jour où ils seront éclairés. C'est dire que les citoyens d'un Etat ne peuvent comprendre les défis du pluralisme et être sentinelles de leurs droits et libertés fondamentales que s'ils sont éduqués dès l'enfance.

### 1. L'initiation philosophique au primaire

Comment prévenir, au moyen de l'éducation, les guerres et les conflits identitaires en Afrique, et singulièrement au Niger ? Cette question fondamentale mérite d'être clarifiée[198]. Il nous appartient de savoir pourquoi l'éducation favorise l'ancrage de la justice sociale dans un Etat. Selon ses racines grecques, le mot éducation « paideia » se confond avec la culture. La paideia grecque renvoie à la fois à la technique, au soin porté à l'enfant, et au résultat de l'effort éducatif, en un

---

[197]Voir notamment H. YACOUBA L'éducation du citoyen dans La république de Platon, *Thèse de doctorat* de *3ème cycle* Université de Cocody sous la direction du Professeur Titulaire Tanella BONI, 2002. C'est dire qu'elle soit démocratique ou non une république a besoin pour son maintien de l'éducation de ses citoyens.

[198] H.YACOUBA « Pour une évaluation adaptée des enfants dans les pratiques à visée philosophique » Diotime revue internationale de didactique de la philosophie, Numéro 45, p.22, 7/2010, 5433mots, CRDP Montpellier.H. YACOUBA « Repenser les mythes africains en vue d'une pratique philosophique à l'école primaire » Diotime revue internationale de didactique de la philosophie, Numéro 37, p.14, 7/2008, 3084 mots, CRDP Montpellier, .

H.YACOUBA « Contribution de l'initiation philosophique au primaire à la prévention des conflits en Afrique » Diotime revue internationale de didactique de la philosophie, Numéro 37, p.14, 7/2008, 3084 mots, CRDP Montpellier, 2007.

mot à la culture. L'éducation permet de socialiser l'enfant. Ainsi la justice sociale ne peut facilement être instaurée et maintenue dans un Etat que lorsque ses citoyens sont imprégnés de son idée dans l'accomplissement de leurs fonctions respectives. Une telle idée s'acquiert justement par l'éducation entreprise dès l'enfance.

De ce fait, l'éducation dès le primaire dont il s'agit ici consiste à transmettre les maximes qui aideront les enfants plus tard à résoudre les problèmes de conduite, de la manière qui est conforme à ce que la société démocratique attend. Notre propos vise à montrer la façon dont l'initiation philosophique peut cultiver, chez les enfants, l'esprit critique, élément fondamental de toute démocratie. Il convient d'entendre par initiation philosophique l'ensemble des démarches qui consistent, pour le maître, à donner aux élèves les premiers éléments de la connaissance philosophique. Celle-ci se traduit par l'esprit critique, garant du respect des principes démocratiques parmi lesquels figure, en premier lieu, celui de la tolérance.

Ainsi le problème fondamental est de savoir ici quelles sont les conditions de réalisation d'un tel projet éducatif. Autrement dit, la philosophie en éducation primaire est-elle possible ? Quelle sont la portée et la valeur de la méthode allégorique et des jeux ? Ce sont là autant de questions auxquelles nous tenterons de répondre dans notre cheminer philosophique.

Par l'éducation philosophique au primaire, il s'agit d'initier les enfants à apprendre à penser, autrement dit de leur délivrer les premiers éléments de la connaissance philosophique. La méthode allégorique semble être la première condition de ce projet éducatif. L'utilisation des mythes allégoriques et des jeux a une fonction purement pédagogique. Loin d'usurper le nom même de philosophie, les contes et d'autres formes de récit ne consistent nullement à dénaturer un authentique enseignement philosophique, mais à permettre aux enfants d'acquérir les trois capacités philosophiques de base : problématiser, conceptualiser, argumenter. Il s'agit de créer un cadre susceptible de leur délivrer les vertus du dialogue et de l'autocritique. Ils doivent être capables de poser des questions pertinentes. L'entraînement aux mythes et aux jeux les conduit à travailler leurs représentations à l'auto questionnement de leurs certitudes.

La méthodologie de l'enseignement doit procéder par des mythes allégoriques, en ce que comme dit Platon, *« l'enfant, en effet, ne peut discerner ce qui est allégorie de ce qui ne l'est pas, et les opinions qu'il reçoit à cet âge deviennent d'ordinaire, indélébiles et inébranlables*[199]. *»* L'enfance est la période de la vie où l'âme encore pure et malléable peut être réglée sur le modèle de la vertu, c'est-à-dire la science du bien. Celle-ci consiste à être juste et véridique. Le mythe, c'est comme dit Socrate, « *un beau mensonge* », c'est-à-dire une structure irrationnelle susceptible d'agir sur la partie irrationnelle prédominante dans l'âme du non philosophe de telle sorte que manié par le philosophe, le mythe agisse sur le sensible. Le mythe est une technique de la raison faisant agir l'irrationnel sur l'irrationnel. Il a une fonction éminemment pédagogique. Le bien-fondé de la méthode allégorique est qu'elle est plus facile à suivre par les enfants que la méthode dialectique qui ne convient véritablement qu'à l'adolescence. Le père de la pédagogie, Platon, suggère 35ans comme âge minimum pour s'adonner à l'étude de la dialectique.

La seconde condition peut consister dans les jeux. Tout comme les mythes, les jeux ne sont pas des activités dogmatiques, idéologiques à prétention philosophique. Ils ont un rôle essentiellement méthodologique. Ils favorisent le message philosophique aux un set aux autres. Au-delà de sa fonction éducative, le jeu est avant tout une activité physique ou mentale spontanée, essentiellement gratuite, poursuivie par elle-même et qui procure, par sa nature et sa manifestation propre, le plaisir à celui qui s'y adonne. Le plaisir est le reflet exact de l'amour. Procuré par les jeux, les fêtes et les soirées culturelles, le plaisir crée l'amour fraternel au sein de la communauté de jeunes gens. Toutes choses qui préviennent la haine, l'inimitié et leurs avatars entre frères qui doivent s'aimer d'un amour véritable. Celui-ci est marqué du sceau de la stabilité, de l'immuabilité, de la stabilité et de l'éternité dans la mesure de l'humaine condition.

L'Afrique, berceau des mythes, c'est-à-dire des fables ou des contes, semble être un lieu de prédilection pour la pratique de la philosophie à l'école élémentaire. Et cela parce que le mythe en soi n'est pas un obstacle à la pratique philosophique. Mythe et raison peuvent être complémentaires D'où la pertinente remarque de Karl Reinhardt :

> *« la vraisemblance mythique n'est ni un défaut de rigueur, ni un manque de sérieux philosophique. Elle ne provient pas*

---

[199] PLATON, *La République*, Traduction française par Robert BACCOU, Garnier-Flammarion, Paris, 1966, 378d.

> *davantage d'une faiblesse du logos. Les deux s'interpénètrent et s'appellent, s'attirent l'un l'autre.*[200] »

Que signifie repenser les mythes en Afrique, sinon que les circonscrire dans une perspective méthodologique. Autrement dit, à quelles conditions sont-ils philosophiques ?

Ainsi, l'éducation philosophique au primaire à partir des contes africains, est bel et bien possible. Comme la philosophie est, par essence, débat sans cesse renouvelé, il est possible de déclencher avec les enfants un débat philosophique. Tout comme la dialectique, presque tous les contes africains, pourrait-on dire, ont pour moment final une leçon de morale. Seulement pour que celle-ci ait un fondement philosophique, il s'agit simplement d'interroger ces jeunes gens sur la question du bien. Toute chose susceptible de les amener à donner des réponses aussi diverses que contradictoires, donc philosophiques. Des réponses qui, sous la conduite éclairée du maître, seraient étayées ou inquiétées par des fragments de connaissances à partir des grands auteurs de la littérature philosophique. Ce qui n'est d'ailleurs pas rien. Car *« un fragment est un morceau qui montre et livre quelque chose de la totalité : c'est peu et beaucoup à la fois*[201]. » Malgré tout, un morceau de connaissance aussi petit soit-il délivre du sens.

La philosophie, par définition, est une réflexion critique menée au double point de vue de la connaissance et de l'action dont elle cherche à légitimer les principes. Et comme en toute chose c'est le commencement qui est difficile, il est donc important de commencer à réfléchir. C'est ainsi que le reste s'en suivra. La pratique philosophique devient possible dès le primaire en Afrique à travers par exemple les mythes populaires qu'il s'agit seulement de transformer en mythes de réflexion. Tentative certes difficile, mais non impossible. Du genre littéraire et dramatique peut naître la philosophie, laquelle est avant tout langage. Il s'agit du langage pensant qui est soit rationnel soit imaginaire. Si le rationnel est

---

[200] Karl REINHARDT, *Les mythes de Platon*, Traduction française par Anne-Sophie Reineke, Editions Gallimard, Paris, 2OO7, p.14.

[201] Pierre MEYER-BISCH, *La culture démocratique* : un défi pour les écoles, Paris, Editions Unesco,.

compris de tous, cependant l'imaginaire, lui, ne l'est pas. Pourtant l'imaginaire a aussi une portée éminemment éducative. C'est une erreur monumentale de croire que de tout point de vue, le mythe n'est qu'une ébauche maladroite du discours rationnel. Les mythes africains, en remplissant un certain nombre de modalités pratiques, peuvent véritablement véhiculer un message philosophique. Ces modalités demeurent principalement la discussion, *« l'exégèse allégorique*[202] *»,* le symbolique, lesquels doivent tous fonctionner dans un discours clair et distinct adapté aux capacités intellectuelles et morales des jeunes gens.

De ce fait, le problème est de savoir ici si le mythe tourne toujours le dos à la vérité. Le mythe est-il dénudé de toute portée philosophique ? Suppose-t-il des conditions pour être philosophiques ?

Ce sont là autant des questions auxquelles nous allons tenter de répondre dans ces lignes.

Il est particulièrement remarquable que les mythes africains sont, par nature, fatalistes. Ils sont des mythes reçus, révélés et non activement élaborés par la pensée. Cependant, à bien analyser les choses, ils peuvent bel et bien avoir une portée philosophique. Pour ce faire, il faut bien les circonscrire dans une perspective méthodologique. Les circonscrire bien revient à les transformer en mythes de réflexion, autrement dit en mythes originaux comme ceux du grand disciple du père fondateur de la philosophie occidentale, Platon. Ils doivent être ouverts au débat sans cesse renouvelé pour avoir une portée philosophique, et par voie de conséquence, pédagogique. La philosophie, pensée rationnelle, ne part jamais du néant, mais toujours de l'expérience sensible qu'elle cherche à abstraire, sinon à transcender par le raisonnement dialectique. La rupture totale avec le sensible s'effectue au terme du processus dialectique.

Le mythe africain appartient au domaine de l'oralité.

> *« Quintessence du verbe créateur, il joue constamment sur les modes du dire et du non dire, sur ce que la parole exprime, voile ou cache. Il oscille entre deux formes*

---

[202] Javier TEXIDOR, *Le judéo-christianisme*, Editions Gallimard, Paris, 2006.

*extrêmes qui ne sont que des limites : l'histoire banale qui masque toujours une réalité profonde, plus essentielle et l'exposé didactique qui sous-tend encore une expérience vécue mais fortement sublimé*[203]*. »*

Le déficit philosophique qu'accusent les mythes africains comme tous les mythes populaires, est qu'ils s'arrêtent à l'art de la narration ou de l'évocation. Par contre, quant aux mythes dans la tradition philosophique occidentale, ils se caractérisent par le fait qu'au-delà de la narration et de l'évocation des faits imaginaires, ils interrogent en profondeur toute la réalité. Leur dimension philosophique consiste dans leur capacité à faciliter la transmission du message philosophique. Si les mythes platoniciens, par exemple, sont philosophiques c'est parce qu'ils s'identifient au logos de part leur déploiement dans l'être. Le mythe présuppose le logos, et inversement.

Le discours des mythes africains doit se convertir en une approche méthodologique des problèmes qu'ils abordent. L'approche méthodologique consiste à les interroger au moyen de la causerie-débat, à les mettre en crise, à les élaborer activement par la pensée. C'est cette mise en crise et en perspective qui enrichit la causerie-débat. L'enrichissement de la causerie-débat réside dans sa capacité à créer, à produire des idées nouvelles qui rendent l'esprit désireux de savoir. C'est justement le désir de savoir qui est le trait distinctif entre l'esprit philosophique et celui qui ne l'est pas. Le résultat, c'est-à-dire la leçon finale du mythe en quête de caractère scientifique, doit être interrogé jusqu'à ce qu'il ait un fondement philosophique à travers les réponses aussi diverses que contradictoires apportées par les enfants. Le propre des mythes populaires est d'être fatalistes, alors qu'ils doivent être discutés, ouverts au débat. C'est la discussion qui libère les esprits. Il s'agit ici de la discussion argumentative. C'est dire que les mythes ne doivent pas être imposés aux enfants. On doit demander à ces derniers s'ils sont d'accord avec leur contenu.

---

[203] Louis. V.THOMAS, *La mort africaine*, Editions Payot, Paris, 1982.

Bien circonscrits dans une perspective méthodologique, les mythes africains peuvent avoir un fondement philosophique et par conséquent une portée éminemment éducative. Ces mythes doivent être transformés en mythes de réflexion. Ainsi l'instituteur doit amener ses élèves, au moyen d'un entretien interactif et dynamique, à comprendre le sens des mots clés du mythe raconté, mieux ses points saillants. Le sens des mythes c'est ce par quoi ils sont porteurs de sens et de signification. La méthode de la causerie-débat ou communauté de recherche permet de conduire les enfants à la vérité, laquelle, si l'on se réfère à Bachelard, ne se donne jamais, mais se construit. C'est cette méthode qui fait passer les mythes de reçus et de « *révélés* » qu'ils étaient, en mythes activement élaborés par la pensée pensante, autrement dit philosophiques.

De là, l'instituteur peut raconter par exemple le mythe de la création du monde ou le règne de l'âge d'or.

> *« Au commencement la terre et le ciel étaient proches l'un de l'autre. Il pleuvait abondamment. Les hommes jouissaient de tout ce dont ils avaient besoin. Et la loi en vigueur était qu'aucune femme ne devait applaudir en pilant. Mais voilà qu'un jour, une femme irrévérencieuse avait transgressé la loi en applaudissant. Dès lors, le ciel s'est automatiquement et définitivement éloigné de la terre. Commença alors le calvaire des hommes. Ce fut le début des sécheresses, des disettes, voire des famines. Les pluies étaient devenues aléatoires. Voyez-vous, dit le maître, cette femme est l'auteur du malheur des hommes. N'est-ce pas ?* [204] »

A cette question les enfants vont probablement apporter des réponses aussi diverses que contradictoires, donc philosophiques. Des

---

[204] Ce mythe existe dans la plupart des cosmogonies africaines, et singulièrement de celle des songhay-zarma.

réponses adaptées à leurs capacités intellectuelles. Des réponses telles que « *cette femme est mauvaise* », « *cette femme n'est pas mauvaise, elle est bien* ». Alors, il revient au maître de leur rétorquer en ces termes : *« c'est quoi être mauvais ? C'est quoi être bien ?*

Par un tel exposé, les enfants vont avoir une compréhension certes partielle, mais importante des notions respectivement de contradiction et de synthèse, lesquelles sont fondamentales en philosophie. Le mot synthèse signifie la réconciliation des choses qui ne sont pas identiques, c'est- à - dire qui ne sont pas les mêmes. Mieux, c'est l'unité des choses qui étaient opposées au départ les unes aux autres. Par un tel entretien guidé par l'instituteur philosophe, on voit finalement abordées des notions fondamentales du discours philosophique : le bien, le mal, le travail, la liberté, la contradiction, etc. Au fait, pour que le mythe populaire ait une portée philosophique, une fois raconté, son contenu doit être non pas fataliste, mais discuté. Ainsi le contenu de ce mythe de la création du monde peut être contesté par les élèves. Ceux-ci peuvent automatiquement dire que c'est faux en avançant par exemple l'idée qu'il est impossible qu'avec un simple applaudissement on puisse pousser tout ce gros ciel qui est au dessus de nous. Les mains de l'homme sont trop petites pour créer un tel événement. L'intérêt philosophique des opinions de ces élèves consiste non pas nécessairement dans leur véracité, mais dans l'inclination de ces hommes en herbe qu'ils sont, à réfléchir, dans leur effort à penser en profondeur, c'est-à-dire à philosopher.

Bien repensé, le mythe peut révéler la réalité des choses. Il peut être, selon l'expression de Heidegger, la capture de leur sens authentique. Connaître le mythe dans son fond abyssal, c'est connaître la réalité elle-même. L'imaginaire, en tant que registre du mythe, n'est pas radicalement opposé à la réalité. C'est ce qui fait dire à Claude Lévi-Strauss ceci :

> *« Or c'est un fait que les méthodes de cet ordre la pensée mythique pouvaient conduire à certains résultats qui étaient indispensables, pour que l'homme pût attaquer la nature par un autre biais. Loin d'être, comme on l'a souvent prétendu, l'œuvre d'une « fonction fabulatrice » tournant le dos à la réalité, les mythes et les rites offrent pour valeur principale de*

*préserver jusqu'à notre époque, sous une forme résiduelle, les modes d'observation et de réflexion qui furent (et demeurent sans doute) exactement adaptés à des découvertes d'un certain type : celle qu'autorise la nature, à partir de l'organisation et de l'exploitation spéculatives du monde sensible*[205]*. »*

Quelle est la voie royale qui peut conduire les mythes africains à la philosophie pour enfants ?

Si donc les mythes africains veulent revendiquer un statut philosophique, ils se doivent d'être un moyen de compréhension pour soi et pour les autres. C'est à cette seule et unique condition qu'ils peuvent enseigner philosophiquement quelque chose. Enseigner quelque chose, c'est délivrer un sens à partir des signes ou des symboles. A travers l'histoire fantastique par exemple de « *l'hyène la sotte, et de lièvre, l'intelligent* », il s'agit pour l'instituteur de faire comprendre pour lui et pour les élèves la distinction entre la sottise et l'intelligence, l'intempérance et la tempérance.

Pour libérer les mythes africains de leur caractère fataliste, les élèves, sous la conduite éclairée de leur maître, doivent les aborder, une fois racontés, avec un esprit critique. En effet, c'est l'esprit critique qui leur permettrait de ne plus considérer les mythes comme une ébauche maladroite du discours rationnel. C'est le décryptage herméneutique opéré par l'instituteur allant de pair avec les capacités intellectuelles des enfants, qui permet à ces derniers d'acquérir les premiers éléments de la connaissance du sens authentique du mythe qui ne se donne jamais intuitivement, mais par médiation. D'où l'utilité de ce que Paul RICOEUR appelle le symbolique :

*« Le symbolique désigne le commun dénominateur de toutes les manières d'objectiver, de donner sens à la réalité.(...) Le symbolique, c'est l'universelle médiation*

---

[205]Claude LEVI-STRAUSS, *La pensée sauvage*, Editions Plon, Paris, 1962.

*de l'esprit entre nous et le réel ; le symbolique veut exprimer avant toute chose la non-immédiateté de notre appréhension de la réalité. Son usage en mathématique, en linguistique, en histoire des religions, paraît confirmer cette destination du mot à un usage aussi universel*[206] »

Bien plus, comme l'a si bien dit Jean-Pierre Vernant *« le mythe serait comme une ébauche du discours rationnel : à travers ses fables On percevrait le premier balbutiement du logos*[207] *»*. Mais force est aussi de constater que non soumis à la critique, à la causerie active, il ne saurait accoucher de son sens véritable qui est par nature latent. C'est presque par la méthode de la maïeutique socratique qu'on peut le déterrer, le dépoussiérer et le faire jaillir comme une étincelle. Non soumis à l'analyse et au dialogue, le mythe reste et demeure avec son sens superficiel qui, bien que charmant, serait maîtresse d'erreur et de fausseté,*« non-sens, non- raison, non-vérité, non-réalité*[208]*. »* Seule la causerie-débat peut conférer au mythe une signification qui appartient au discours philosophique.

Le sens superficiel ne peut se transformer en sens authentique, sinon profond que si le mythe est repensé, autrement dit renvoyé à des échanges entre l'enseignant et les apprenants.

Par rapport donc à la notion de tempérance, on peut enseigner aux enfants qu'ils doivent toujours être tempérants, c'est-à-dire, comme dit Platon, ne jamais exagérer. L'excès de tout est mauvais : *« Le trop de liberté a bien l'air de ne pouvoir changer en rien d'autre qu'en trop de servitude*[i] *»*. Par exemple, le courage ne veut pas dire plonger dans le feu, affronter un serpent ou un fou. Etre courageux c'est affronter les choses qui méritent d'être affrontées. D'où il faut savoir les choses qui sont

---

[206] Paul RICOEUR, *De l'interprétation*, Editions Seuil, Paris, 2006.

[207] Jean .P. VERNANT cité par J. MEDINA-CLAUDE et al, in *Philosophie*, Editions Magnard, Paris, 1990.

[208] Jean-Pierre VERNANT cité par MEDINA-CLAUDE José et al, in *Philosophie*, Paris, Ed. Magnard, 1990.

dangereuses en interrogeant vos parents, vos voisins et votre maître. Le courage va de pair avec la connaissance. Et pour connaître il faut d'abord demander. Demander c'est chercher à savoir ce qu'on ne sait pas. Une fois qu'on sait on est heureux. Savoir c'est connaître la vérité. Celui qui ne sait pas est malheureux parce qu'il ne sait pas ce qui est bien pour lui et pour les autres. Comme dit le sage athénien, Thalès, *« l'ignorance est un lourd fardeau*[209]. »Par conséquent, il faut la fuir en allant à l'école. Car celle-ci est le lieu où l'on apprend le savoir. C'est dire que le savoir a une valeur à la fois scientifique et morale.

De même, en vue d'une bonne et droite éducation civique et éthique des élèves, on doit uniquement enseigner à ceux-ci les mythes qui imitent la vertu, c'est-à-dire la science du bien. Il s'agit du bien qui n'est possible que là où il y a les premiers éléments de la connaissance philosophique du juste, du vrai et du beau. S'agissant surtout de la connaissance du juste, l'instituteur africain peut raconter à ses élèves le mythe d'Er le Pamphylien du livre dix de La République de Platon. Il doit le raconter et le justifier dans un discours simple et non complexe en se référant au troisième précepte de Descartes : *« Le troisième, de conduire par ordre mes pensées en commençant par les objets les plus simples et les plus aisés à connaître, pour monter peu à peu, comme par degrés, jusqu'aux plus composés*[210] *»* Enseigner donc la philosophie aux enfants du primaire au moyen des mythes revient à le faire dans un discours simple, autrement dit clair et distinct. De même, pour ne pas embrouiller les enfants, l'instituteur africain doit remplacer dans le mythe platonicien les noms des hommes, des divinités, des animaux et des choses, par ceux de leur contexte culturel.

L'esprit philosophique est libre. C'est dans sa démarche libre qu'il arrive graduellement à atteindre la vérité. Encore faut-il surtout préciser que l'enseignant doit apprendre la philosophie aux enfants à

---

[209]Jean VOLQUIN, *Penseurs grecs avant Socrate*, Editions Gf Flammarion, Paris.

[210] DESCARTES, *Discours de la méthode* in *Œuvres complètes, tome1*, Paris, F G, Levrault, Editions Vrin, Paris.

travers les mythes dans un langage simple. Car n'oublions pas que Platon lui-même utilise les mythes pour faciliter la transmission du message philosophique. C'est un secret de polichinelle que le vrai message philosophique, à savoir la dialectique, n'est pas compréhensible chez tout le monde. Pour les enfants et les gens d'esprit obtus et étroit, il faut une méthode facile et non compliquée C'est justement le cas des mythes platoniciens, lesquels ont une fonction éminemment pédagogique. Le mythe en soi n'est pas vide de contenu substantiel. Bien réfléchi, sinon bien repensé, il est la manifestation phénoménale de la vérité. Il n'est pas nécessairement illusion. Soumis au dur travail du concept, il s'avère révélation de la réalité.

Le mythe est comme un masque, en ce sens qu'il cache la réalité pour ne la laisser voir qu'au terme d'un décryptage herméneutique. Et à la question de savoir comment des jeunes enfants peuvent s'adonner à un tel travail, la réponse est on ne peut plus claire : tout est question de méthode pour l'instituteur.

> *« Or, par méthode, j'entends, des règles certaines et faciles dont la rigoureuse observation empêchera qu'on ne suppose jamais pour vrai ce qui est faux, et fera que, sans se consumer en efforts inutiles, mais au contraire en augmentant graduellement sa science, l'esprit parvienne à la véritable connaissance de toutes les choses qu'il peut atteindre*[211]*. »*

La méthode, telle est la voie royale qui conduit à la pratique de l'éducation philosophique à l'école élémentaire en Afrique comme partout ailleurs. La méthode est le critère ultime de la réussite en toute chose. Pour cette même raison, le philosophe, psychologue, médecin et théologien français, Pascal IDE, nous fait comprendre que travailler avec méthode c'est réussir. Et comme il n'y a pas d'éducation sans évaluation, il convient d'évaluer les enfants dans les pratiques à visée philosophique. Encore faut-il qu'une telle évaluation soit bien adaptée.

---

[211] Ibidem ;

Evaluer des enfants dans les pratiques à visée philosophique peut s'avérer une tâche plus difficile encore qu'évaluer des adultes en philosophie. Et cela d'autant plus qu'il s'agit, pour parler comme Kant, des hommes qui ne sont pas encore sortis de leur minorité. La minorité c'est justement l'incapacité pour les jeunes gens de se servir de leur raison sans l'aide de quelqu'un d'autre. D'où la nécessité pour le maître d'inventer un examen, sinon un exercice et une évaluation adaptés dans le guide pédagogique. Toutes choses qui, cependant, ne vont pas sans problème. Opération difficile, l'évaluation a pour objet d'apprécier, de juger, de déterminer la valeur d'un travail ou d'une action. Mais, il convient de remarquer que, comme l'a si bien dit Joseph Leif, *« l'important à souligner si l'on veut une évaluation efficace, c'est moins le jugement du maître, l'appréciation et le classement, que la mesure selon laquelle elle affecte favorablement l'apprentissage... »*[212].

S'il y a une forme d'évaluation difficile aussi bien pour les adultes que pour les enfants, c'est bien l'évaluation en philosophie. En effet, celle-ci est une discipline spéciale tant par son objet d'étude que par sa méthode. Dans cet essai nous examinons, et défendons sous une certaine forme, l'évaluation des enfants en philosophie, laquelle évaluation ne peut se faire sans référence aux sciences de l'éducation, à la psychologie et à la philosophie elle-même. Ainsi comme nous allons le voir ici, évaluer des enfants en philosophie, c'est être confronté aux difficultés de l'évaluation en général. Mais il s'agit bien sûr des difficultés qu'il incombe à l'enseignant de savoir et de pouvoir dépasser par la communauté de recherche. Le dépassement peut consister dans un acte pluridimensionnel, sinon transversal. Un acte qui se veut à la fois littéraire, pédagogique, didactique, culturel et surtout éminemment moral. En d'autres termes, une telle évaluation se veut une méthode essentiellement philosophique, mais qui ne peut se faire sans la contribution de la littérature et des sciences humaines et sociales. Dans sa nature, elle consiste non pas à demander aux enfants à travailler des grands textes ou à rédiger des dissertations, mais à les inviter à la pratique du philosopher ou communauté de recherche. Nous voulons montrer ici qu'on peut évaluer en enseignant. De ce fait, il nous revient dans un premier temps de dégager les difficultés

---

[212] Joseph LEIF, *Philosophie de l'éducation*, Delagrave, Paris, 1979, p.105

d'évaluation des jeunes gens en philosophie et les moyens pratiques de leur résolution possible.

Le problème fondamental est donc de savoir ici la meilleure méthode d'évaluation des enfants dans les pratiques à visée philosophique. En quoi consistent le sens, la valeur et la méthode d'évaluation ?

**De la nature d'une bonne méthode d'évaluation**

Demande institutionnelle par excellence, l'évaluation a pour cause finale la détermination de la valeur d'un travail. Est valeur ce qui est digne d'être estimé. L'importance de l'évaluation est de repérer les réussites et les difficultés des apprenants. Elle est une opération qui a pour finalité d'apprécier, de juger et de déterminer la valeur d'un travail. Son objet est de montrer l'importance d'un travail. Ce qui fait qu'enseigner sans évaluer c'est comme, pourrait-on dire, prêcher dans le désert. Opération difficile, l'évaluation peut se faire en fonction de critères multiples, lesquels peuvent être le jugement du maître, du niveau, de la valeur des travaux de même nature du groupe auquel appartient l'élève.

L'évaluation ne peut être bienfaisante que si et seulement si elle est créatrice de liens et de sens. Comme dit Marie-Françoise Bonicel c'est au moyen d'une interprétation qu'on donne du sens à ce qu'on constate. L'interprétation a donc pour l'évaluateur une fonction donatrice originaire de sens. Ce dernier, par l'évaluation, dit à l'élève la représentation qu'il a de lui. Mais celle-ci ne doit pas être arbitraire sans quoi l'évaluation est taxée de subjective. Une évaluation objective est celle qui est basée sur un référentiel clair. Le référentiel clair en évaluation philosophique c'est l'ensemble des règles méthodologiques de la réflexion philosophique, laquelle par nature est critique et libre. L'évaluation en philosophie pour enfants n'est objective qu'à la seule et unique condition qu'elle soit adaptée à leurs capacités intellectuelles. Est bonne toute réponse de l'enfant qui est conforme aux règles méthodologiques de la pensée philosophique. Et ce qu'on attend objectivement des enfants c'est d'abord la maîtrise de la langue, laquelle consiste dans le langage qui est, par définition, l'expression verbale de la pensée. Il convient de reconnaître que le langage peut être aussi gestuel, mimique, graphique et même pictural. La maîtrise du langage chez un enfant se reconnaît par la capacité de celui-ci de s'exprime bien et de dire quelque chose de sensé dont il en est lui- même parfaitement conscient. Un tel enfant est jugé philosophe et doit, par conséquent, bénéficier d'une bonne note.

La philosophie étant, par définition, quête perpétuelle de la vérité, l'évaluation des enfants en philosophie doit porter plus sur leur effort à répondre que sur l'exactitude de leurs réponses à la question objet de la communauté de recherche. Car en philosophie, comme l'a si bien dit Karl Jaspers, les questions sont plus importantes que les réponses parce que celles-ci à leur tour engendrent toujours d'autres questions. Au fait, en matière d'évaluation des enfants, le maître doit toujours feindre l'ignorance. Même face à une réponse philosophiquement acceptable, celle-ci doit toujours être inquiétée, afin d'évaluer aussi le courage de l'enfant. Il s'agit du courage qui l'amène à être, selon l'expression de Descartes, sûr et certain de sa réponse. C'est dire que l'évaluation en philosophie pour enfants est encore une autre forme d'enseignement. Inquiéter la réponse de l'enfant c'est l'amener à résister à la peur des yeux du maître et de ceux de ses camarades qui l'écoutent attentivement. L'écoute attentive est aussi signe de performance chez les enfants. Elle traduit le fait qu'ils ne sont pas désintéressés aux pratiques à visée philosophique en cours. Ainsi, le maître peut apprécier de bons élèves ceux qui non seulement s'efforcent de répondre, mais également sont sûrs et certains de leurs réponses.

C'est dire que l'évaluation en philosophie pour enfants exige que le maître prenne en compte plusieurs paramètres dont entre autres l'atmosphère ambiante de la classe, la motivation, la politesse et l'assiduité des ces hommes en herbe aux pratiques à visée philosophique.

L'évaluation des enfants dans les pratiques à visée philosophique doit porter plus sur leur effort à répondre, sur la question objet de la communauté de recherche que sur leur capacité d'apporter des réponses justes. L'effort volontaire est une qualité pédagogique nécessaire tant chez l'élève que chez le maître. Il est signe d'amour ; ce qui est fondamental vu que la philosophie est, par définition, amour de savoir, lequel savoir est toujours inachevé. En tant que mobilisation des forces ou de l'énergie dans une activité consciente et voulue afin de réaliser un projet, d'atteindre un objectif, de vaincre une difficulté, un obstacle ou une résistance, l'effort volontaire est indispensable en tout et partout. Méthode à la fois pédagogique et éducative, il est indispensable pour deux raisons fondamentales. La première est que la motivation ou l'intérêt ne supprimant pas l'effort, mais le provoque. Et la seconde c'est que l'effort est action sur soi et même contre soi. De ce fait, il est lui-même formation, éducation et création de soi. C'est par l'effort qu'on arrive à concurrencer les autres, à imiter un autre meilleur que soi.

Notre cheminer philosophique nous amène à comprendre qu'on peut à la fois enseigner et évaluer par le débat. C'est-à-dire qu'on ne peut concevoir l'évaluation des enfants en philosophie en leur demandant de travailler des grands textes ou en rédigeant des dissertations. On peut tout au plus essayer de leur apprendre à philosopher, d'éveiller leur réflexion sur leur relation à autrui, au monde et à eux-mêmes. Toutes choses qui passent par la discussion à caractère démocratique ou communauté de recherche. L'évaluation est possible à un triple niveau :

1) pédagogie de l'espace dialogique, lequel doit être marqué du sceau de la liberté. Le maître doit exclure toute forme d'agressivité et de violence vis-à-vis des enfants. Il doit faire preuve d'une démarche non-violente.

2) prise en compte de la manière de formuler les questions, lesquelles doivent donc être adaptées aux capacités intellectuelles des enfants. Il faut d'abord leur apprendre à répondre en discutant. Il est recommandé au maître d'éviter de leur poser des questions ennuyeuses et troublantes, des questions ardues et éminemment dialectiques. Celles-ci ne conviennent, si l'on en croît Platon, qu'aux gens qui ont atteint l'âge de la maturité. Or force est de constater que les enfants, eux, ne sont pas encore des hommes accomplis, mais en herbe. Ce sont des jeunes esprits. Il faut leur proposer des questions simples.

3) analyse plus du processus que de l'exactitude des réponses aux questions.

Ainsi l'évaluation exige du maître, en face des réponses des enfants aux questions, de faire montre de pensée critique. Cela s'explique par le fait que

> *« la pensée critique permet de décomposer une situation, un concept, une théorie, ou un système de pensée jusqu'à son expression la plus simple, afin d'en faire*

*jaillir les sens multiples, les intentionnalités sous-tendues et les principaux enjeux. »*[213]

La réponse fausse a priori d'un élève peut avoir un sens philosophique. Ce qui n'est pas anodin. Le maître doit se demander la cause d'une telle réponse. Cause est ce qui répond à la question pourquoi. Au fait, le maître doit aussi considérer comme philosophiquement satisfaisantes les réponses des enfants en se disant que quoique fausses, celles-ci sont cependant informatives et critiques. Le maître a ici un rôle prédominant qui consiste dans son rapport à la parole des élèves. C'est ce rapport critique qui lui permet de constater les difficultés et les obstacles à franchir dans une perspective d'évaluation. Evaluer une discussion à visée philosophique, ne va pas de soi, en ce sens qu'il y a deux aspects imbriqués dans les faits et de nature distincte : la problématique générale de la gestion d'une réponse, d'ordre pédagogique, et celle qui donne une visée philosophique à cette réponse. C'est dire que le maître doit éviter un jugement précipité et dogmatique de la réponse d'un élève. Celle-ci se mesure d'abord par le processus langagier dont la portée philosophique réside dans la maîtrise de la langue. Le parler correct n'est que la manifestation phénoménale du penser correct ou philosophique. Ce qui s'énonce bien n'est que l'expression de ce qui se conçoit bien à en croire Boileau. En d'autres termes, l'évaluation des connaissances philosophiques des élèves s'effectue au moyen de tests concernant surtout la lecture.

Pour paraphraser Michel Tozzi, s'il faut savoir entendre les questions de l'enfant, nous disons qu'il le faut également pour ses réponses. Une réponse, c'est l'expression formulée, l'acte effectué par un sujet en retour à une question, une demande qui lui a été adressée. En termes philosophiques, une question, pourrait-on dire, traduit un désir de savoir. On entend également par réponse la solution ou l'explication apportée à une question, à un problème par le biais d'une démarche logique, c'est-à-dire rationnelle. La pertinence philosophique de la réponse d'un élève se mesure plus par son processus, sa dynamique que par son résultat final. En d'autres termes, la véracité d'une réponse réside plus dans l'ensemble des étapes de la réponse que de son exactitude. Le vrai étant le tout, selon l'expression de Hegel, il importe au maître, en

---

[213] *La philosophie*, Paris, Editions UNESCO, 2007, p.250.

matière d'évaluation, de ne pas tenir uniquement compte de l'exactitude de la réponse de l'élève, mais de tout son processus dialectique. C'est pourquoi la notation purement chiffrée n'est pas une fin en soi.

Le respect des enfants, de leur égalité devant les règles de l'évaluation est une exigence fondamentale. Poser les mêmes questions aux uns avec un sourire aux lèvres, et aux autres avec une mine ténébreuse est un scandale pédagogique et choquant. L'enfant comme l'adulte est naturellement porté à refuser d'être victime d'injustice. A ce propos, Jacques Sémelin, dans son livre, La non-violence expliquée à mes filles, fait une juste remarque. Refuser d'être victime c'est, à ses yeux, rompre une relation où tu es perdant. Tu exiges qu'on te respecte, qu'on te pose comme personne et non comme objet. Tu veux être responsable, autrement dit devenir le forgeron de ta propre histoire. Le respect est donc la condition première, originale et fondamentale de l'évaluation en philosophie pour enfants. *« C'est cet acte de reconnaissance, appliqué a priori à tout être humain et qui lui confère pour moi la dignité de personne, que Kant nomme respect. »* [214]Aujourd'hui même l'embryon doit être juridiquement respecté a fortiori un enfant. Le respect de l'enfant est un droit inaliénable.

Concrètement, une évaluation réussie se caractérise par son impact positif sur les enfants évalués, lequel impact est visible dans les types de comportements comme la socialisation, la tolérance ou la confiance en soi. L'impact renvoie ici à une sorte de civilité. *« La civilité qualifie ces manières de vivre, d'agir, de parler qui supposent contrôle de soi, maîtrise des instincts et de la part animale en soi. »*[215]C'est dire que les enfants qui éprouvent des difficultés de compréhension sont ceux qui sont réfractaires à la communauté de recherche, affichent une attitude d'isolement ou un refus de répondre par manque de confiance en soi. Mais là aussi il est à préciser qu'il y a des cas où il n'est pas possible de décider si un enfant a bien compris ou non la question sur laquelle porte l'évaluation. Il est possible qu'il refuse de répondre aux questions qui lui sont posées non par manque de confiance en soi ou par peur de la classe,

---

214 Jean LACROIX, Paris, PUF, 1981, p.97.

215 Marie-Claude BLAIS et al, *Pour une philosophie politique de l'éducation*, Paris, Editions Bayard, 2002, p. 261.

pas même pour avoir été victime d'injustice de la part du maître, mais par pur acte libre pour parler comme André Gide. Est acte libre l'acte désintéressé, l'acte qui n'est motivé par rien, donc l'acte sans cause.

En clair, une bonne évaluation des enfants dans les pratiques à visée philosophique doit être formative. Elle est formative lorsqu'elle se donne essentiellement deux objectifs : indiquer d'une part à l'élève les étapes qu'il a franchies et les difficultés auxquelles il se trouve confronté, et d'autre part indiquer au maître comment se déroule son programme pédagogique. Pour toutes ces raisons, il est loisible de dire qu'on peut évaluer en enseignant, autrement dit en procédant par la communauté de recherche. Celle-ci consiste à enseigner aux enfants les principes démocratiques.

## 2. L'apprentissage des principes démocratiques

On entend ici par principes démocratiques la tolérance, la justice, la vérité, la responsabilité et l'unité nationale.

Pour mieux cerner les conditions d'effectivité de la paix civile il faut comprendre comment la conduite conséquente des citoyens est possible. Concrètement le préalable est d'éduquer ces derniers à la notion de République qui ouvre au sens de la chose publique (res publica), et non tribale, clanique ou confessionnelle. A cet égard, la parole philosophique est d'une actualité prégnante. Face aux vicissitudes d'un siècle inondé de barbarie, de violations des droits de l'homme et singulièrement en Afrique, la parole philosophique serait la bienvenue. En effet, elle peut aider, avec les autres sciences humaines et sociales, à transformer le cœur de l'homme, à apprendre à chacun à partager et à s'inquiéter d'autrui, donc à comprendre et respecter les droits de l'autre. D'où la nécessité de l'étude des droits de l'homme qui doit être inscrite au programme d'études, à tous les niveaux de l'enseignement. Il faut apprendre aux uns et aux autres, et principalement aux forces de sécurité qui n'hésitent pas souvent à tirer sur les manifestants, ce que Emmanuel Levinas appelle « *la métaphysique du visage* », lequel visage est ce qui nous interdit de tuer :

> *« le visage est signification sans contexte. Je veux dire qu'autrui, dans la certitude de son visage, n'est pas un*

*personnage dans un contexte. Mais la relation au visage est d'emblée éthique Le visage est ce qu'on ne peut tuer, ou du moins ce dont le sens consiste à dire : tu ne tueras point.*[216] »

**Dc la tolérance**

Ainsi le premier des principes démocratiques à enseigner dès l'enfance est celui de la tolérance L'ancrage des principes démocratiques dans l'esprit des jeunes gens est un garde fou aux élections tribalisées qui sont souvent sources de violence en Afrique subsaharienne. Ils préviennent la naissance d'enfants soldats, des criminels en puissance. La tolérance est une valeur cardinale dans un contexte démocratique. Elle réside dans la sagesse, c'est-à-dire, selon la très juste expression du penseur malien Amadou Hampaté Bâ, dans la coexistence pacifique avec les autres, malgré leur différence. Pour ce faire, le maître doit faire entendre raison aux enfants qu'il ne faut jamais faire à autrui ce que tu ne veux pas qu'on te fasse .Pour étayer ses propos, il peut leur poser comme questions :

Le maître : Est ce que vous voulez que quelqu'un vous insulte ?

Les élèves : non !

Le maître : Est ce que vous acceptez que quelqu'un vous pique avec une épine ?

Les élèves : non !

Le maître : Est-ce que vous voulez qu'on vous vole votre ardoise ?

Les élèves non !

Au maître de conclure par ces remarques suivantes aux enfants : Etre juste c'est reconnaître ses droits et ses devoirs. L'insulte, l'agression, le vol sont tous des actes de violence. Ils doivent être proscrits. Etre juste c'est faire de la tolérance la substance de notre vie quotidienne. La tolérance est une pratique quotidienne entre camarades, entre voisins, à l'égard des étrangers. Etre tolérant, c'est accepter que les autres pensent, agissent différemment de soi. Le fanatisme religieux, politique et culturel doit être banni. De ce fait, le maître peut par exemple conférer les uns et les autres aux textes coraniques et bibliques.

---

[216] Emmanuel LEVINAS, *Ethique et Infini*, Paris, Fayard, 1982, p.106.

> *« Point de violence en matière de religion. La vérité se distingue assez de l'erreur. Celui qui ne croit pas au Thagout, et croira en Dieu aura ainsi une anse solide à l'abri de toute brisure. (le Coran, II, 257)*
> *« Vous avez entendu qu'il a été dit : tu aimera ton prochain et tu haïra ton ennemi. Eh bien, moi je vous dis : aimez vos ennemis et priez pour vos persécuteurs » (Evangile de Saint-Mathieu, 5-43)*

Bien plus, étant donné que le Niger est composé de neuf groupes ethnolinguistiques, il faut inviter les élèves à s'aimer mutuellement en faisant abstraction de toute considération subjective. Ces neuf groupes ethnolinguistiques sont notamment les Haoussas, les Zarmas- sonray, les Peuls, les Touaregs, les Gourmantché, les Kanouris, les Toubous et les Arabes. La démocratie c'est l'acceptation de la différence. C'est l'unité dans la différence, laquelle unité est synonyme de force en toute circonstance, et en particulier dans la construction d'une nation. Mais de peur que la tolérance ne soit assimilée au renoncement, l'instituteur doit cultiver, chez les enfants, l'esprit critique au moyen d'un croquis comportant plusieurs propositions. Ainsi il leur revient de choisir par exemple quatre propositions qui leur conviennent et de rejeter en quatre qui ne correspondent pas à la tolérance. Ce procédé peut conduire à la formation du jugement critique. Il s'agit pour les enfants de vérifier si être tolérant, comme dit Pierre Meyer-Bisch[217] c'est :

comprendre qu'on ne convainc personne par la force.
Excuser ceux qui sont dans l'erreur.
Respecter seulement ceux qui respectent les autres.
Etre indifférent : toutes les opinions se valent.
Fermer les yeux sur une faute.
Reconnaître aux autres le droit d'être différents.
Etre rarement choqué par une tenue ou une attitude.
Ne jamais interdire quoi que ce soit.
Etre accommodant, prêt à renoncer à son opinion.

---

217 Pierre MEYER-BISCH, La culture démocratique : un défi pour les écoles, Paris, Editions UNESCO, 1995.

Admettre ce qu'on ne peut pas interdire.
Laisser chacun s'exprimer à sa guise.

**De la justice**

Après le principe de tolérance vient celui de la justice. L'instituteur peut tenir aux enfants des propos tels que : être juste c'est permettre aux autres de jouir de leur droit. C'est faire du bien aussi bien à ses amis qu'à ses ennemis. Etre juste, c'est chercher son bien sans nuire aux intérêts des autres. C'est, comme dit John Rawls, être à la fois « *rationnel et raisonnable* ». Par exemple, si le maître dépose sur son bureau une tasse remplie de mangues à distribuer selon l'effectif de la classe. Il est juste que chaque élève prenne une seule mangue. Celui qui prend deux mangues n'est pas juste, en ce qu'il crée du mal à un de ses camarades. Car ce dernier ne peut pas en avoir. Ce qui produit automatiquement, chez lui, une frustration qui est elle-même source de haine et de conflit.

Exemple d'acte juste : tenir aux enfants des propos tels que : *« Si Sani et Hama ont travaillé pour toi. Ils ont chacun transporté 10 briques. Il est juste que tu leur donnes le même salaire. Au cas contraire tu n'es pas juste. Or les injustes seront malheureux après leur mort et souvent même ici-bas. Donc il faut être toujours juste.*[218] » Etre juste c'est permettre aux autres de jouir de leurs droits. La liberté est un droit fondamental en Démocratie. Le principe de justice doit avoir un fondement scientifique. D'où la nécessité du principe de vérité.

**De la vérité**

La vérité est une valeur essentielle en démocratie. Elle consiste à parler de la réalité. En tant que futurs citoyens, les uns et les autres doivent être francs et sincères. Car la vérité est source de bien et le mensonge de mal. L'instituteur peut conférer les enfants à des contes de réflexion. L''histoire du berger menteur est un exemple d'illustration.

Conte : Il existait dans un village un berger menteur. Une nuit à des heures tardives, il cria : '' au secours ! Les hyènes sont en train de dévorer

---

[218] H. YACOUBA « Contribution de l'initiation philsophique au primaire à la prévention des conflits en Afrique », *Diotime Revue internationale de didactiue de la philsophie*, Montpelier, 2008, p.18.

mon troupeau. ''Les gens du village accourent vers lui et découvrent malheureusement que c'est faux.

La seconde nuit très tardivement encore il cria : '' venez, venez gens du village. Les hyènes sont en train d'attaquer mon troupeau ! je dis vraiment vrai''. Et les gens courent en toutes jambes. Malheureusement une fois de plus ils découvrent que ce n'est qu'un mensonge grotesque et grossier.

La troisième fois, très tôt la nuit, les hyènes rentrent dans son enclos et attaquent son troupeau. Il cria, cria et cria très fort. Malheureusement cette dernière fois personne ne vint à son secours. C'est après que tout son troupeau ait été dévoré qu'il se dirigea en pleurant vers toutes les maisons pour dire aux gens de venir voir le massacre. Le matin les gens se déplacèrent et constatèrent le dégât. Cette fois-ci ils découvrent que c'est vraiment la vérité. D'où la conclusion de l'instituteur aux enfants : ''Voyez-vous, le mensonge c'est mauvais. Donc ne mentez jamais dans la vie''.

Le mensonge est mauvais. Car, comme dit Kant, si tout le monde se permet de mentir le monde n'aura plus de sens.

**De la responsabilité**

Il convient d'enseigner également aux enfants le principe de responsabilité Etre responsable c'est répondre de ses actes. Il revient à leur expliquer qu'il faut toujours reconnaître l'acte qu'on a soi- même posé. De ce fait, il faut bien réfléchir avant d'agir, puisqu'on va toujours répondre de ses actes. C'est pourquoi ceux-ci doivent toujours être réglés sur le modèle de la vertu. La responsabilité consiste, chez l'enfant, à le laisser penser par soi-même. C'est à l'aide de la maïeutique socratique qu'il va découvrir les bons actes des mauvais. La maïeutique est éducation de la conscience qui comprend « *ce qui se fait* » et « *ce qui ne se fait pas* », ce qu'Hegel appelait « *l'honnêteté* ». Le questionner philosophique sur le bien et le mal, le juste et l'injuste, l'honnête et le malhonnête donne aux enfants une attitude correcte dans leurs rapports d'actions entre eux et avec les autres membres de la société.

**De l'unité nationale**

Vu que nos sociétés africaines sont des sociétés multiculturelles, le principe de l'Unité nationale est une valeur fondamentale à enseigner à ces futurs citoyens en herbe que sont les enfants. L'Unité nationale est source de progrès social. Pour que qu'un pays se développe ses fils doivent conjuguer leurs efforts. Toutes choses qui leur permettent de profiter les uns des autres. L'Unité nationale passe par la culture de la paix. Aimer la paix c'est haïr la violence. Ainsi l'instituteur est tenu de dire aux enfants qu'ils doivent chasser la violence tant physique que verbale de leur vie quotidienne. Pour ce faire, ils doivent être tolérants en privilégiant la compréhension de l'autre, de sa culture, de ses différences. Comprendre l'autre, c'est d'abord être disposé à l'écouter, à saisir sa logique ou sa vison des choses. A ce niveau, l'instituteur peut utiliser la prise de conscience. Il leur fait le récit des conflits en Afrique. La plupart de ces conflits ont un fondement ethnique ou religieux. Les conflits identitaires sont mauvais, en ce qu'ils ont un impact négatif sur la vie de l'individu, de la famille, de la société, de l'Etat et surtout celle de leur établissement.

Ainsi l'instituteur nigérien peut dire à ses élèves ceci :

> *« En cas de guerre, vous ne pouvez plus jouer ou étudier dans votre établissement. Tous vos intérêts seront compromis. Parce que là il où il n'y a pas de paix, il n'y a plus d'organisation. Du fait de l'intolérance la femme Peule ne va plus vous vendre du lait, la femme Songhay du poisson, le boucher Haoussa, de la viande. Le taximan Gourmantché ne va plus vous amener à l'école, le Targui ne va plus vous vendre un sac en cuir, et ainsi de suite. Les Blancs ne vont plus faire venir en Afrique les voitures qu'ils fabriquent. Le chrétien photocopieur Béninois ne va plus vous faire la photocopie. Dans toutes ces circonstances, tout le monde est perdant. Ce sont là autant de raisons pour lesquelles, il faut éviter toute forme de guerre ou de conflit identitaire. Les gens doivent s'aimer mutuellement parce qu'ils sont tous des*

*hommes. Faire du mal à autrui, c'est se faire soi-même du mal*[219]*»*

. Mais comme l'Unité nationale ne signifie pas la haine des étrangers ou xénophobie, l'instituteur doit également expliquer aux enfants que détester les étrangers c'est se préparer à être détesté le jour où on quitte son pays, puisqu'on devient aussi automatiquement étranger. Certes nos Etats africains sont des Etats impériaux, c'est-à-dire imposés par la colonisation occidentale. Cependant le problème est que ce ne sont pas les Blancs actuels, mais leurs ancêtres qui sont responsables de la colonisation. On n'est responsable que de l'acte qu'on a soi-même posé. D'ailleurs dans la vie il importe de pardonner. Le pardon est non pas faiblesse, mais force et courage.

En d'autres termes, l'éducation à donner aux jeunes gens, dont il est ici question est avant tout une éducation à la citoyenneté républicaine. L'école est un lieu privilégié de cette éducation. Il faut expérimenter la citoyenneté à l'école. Celle-ci, loin d'être seulement un lieu de discours théoriques, doit être un lieu où l'on produit, crée et vit. Il y faut des activités qui favoriseront des jeux, des fêtes, des soirées culturelles, l'ouverture au dialogue, le jugement critique, l'esprit de discernement, la liberté d'opinion, le débat des conceptions, le sens de l'action en toute responsabilité. L'école doit être un domaine de responsabilisation, de participation, d'amour et du respect de la dignité de chacun.

**De l'expérience démocratique à l'école**

On peut expérimenter la démocratie par le vote des délégués de classe. Un délégué de classe doit défendre les intérêts matériels et moraux de ses camarades par la non-violence. A effet, l'instituteur se doit de créer un cadre favorable à la *« prise d'initiatives, la responsabilisation, la participation, le respect de la personne humaine*[220]*. »*

---

[219] H. YACOUBA « Contribution de l'initiation philsophique au primaire à la prévention des conflits en Afrique », *Diotime Revue internationale de didactiue de la philsophie*, Montpelier, 2008, p.18.

[220] Pierre MEYER-BISCH, La culture démocratique : un défi pour les écoles, Paris, Editions UNESCO, 1995, P.45.

Les élèves seront sensibilisés sur le fait que le vote n'est qu'une étape de la démocratie. Un délégué de classe doit répondre aux aspirations légitimes de ses camarades qui l'ont élu. Il se doit d'aider à résoudre les conflits qui peuvent surgir entre eux. En clair, il doit défendre leurs intérêts matériels et moraux par la non-violence. Le principe premier de la résolution de tout problème doit être le dialogue. Dialoguer c'est aller à la rencontre de l'autre, « *le moi qui n'est pas moi* » pour parler comme Jean Paul Sartre. Kant ne dit pas autre chose, sinon que l'humanité se définit par la disposition à communiquer. Il convient de dire aux jeunes gens que la démocratie se cultive par des actes et des propos empreints de sagesse. La sagesse c'est le fait d'être sage, c'est-à-dire de ne pas être méchant. Pour être sage il faut être juste, véridique et bon. Etre bon c'est faire du bien.

Vu que toute réforme politique en vue de la paix civile passe par l'éducation, il convient donc d'opérer des réformes éducatives en Afrique, et singulièrement au Niger. Encore convient –il de préciser qu'il ne s'agit pas de réformer, mais de bien réformer.

## Chapitre 9 : Repenser l'éducation

L'éducation étant le socle du développement a-t-on coutume de dire, il importe de savoir que toute réforme éducative suppose un bilan sans complaisance de l'éducation.[221] A bien des égards, la pensée philosophique est capable de proposer une école de qualité et ses conditions de possibilité.

### 1. Organisation des systèmes éducatifs : cas du Niger

A l'indépendance l'école était vécue comme un organe, pourrait-on dire, transplanté et qui est rejeté par l'organisme. En effet, les populations marquaient une nette aversion à son égard. Aussi, l'Etat sous la première République veille à ce que l'enseignement soit en phase avec les réalités du pays. Les politiques scolaires postcoloniales du Pays[222] se focalisent essentiellement sur l'organisation de l'enseignement du premier degré. Force est cependant de constater que celle-ci, dans ses contenus, n'est pas loin de la logique éducative de l'administration coloniale malgré la volonté manifeste des nouvelles autorités à opérer des réformes éducatives. A bien voir les choses, l'organisation de l'enseignement du premier degré se fonde sur l'arrêté N 2576 /I.P du 22 Août 1945-cadre AOF (Afrique Occidentale Française). Cet arrêté, il convient de le remarquer, n'a pas véritablement subi de modification notoire au niveau des programmes d'enseignement. Les faiblesses des politiques scolaires résident surtout dans les ressources humaines et financières qui font gravement défaut. Elles compromettent fondamentalement la politique volontariste du Président de la République, Diori Hamani, père de l'indépendance nominale du Niger, d'avoir un système éducatif orienté vers le développement :

> *« l'organisation de l'enseignement, dit-il, sera telle qu'élèves et étudiants*

[221] Voir notamment H.YACOUBA et Nana GOZA L'organisation du Système éducatif nigérien in *Livre Etudes anthropologiques* de l'Université de Lugu Santiago Compostellad' Espagne, 2014.

[222] Voir Olivier MEUNIER *Bilan d'un demi siècle de politiques éducatif au Niger*, Paris, L'Harmattan, 2000.

*conserveront le maximum de contact avec les réalités nigériennes et leur village d'origine(...), mais avec le souci constant de former des agriculteurs et des éleveurs ouverts au progrès* [223]*».*

Malheureusement cette organisation repose sur des moyens de fortune, qui laissent à désirer. D'où l'impérieuse nécessité d'une politique de construction de classes de paillottes, le recrutement et la formation rapide de moniteurs auxiliaires, des contractuels issus des pays voisins dont pour la plupart le niveau et l'authenticité des diplômes porte les stigmates de doute originel. Les instituteurs adjoints dans les cours normaux de Tahoua et de Dosso et les instituteurs titulaires dans les écoles normales de Zinder et de Tillabéry qui, par la suite se sont transformées implicitement en lycées puisqu'elles débouchent sur la préparation au Baccalauréat.

Du primaire au supérieur en passant par le secondaire, le système éducatif nigérien a connu, sous le régime militaire, une vraie amélioration. Cela s'explique par les investissements importants qui ont pour origine ce qu'on a appelé *« le boom de l'uranium ».* Pour preuve, dans le primaire, le taux de scolarisation est passé de 18 ,20% en 1978 à 21,0% en 1981 grâce à des investissements importants (entre 1.856.000.000 et 1.946.000.000. IL y a eu beaucoup de construction de classes et de formation d'enseignants, afin de « *nigeriser* », pourrait-on dire, le corps enseignant jusque -là dominé par les expatriés de la sous-région. S'il y a un point sur lequel la politique éducative du régime militaire a échoué c'est bien les écoles expérimentales où sont enseignées les deux langues principales du pays (le Haoussa et le Zarma).

Si le principe d'une telle politique est louable, il est difficile voire impossible que la France, ancienne métropole, qui finance en grande partie la politique d'éducation au Niger, puisse voir d'un bon œil la promotion des langues nationales. Toute chose qui compromettrait celle de la langue officielle qu'est le français. D'ailleurs, celui-ci, par

---

[223] Hamani DIORI, Premier Président de la République du Niger et instituteur de formation. Il est diplômé de l'Ecole normale William Ponty, laquelle est l'école normale fédérale de l'Afrique Occidentale Française ( AOF)

l'institution internationale qu'est la Francophonie, semble ne plus être la propriété culturelle de la seule France. Le français est désormais un bien culturel partagé. Il est symbole d'unité et moteur de développement pour les Etats francophones. On ne saurait imposer la langue d'un groupe ethnolinguistique aussi majoritaire soit-il aux autres. Officialiser dans un Eat une langue nationale à côté de la langue française serait discriminatoire pour les autres groupes ethnolinguistiques. Ce serait pour ces derniers une seconde fracture ontologique. A la limite on peut enseigner les réalités du monde à chaque enfant dans sa langue maternelle afin de bien assimiler la langue officielle qu'est le français. Celui-ci apparaît comme un antidote aux inclinations tribales des différentes composantes ethniques en présence. C'est de cette façon que la promotion des langues nationales peut avoir tout son sens républicain.

Fait remarquable en matière de réformes pédagogiques : Au primaire, les anciens livres comme « *Mamadou et Binéta* » sont remplacés par une nouvelle collection dénommée « *la famille* Boda », qui comme les Belles histoires de la famille Boda sont des livres en déphasage avec les réalités socioculturelles des enfants[224]. Ils ne confortent en réalité que les enfants des fonctionnaires vivant dans les villes. Parler par exemple de photographe, de téléphone, de plombier et bien d'autres ne signifie rien pour un enfant rural complètement étranger à ces choses de la technologie occidentale qui n'existent que dans les centres urbains. Le remplacement de la méthode syllabique par la méthode globale a paradoxalement créé des problèmes pédagogiques.

Bien plus, on ne peut parler de réforme éducative sous la première République sans parler de l'adoption du système téléenseignement en 1964.Il a été financé par la France. Encore faut-il préciser que le système téléenseignement relève non pas du Ministère de l'éducation nationale, mais de la présidence. Le téléenseignement peut être compris comme un projet d'enseignement scolaire palliatif qui malheureusement a avorté. Toutes les analyses effectuées sous la 1ère République indiquent une sous-scolarisation malgré les énormes efforts des autorités en charge de l'éducation. Les raisons de cette situation sont multiples. Elles sont notamment l'enclavement du pays, la pauvreté, les pesanteurs

---

224 Cf. Abdou Moumouni, L'éducation en Afrique, Editions Présence africaine, Paris, 2000.

socioculturelles sur l'école de type occidental considéré comme source d'aliénation.

Ainsi repenser l'éducation au Niger revient à faire que la conception de l'école soit toujours dépendante du système politique dans lequel elle s'inscrit et des valeurs qu'il prétend incarner. La bonne organisation du système éducatif a pour passerelle une concertation interne et externe, celle des différents acteurs de la vie sociale. L'Etat se doit de mobiliser tous les partenaires et acteurs éducatifs en favorisant la réussite des enfants et jeunes défavorisés. L'insertion sociale de tous les élèves, tel doit être l'objectif final de l'éducation. Or celui-ci ne peut être atteint qu'en relevant le défi du savoir et de l'intelligence qui constitue le défi essentiel pour l'avenir culturel, économique et social du Niger. Pour ce faire, il importe d'abord pour l'Etat et les autres partenaires de l'école de prendre conscience, de stigmatiser, disons de faire un diagnostic de l'école nigérienne en relevant les difficultés majeures auxquelles elle se trouve confrontée. En vue du progrès du système éducatif nigérien, il convient de lutter contre ce que le philosophe et ancien ministre de l'Education de France, Luc Ferry, appelle *« la fracture scolaire »*

Pour préparer l'avenir du système éducatif nigérien, il convient d'abord de chercher les racines de son mal. Celui-ci a trois visages principaux qui sont notamment l'illettrisme, les sorties du système éducatif sans diplôme et sans professionnalisation et la violence scolaire. L''école nigérienne doit relever le défi quantitatif et qualitatif. Elle est en face de nouveaux défis multiples et variés. Pour ce faire, il s'agit principalement de :

- diversifier les sources de financement de l'école en faisant appel à la fois à l'Etat et à l'aide de la commune et les bonnes volontés internes et externes ; Il convient de préciser clairement et distinctement que les communes ne doivent en aucun cas supplanter l'Etat par rapport à sa fonction régalienne de paiement des salaires des enseignants et du fonctionnement des écoles.

- rationaliser l'innovation en réduisant ses excès. Car une innovation permanente ou globale a ses limites. D'où la nécessité de tenir compte uniquement des priorités urgentes. Toute éducation comporte une part de tradition. Celle-ci a une valeur formatrice et pédagogique ; Il faut innover en tenant compte de la tradition.

- suivre et consolider les acquis du système éducatif nigérien ;

- réconcilier liberté et autorité, c'est-à-dire respecter la liberté de l'enfant tout en lui enseignant la discipline ;

- recruter plus de surveillants face à la violence à l'école[225]. Il convient surtout de combattre le scandale de l'illettrisme ;

- revoir l'administration pédagogique et l'encadrement de la vie scolaire ;

- promouvoir l'enseignement des masses populaires ;

- réduire l'échec scolaire et les sorties d'école sans diplôme ou qualification ;

- créer une synergie entre savoir, savoir être et savoir-faire ;

- avoir des statistiques fiables sur le système éducatif dans toutes les communes nigériennes.

- améliorer le statut social de l'élève ou étudiant en formation et celui des formateurs ;

- promouvoir l'égalité des chances sans faire entorse à une école méritocratique ou de l'excellence.

Au total, pour emprunter les justes propos de Luc Féry[226], il convient de savoir gérer, évaluer et innover[227]. Mais il est à souligner qu'on ne peut parler de l'éducation en général, sans parler particulièrement de celle de

---

[225] NB : la violence à l'école est devenue un vrai problème politique au Niger.

[226] Luc FERY, Cf. Politique et philosophie de l'éducation, Editions Frémeaux et Associés, Paris, 2015. Cf. en particulier ses propositions sur une école de qualité.

[227] Voir H.YACOUBA « Pour une évaluation adaptée des enfants dans les pratiques à visée philosophique » , Diotime revue internationale de didactique de la philosophie, Numéro 45, p.22, 7/2010, 5433mots, CRDP Montpellier.H.YACOUBA « Pour une éducation émancipatrice de la femme en Afrique » *Etudes Sahéliennes Revue scientifique de la faculté des Lettres et Sciences Humaines* de l'Université Abdou Moumouni, 2013.

la femme. Il s'agit singulièrement de l'éducation de la femme africaine. En effet, l'émancipation de celle-ci passe nécessairement par sa bonne et honnête éducation, laquelle contribue beaucoup au développement du continent africain.

### 2. Pour une éducation émancipatrice de la femme en Afrique

L'éducation émancipatrice de la femme en général est représentée surtout par le grand philosophe de l'éducation, à savoir Platon[228].Ce dernier est incontournable relativement à la compréhension philosophique de toutes les questions de société. C'est ce qui fait dire au philosophe, logicien et mathématicien britannique, Alfred North Whitehead, que la philosophie occidentale n'est qu'une suite de bas de pages aux dialogues de Platon. Les politiques éducatives de la jeune fille en Afrique doivent beaucoup se ressourcer à la théorie platonicienne de l'éducation de la femme, laquelle est éminemment actuelle.

L'éducation de la femme africaine s'inscrit dans la logique de la promotion des droits de celle-ci en tant qu'être humain à part entière. Encore convient-il de souligner que même si celle-ci est contre-culture, elle doit aller de pair avec la culture vu qu'elle ne vise à éliminer que les normes culturelles discriminatoires. D'où le recours à la modernité qui se traduit par le règne de l'Universel n'est pas une fin en soi. Malgré les valeurs hautement humanistes qu'elle défend, la modernité est elle-même contestable d'une certaine manière.

Ainsi,

> *« notre temps est celui de la modernité qui considère le respect des droits de tout être humain comme un impératif catégorique. Malheureusement, en portant un regard attentif et critique sur les réalités africaines, force est de constater que la*

---

[228] H.YACOUBA Thèse de Doctorat de 3ème cycle Université de Coccody-Abidjan, 2002.

*femme vit une situation de discrimination et d'oppression multidimensionnelle : culturelle, sociale, psychologique, biologique. Et à bien voir les choses, la condition première, originelle et fondamentale de la libération de la femme africaine est l'éducation. Celle -ci facilite le meilleur accès des femmes au pouvoir et aux ressources.* [229]»

La question de la discrimination sociale des femmes se trouve plus que jamais au centre du féminisme et des préoccupations de toutes les sociétés bien organisées, c'est-à-dire démocratiques. Certes l'oppression de la femme est un péché originel dont aucun continent n'est exempt. Mais il est particulièrement remarquable que sur ce point le continent africain en est réputé champion. Quelques exemples chiffrés[230] donnés par l'Unesco font comprendre qu'au Niger et en Guinée, près de 70o/o des filles provenant des ménages les plus pauvres ne sont jamais allées à l'école.

De ce fait, la théorie des représentations sociales marque un travail dans la compréhension du statut de la femme en général et constitue un carrefour pour les sciences humaines et sociales. Elle permet à celles-ci de réfléchir sur les voies et moyens d'émanciper la femme de l'injustice qu'elle endure depuis la nuit des temps dans le monde, et singulièrement en Afrique subsaharienne. Ce continent est le lieu par excellence où la femme du fait de son illettrisme ou de son identité mal comprise, subit toute forme d'oppression. D'où la place centrale de l'éducation comme antidote à sa condition d'aliénation. Et s'il y a une meilleure forme d'éducation comme clinique de la femme opprimée, c'est bien l'éducation

---

[229] H.YACOUBA « Pour une éducation émancipatrice de la femme en Afrique » *Etudes Sahéliennes Revue scientifique de la faculté des Lettres et Sciences Humaines* de l'Université Abdou Moumouni, 2013, p.121.

[230] . Unesco, Base de données de l'Institut de statistique de l'Unesco, 2016 et Rapport mondial de suivi de l'EPT, Education Pour Tous : 2005-2015.

philosophique. Car celle-ci a une visée fondamentalement ontologique et existentielle. Aux yeux de la plupart des hommes en Afrique, l'humanité de la femme semble porter les stigmates d'un doute originel.

Alors que faire pour éradiquer, sinon réduire ces illusions ou faux préjugés qui persistent encore dans des sociétés toujours réfractaires à la voix de la modernité qui elle- même est contestable?

En clair, l'objectif de notre étude est de proposer l'éducation comme un moyen privilégié de lutter contre l'oppression et la discrimination en démontrant de quelle manière elle peut contribuer au processus d'émancipation de la femme en Afrique.

Commençons par rappeler brièvement le statut de la femme en Afrique. Pour comprendre l'extrême condition d'aliénation et de misérabilisme dont souffre principalement la femme rurale en Afrique, mieux vaut commencer par les pesanteurs socioculturelles qui font d'elle un être inférieur, un infra humain, disons un humain au rabais. Nos mythes d'héritage ne laissent aucune marge de manœuvre à la liberté de pensée : la femme symbolise le mal et l'homme le bien. Les mythes africains influencés par les religions respectivement chrétienne et musulmane considèrent l'homme comme un être droit à l'image de Dieu et la femme un être tordu à l'image de la côte de l'homme dont elle est issue. La femme est considérée comme un être dont il faut se méfier .Il ne faut jamais avoir confiance en elle car par nature elle ne garde pas le secret. Etant donné qu'elle est le sexe faible, elle doit être commandée par l'homme. De ce point de vue, l'univers culturel africain semble a priori conforter la théorie aristotélicienne qui place la femme au statut d'être dominé, d'être dont l'essence, c'est-à-dire la fonction, est d'obéir par opposition à l'homme fait pour commander.

Mais, il convient de préciser que, si, pour Aristote, le piédestal de l'obéissance est la vertu fruit de l'éducation, malheureusement pour la représentation sociale en Afrique, c'est une sorte de conformisme moutonnier. Dans le foyer conjugal la femme doit comprendre que l'autorité du mari, chef de famille, ne se discute pas. Discuter de l'ordre du mari c'est remettre en cause sa raison d'être mari. Ce qu'on appelle la vertu d'une femme c'est d'observer en tout et partout la loi de l'omerta ou loi du silence relativement aux décisions de son mari. C'est comme si ce dernier comme tout humain n'est pas faillible. Selon la tradition, la femme n'est vraiment femme que si et seulement si elle est obéissante d'une manière inconditionnelle. Ne pas être docile à son conjoint c'est se préparer pour le divorce, lequel est décrété unilatéralement par ce dernier. La femme peut être chassée de son foyer conjugal à tout moment par son mari ou ses beaux-parents. Elle n'a aucun droit de braver son mari. Le braver c'est s'attendre souvent à la violence physique ou verbale dont l'impact psychologique sur les enfants n'est point à démontrer.

Le comportement autoritaire du mari est façonné et conditionné par les contextes et traditions historico-culturels, lesquels demandent à être réinterprétés. Car la modernité, en tant que manifestation phénoménale de la raison critique, s'oppose, dans son principe comme dans son achèvement, à toute forme d'autoritarisme. Ces traditions sont la cause et le terrain de l'oppression qui aliène la femme africaine, et singulièrement rurale et analphabète. La vie de celle-ci c'est la loi de l'obéissance moutonnière sans contestation aucune Elle se doit d'endurer toutes les remontrances de son mari. Se taire, telle est la philosophie vulgaire qu'elle doit pratiquer, alors que la philosophie dans son acception académique lui recommande de parler. Parler est un devoir nous dit Platon il y a plus de 25 siècles de cela. Aux yeux de la majorité des hommes en Afrique, la vertu d'une femme c'est de comprendre que la violence physique ou verbale que lui fait subir son mari va dans son intérêt d'être une femme exemplaire. Est exemplaire la femme muette, celle qui ne dit mot lorsque son mari la gronde, l'insulte ou la bât.

Bien plus, la femme africaine est victime d'une certaine solitude liberticide. Sa liberté se trouve presque confisquée. Aller prendre de l'air par exemple au bord de la mare, du fleuve ou de la plage est suspect aux yeux de son mari ou de ses beaux-parents. Cela est considéré comme un désir d'adultère, de fraude sexuelle ou fornication. Les causes du statut inférieur réservé aux femmes de notre société africaine sont multiples. Pour bon nombre d'hommes et même d'intellectuels, une femme éduquée à l'école occidentale est une femme rebelle au commandement. En matière de mariage, ils considèrent la femme dont le niveau d'instruction est inférieur, préférable à la femme titulaire d'un doctorat par exemple. C'est dire que l'homme africain est mu par le désir effréné d'un pouvoir absolu sur la femme.

C'est par l'éducation que les femmes et les hommes peuvent combattre la perpétuation des mythes de la suprématie masculine, les fausses notions de supériorité qui ne font pas honneur à l'humanité. Ce n'est qu'en étant bien éduquées que les femmes seront capables de dévoiler et de dénoncer la nature de l'oppression qui s'exerce sur toutes les femmes de notre société africaine. Et la première forme d'éducation dont les femmes doivent bénéficier c'est l'éducation à la parole. Ainsi la parole est un chemin privilégié de l'éducation émancipatrice de la femme en Afrique. La parole de celle-ci dans son foyer conjugal peut beaucoup l'aider à transcender, sinon à conjurer les abus d'un mari autoritaire. Mais il fallait d'abord l'éclairer sur ses droits et devoirs, lesquels, convient-il de le souligner, sont dialectiquement liés. Pour revendiquer ses droits par la parole, il lui fallait avant tout les connaître. D'où la place centrale de l'éducation.

Ainsi il faut une contre-tradition qui consiste dans une refonte structurelle de la famille impériale en famille démocratique où les époux et les enfants ont aussi la liberté d'expression. Car dans la famille traditionnelle africaine le mari ou chef de famille a droit de vie et de mort sur tous les autres membres. Il impose souvent des ordres non consentis. De ce fait, il importe de transformer son autorité impériale ou absolue en autorité consentie et éclairée. Il faut déconstruire sa souveraineté absolue en sphères de souveraineté. C'est à travers le dialogue que celles-ci se relient et interagissent dans l'harmonie et l'entente mutuelle et cordiale. Le mari doit comprendre que tous les membres de la famille devront être respectés comme personnes jouissant d'une dignité. Il s'agit de *« cette dignité en vertu de laquelle l'homme ne saurait prendre rang parmi les choses- quelles que soient les relations qui l'y rattachent- se définit par la raison.*[231] *»* Le droit de vie de tous les membres de la famille à la liberté, à la poursuite du bonheur, dans la mesure où il ne fait pas obstacle au bien-être familial, doit être le souci constant de tout homme en tant que père de famille.

A l'avenir la famille devrait être un vecteur de bien-être plutôt qu'un centre de pouvoir. Le dialogue est la manière principale de sauvegarder la sphère familiale. Comment créer et préserver l'harmonie au sein de la cellule familiale ? La réponse est : c'est à travers la modération. Il s'agit de la modération qui consiste chez chaque conjoint à tempérer sa colère à la suite d'un événement fâcheux. Car si tous les

---

[231] Emmanuel LEVINAS, *En découvrant l'existence avec Husserl et Heidegger*, Vrin, Paris, p.136.

époux se fâchent concomitamment et de manière radicale, la réconciliation ne serait point possible. Ils se doivent d'être philosophes. N'est-ce pas que l'esprit philosophique est avant tout modération ? Seul le dialogue permet aux époux de parvenir à la paix véritable, celle des cœurs et des esprits. Celle-là même qu'ils ressentent dans leur fort intérieur, dans leur soi inné. Toute chose qui s'oppose à la paix imposée qui, à vrai dire, est une guerre potentielle. Celle-ci ne convient pas à des êtres civilisés, c'est-à-dire rationnels. La paix dans le foyer conjugal passe par la maîtrise ou pédagogie du langage.

La maîtrise du langage par les époux consiste dans l'usage raisonnable et respectueux des mots, lequel se donne pour objectif une compréhension mutuelle sans heurts. D'où l'importance de la philosophie du langage comme éducation émancipatrice de la femme en Afrique. Elle se veut domination du langage qui, par définition, est l'expression verbale de la pensée. Encore faut-il préciser que le langage n'est pas que vocal. Il est aussi gestuel, mimique, graphique voire pictural. Ainsi la domination du langage se mue en domination du conflit.

Par contre, quand le langage n'est pas maîtrisé, il amplifie le conflit, ce qui est dommage et regrettable. La maîtrise du langage réside dans sa clarification logique qui aboutit nécessairement à l'annihilation du langage lui-même, c'est-à-dire à la fin du langage ou compréhension mutuelle. Maîtriser le langage n'est-ce pas aussi rectifier chaque mot sans pour autant le falsifier dès qu'il apparaît blessant aux yeux de son interlocuteur ? La parole, en tant qu'elle exprime l'intention, établit le contrat entre interlocuteurs: *« le langage a été créé pour discerner les choses et les principes*[232]*. »*

La parole maîtrisée est parole sensée, celle qui s'oppose à la parole sans résonance dans le sens, à la parole ambigüe et indéterminée. La fin de la parole, en tant qu'axe du langage, est son épuisement par le commentaire fait de part et d'autre par les époux. Une telle parole est promesse d'une paix marquée du sceau de la beauté et de la bonté au sens hellénistique du terme. C'est là tout le sens d'une paix d'espérance par opposition à la paix négative, celle imposée par le chef de famille autoritaire. Une telle paix ne confère à la femme que les droits de vivre en

---

[232]Taka Hiro NAKAJIMA, *Diogène*, Paris, 2009, p.98.

sécurité excluant tout autre droit humain, telle la liberté de parole, d'expression et d'opinion. Sa conduite s'appuie sur la peur de l'autorité du mari, chef suprême de la famille.

Il convient de reconnaître que la paix dans l'univers familial est fonction de l'éducation des époux. La famille où il fait bon vivre est celle où les époux vivent en harmonie, en unité dialectiquement obtenue, donc rationnellement consentie. Une telle famille est un lieu de paix véritable. Encore faut-il préciser que la paix, pour parler comme Spinoza, ne consiste pas dans l'absence de guerre, mais dans une vertu qui naît de la force de l'âme. Une famille où il fait bon vivre est celle fondée par des individus libres et guidés par l'espoir plutôt que par la peur, tandis qu'une famille infernale est celle où la femme et les enfants sont soumis et animés par la peur plutôt que par l'espoir. Quand la femme est libre, elle cherche à améliorer son existence ; soumise, par contre, elle cherche seulement à éviter d'être grondée, battue ou divorcée. Elle ne vit pas, mais survit, sinon vivote. La paix positive au sein du foyer conjugal est donc celle qui assure les droits humains de la femme. Elle est celle qui se caractérise par l'absence de violence structurelle, autrement dit *« une forme de violence où une structure ou institution sociale tue lentement mais systématiquement les individus en les empêchant de satisfaire à leurs besoins élémentaires.*[233] »Le racisme, l'élitisme, l'ethnocentrisme institutionnalisé sont des exemples d'illustration.

L'un des obstacles de l'émancipation de la femme africaine est le caractère tabou de la sexualité. Toute chose qui pousse potentiellement une femme mariée à la fornication et les jeunes filles à certaines déviances sexuelles aux conséquences néfastes et incalculables (filles mères, avortement, arrêt de la scolarisation, maladies sexuellement transmissibles ou MST). Il faut donc une éducation à la sexualité, dont le premier chemin est la parole libérée au sein du foyer. Car si celle-ci existe, bon nombre de déviances allaient être évitées. Par exemple l'adultère est souvent le résultat d'une inhibition psychologique de la femme qui dans le contexte culturel africain authentique n'a pas le droit d'exprimer à son mari son désir sexuel. N'est-ce pas ignorer que celui-ci

---

[233] Diogène, Paris, 2009, p.196.

est une exigence biologique existant aussi bien chez l'homme que chez la femme ?

Dans l'univers culturel africain la femme qui dévoile à son mari son désir sexuel est jugée suspecte. Elle est taxée de pute. Elle est considérée comme un être perverti, autrement dit une femme qui fait violence à la pudeur, laquelle constitue une valeur cardinale dans les sociétés africaines non encore influencées par les valeurs culturelles occidentales. Une femme qui, au moindre voyage de son mari, peut forniquer. Au contraire on ignore que c'est quand on empêche à la femme mariée d'exprimer son appétit sexuel à son mari qu'elle serait tentée de forniquer. Un foyer conjugal civilisé, pourrait-on dire, est celui où la sexualité est libérée, où les conjoints peuvent se dire mutuellement leur envie sexuelle. La manière la plus simple d'assurer la fidélité de la femme est de lui permettre d'exprimer son désir sexuel à son mari et à tout moment voulu. Le désir sexuel est naturel. Or ce qui est naturel ne relève-t-il pas de la loi de la nécessité, c'est-à-dire ce qui ne peut pas ne pas être ? La nécessité, par définition, s'oppose à la contingence, à ce qui peut ne pas être. Tout humain qui jouit de sa normalité biologique éprouve du plaisir sexuel. La seule chose qui est humainement exigée chez un sujet c'est la gestion raisonnable de son désir sexuel.

Entre autres, les actes de protestation violente chez une femme mariée dérivent souvent d'un manque de communication, de parole libérée, c'est-à-dire de dialogue au sens où l'entend Levinas. Afin de prôner la réconciliation et la paix entre deux conjoints en conflit, il est nécessaire pour eux de tenir compte de leur différence, laquelle ne peut être libérée que par l'échange d'idées. Celles-ci, loin d'être des abstractions vides de contenu substantiel, sont la traduction exacte de leur vécu existentiel. Il est fréquent de voir dans les campagnes comme dans les villes africaines beaucoup de femmes endurer de nombreuses brimades. Celles-ci peuvent être cicatrisées au moyen du dialogue. N'est-ce pas que la philosophie est fondamentalement dialogue ? Comme le montre de manière exemplaire Hegel, la philosophie est essentiellement une affaire de langage. Discipline charnière des sciences humaines, la philosophie, et singulièrement celle du langage a une place centrale dans l'éducation émancipatrice de la femme en Afrique.

Ainsi la femme opprimée et désemparée doit comprendre que son malheur ne vient pas du fait que l'homme la commande, mais du fait que le commandement n'est pas consenti. L'éducation philosophique, en tant que médecine de l'âme, permet à la femme d'explorer ses possibilités de faire face aux problèmes dont elle est victime dans une multiplicité de contextes. L'esprit philosophique lui permet de faire l'expérience de son moi relationnel : relation avec son mari, relation avec ses beaux-parents, relation avec la société, relation avec ses enfants ou éventuellement avec ceux de la coépouse ou avec celle-ci elle-même. Cette relation multidimensionnelle la martyrise au moyen des traditions. La femme africaine est souvent victime du comportement de ses propres enfants. En effet, il existe beaucoup de jeunes gens qui refusent de sortir de la minorité. Ils préfèrent toujours rester dans une sorte d'assistance maternelle. Du coup, la femme peine en longueur de journée à se battre pour pouvoir les nourrir et les habiller. Quant au mari, il passe son temps dans des lieux de causeries ou de jeux inutiles ou sous l'arbre à palabres qui n'est plus en Afrique ce qu'il était. Si jadis il était une sorte d'agora à l'athénienne, il est presque devenu aujourd'hui un lieu de commérages ou de dénigrements gratuits des honnêtes gens.

L'éducation philosophique a une utilité à la fois privée et publique. Ainsi les philosophes ne peuvent être dignement heureux qu'en jouissant d'un bonheur pluriel, c'est-à-dire partagé. Toute chose qui peut les amener, par exemple, à créer des cabinets de consultations philosophiques pour soigner les femmes qui traversent une crise existentielle du fait des traumatismes subis dans leur foyer conjugal. Etant donné que l'éducation philosophique est fondamentalement dialogue, le premier soin existentiel que les philosophes peuvent apporter au profit de ces femmes meurtries, consiste à s'entretenir avec elles afin de les amener à la maîtrise de soi. Se maîtriser n'est-ce pas être responsable devant ce qui nous arrive, ce qui dépend ou ne dépend pas de nous ? N'est-ce pas ne pas s'acharner face au destin ? La sagesse revient à ne pas chercher à troubler l'ordre du monde comme nous le recommandent les philosophes présocratiques dont la pensée, malgré le recul du temps, est d'une signification actuelle.

Bien plus, la pédagogie de la parole libératrice recommande aux conjoints de pouvoir, dès qu'il ya un problème, se lever pour communiquer, témoigner, délibérer, alerter ou simplement dire. La femme doit dénoncer les abus du mari pour éviter leur continuation ou une récidive. Elle doit comprendre qu'il existe des moments d'obligation de non-réserve, c'est-à-dire de devoir de parler pour alerter, défendre l'institution familiale contre elle-même, éviter les catastrophes historiques.

Certes c'est prendre des risques, à savoir surtout celui d'être répudiée. Le traductologue français, Jean-René Ladmiral, n'a pas tort de dire que la vie en elle-même est un danger. Ce qui est important, c'est que par l'échange d'idées l'honneur de la famille se trouve préservé, la vérité publiquement blessante se trouve dévoilée et transcendée au sein de l'intimité familiale. Mais la femme, même victime d'injustice, même lorsqu'elle veut dénoncer, doit faire preuve d'une pédagogie de la parole. Celle-ci a une essence, une procédure et une fin. On ne parle pas n'importe comment et n'importe quand. Comme nous le fait remarquer Christian Vigouroux,

> *« finalement parler c'est dire, donc formuler, donc argumenter, donc convaincre, donc reconnaître l'autre. Dire est le contraire de crier, de hurler, de grogner, de grincer, de chuchoter. En disant, il s'agit d'entrer en dialogue ou d'organiser la parole en procédure : dire le droit*[234]*. »*

C'est au moyen de la parole des femmes éduquées que s'atténue le déni du féminin, que se trouvent dénoncés et condamnés les silences des violences conjugales dont est souvent victime la femme africaine. Pour que l'éducation contribue à l'amélioration du statut social de la femme africaine, il faut qu'elle lui offre un accès égal à l'emploi, à la promotion professionnelle et à la participation politique. Mais l'éducation émancipatrice des femmes suppose que les hommes soient aussi éduqués. D'où la nécessité d'éduquer à la fois les uns et les autres. Car seuls des hommes bien éduqués permettront volontiers à leurs épouses de sortir afin d'éviter ce qui leur semble un enfermement domestique. Bien éduqués, ils comprendront d'eux-mêmes que la femme est l'égal de l'homme, que l'amour a ses exigences fondées sur la loi de la réciprocité, du dialogue. L'homme est certes investi d'une autorité maritale. Mais celle-ci, loin d'être imposée, est concertée.

Face au cadre actuel de l'activité scientifique essentiellement mâle, les femmes doivent se déterminer dans les études scientifiques. Car

---

[234] Christian VIGOUROUX cité in *Revue Commentaire*, Numéro 129/ Printemps 2010, Paris, p. 200.

comme dit Christine Bénard, *« une position scientifique élevée est une position de pouvoir*[235] *»* En clair, c'est le savoir qui confère du pouvoir[236].Somme toute, il convient de remarquer que

> *« le combat contre la discrimination et l'oppression dont sont victimes les femmes africaines passe par des stratégies de lutte contre l'analphabétisme et la promotion de l'éducation de la jeune fille. Il ya nécessité pour les gouvernements nationaux de formuler des vraies politiques d'éducation citoyenne susceptible de combattre les environnements sociaux négatifs, la discrimination institutionnelle et les inégalités entre les sexes qui handicapent les femmes africaines.*[237] *»*

La société civile ne doit pas rester en marge de l'appel de la philosophie moderniste des droits de l'homme. L'accès universel des jeunes filles à l'enseignement primaire, leur formation professionnelle, scientifique et technique, ce sont là autant des droits qui confèrent du pouvoir à la femme africaine jusqu'ici victime des stéréotypes sexistes dans le monde politique et le domaine du travail. Les gouvernements africains et la société civile doivent agir par l'éducation et la sensibilisation sur l'environnement interne. Car, selon la pertinente remarque de la psychologue Marisa Zavollonie, *« nous pouvons voir ce qui, au premier abord, peut apparaître incompréhensible : l'environnement interne représentant le contenu de l'identité est aussi le*

---

[235] Christine BERNARD cité par Alain JAUBERT et al in *Autocritique de la science*, Editions du Seuil, Paris, 1973, p.350.

[236] Voir Michel FOUCAULT auteur de *L'Archéologie du savoir*, Paris, Gallimard, 1969. Dans cet ouvrage se trouve profondément expliqué le rapport entre le savoir et le pouvoir.

[237] H.YACOUBA, Op.cit., p.129.

*mécanisme par lequel cette transaction a lieu*[238]. »Ce n'est donc que par le biais d'une intense éducation civique des femmes et des hommes que l'humanité réconciliée avec elle-même verra le jour en puissance et en majesté. Il s'agit de cette humanité où la personnalité juridique de la femme sera respectée au même titre que celle de l'homme. D'où l'éducation comme antidote aux méfaits de l'identité. La gestion rationnelle des identités individuelles et collectives pour la paix suppose une droite et honnête éducation des citoyens dès l'enfance. C'est dire qu'il s'agit d'éduquer ces derniers à bouter de leur conduite toute forme de violence.

Mais le problème est de savoir ici si l'usage de la violence est absolument mauvais ? N'existe-t-il pas de guerre juste ? L'usage de la violence est-il de tout point de vue antinomique à la paix ? N'existe-il pas de violence légitime ?

## 3 .Pour une éducation à la philosophie de la guerre qui prépare à la paix

Les légendes peuvent être des moyens essentiels d'éducation des peuples. Elles le sont davantage si elles arrivent à avoir une base philosophique. Il s'avère donc nécessaire d'éduquer les peuples africains à la philosophie d'une certaine guerre juste. Les guerres coloniales dans la légende de Sonni Ali Ber en sont un exemple d'illustration. C'est sur la légende de ce grand Empereur d'Afrique noire qu'on peut expliquer davantage la philosophie d'une certaine guerre juste, à savoir celle dont la cause finale est la paix. L'éducation des peuples aux épopées à l'exemple de celle de Sonni Ali Ber, se veut un facteur d'unité et de paix intérieure. Elle se veut une doctrine de la guerre juste.

Au-delà des considérations négatives sur le personnage de Sonni Ali Ber, à travers ses actions guerrières, il convient de reconnaitre aussi que la guerre est un élément de civilisation. Elle n'est pas seulement, comme l'a si bien dit Hegel, un conflit, mais une condition de la santé des peuples. Jean Patocka ne dit pas autre chose, sinon qu'elle est une expérience fondamentale et paradoxale où s'affirme et se nie la valeur de

---

[238] Marisa ZAVALLONI , *Ego-écologie et identité: une approche naturaliste*, Presses Universitaires de France, Paris , 2007, p.9.

l'humanité. C'est-à-dire, comme le dit admirablement Kant, la menace de guerre à la fois hypothèque les efforts de civilisation des Etats, mais structure l'histoire humaine et en est le stimulant. Ainsi, Sonni Ali Ber est, à la vérité, une belle épopée, une grande figure historique. Il passa tout son temps à guerroyer et à organiser ses conquêtes en vue d'une paix globale. Celle-ci consiste dans la cessation des multiples conflits tribaux insensés. En grand et fin stratège, Sonni fut toujours vainqueur et jamais vaincu, sauf en face de l'armée marocaine conduite par le Pacha espagnol Djouder. D'ailleurs, d'aucuns disent que même cette défaite de Sonni trouve l'une de ses raisons fondamentales dans des querelles intestines qui ont conduit certains dignitaires songhay à le trahir, à collaborer avec l'ennemi.

Qu'importe cependant, finalement serait-on tenté de dire que Sonni est un grand homme. N'est-ce-pas, comme dit Elias Canetti, que la guerre est un échange entre les hommes ? En tant qu'usage sans limite de la violence, la guerre reste pourtant la poursuite du commerce politique. Celui-ci a été justement le but suprême de l'action de Sonni Ali Ber qui semble avoir compris que la volonté de puissance expansionniste et la préparation de la guerre sont un rôle fondamental, mais illégitime pour lui. C'est donc pour légitimer sa guerre qu'il s'est efforcé par la suite à transformer ses terres conquises en Nation. Il s'agit d'une Nation songhay fondée sur la coexistence pacifique de tous ses groupes ethnolinguistiques. C'est dire que la multiplicité ethnique n'est pas forcément un obstacle majeur à l'émergence des Etats-Nations en Afrique.

Tout est question d'une politique volontariste et responsable. Vouloir c'est pouvoir, dit le vieil adage français. Aujourd'hui il suffit que les dirigeants Africains soient animés d'une vraie et bonne volonté pour que la démocratie accouche des Etats-Nations. La belle épopée de Sonni, le grand guerrier, est un exemple d'illustration. Elle est une preuve irréfutable et indubitable que la multiplicité ethnique ne conduit pas nécessairement au tribalisme, à l'ethnicité politique. Malgré les dégâts indéniables commis par ce grand empereur, il est à reconnaitre son esprit dialecticien. Car il faut être d'esprit dialecticien pour créer l'unité au sein de la multiplicité. Or c'est ce qu'il a fait en rassemblant tous ces différents peuples qui, avant, se livraient des conflits tribaux permanents. L'ethnicité politique dont beaucoup de pays africains sont victimes aujourd'hui ne relève pas du fatalisme ni congénital aux Africains, mais est liée au comportement des dirigeants incapables de relever les défis du développement ou de comprendre la question de l'altérité condition de toute communauté politique apaisée.

L'épopée de Sonni est, pour les songhay, d'une beauté éternelle et immuable. Et, pour parler comme Platon, il ne s'agit pas de cette beauté qui est belle d'un coté et laide de l'autre, belle sous un rapport et laide sous un autre, belle en un temps et laide en un autre, belle pour les uns et laide pour les autres, mais de cette beauté qui est belle pour tous les Songhay de tous les temps. C'est cette belle légende de Sonni Ali Ber qui fait que, selon Jean Rouch,

> *« les Songhay ont un très grand orgueil d'être Songhay. Ils n'oublient pas qu'ils sont les descendants des maîtres d'un immense territoire. Fiers de ce passé de conquêtes et de gloire, ils ont conservé, malgré les revers ultérieurs et les invasions, une mentalité d'hommes libres et indépendants, presque des conquérants. Et ceci à tous les échelons sociaux, le captif est aussi orgueilleux des exploits de Sonni ou des Askya de la grande époque que leurs maitres descendants directe de ces prestigieux capitaines* [239] *».*

La société songhay-zarma, comme toutes les autres sociétés africaines, a une civilisation d'oralité. L'écriture occidentale ou orientale ne fait qu'approfondir et enrichir la tradition orale songhay. Celle-ci est un verbe créateur détenu par les griots généalogiques dont la parole est libératrice. C'est une parole qui conforte tout songhay en lui ^permettant de désaltérer sa soif de savoir son passé guerrier pour comprendre son présent et préparer son avenir.

A la lumière de son héroïsme, Sonni Ali Ber peut être considéré comme le point focal pour la compréhension de ce passé guerrier du Songhay. Certes la lutte et les guerres violentes qu'il a menées contre les

---

[239] Jean ROUCH, *Les Songhay*, L'Harmattan, Paris, 2005.

autres peuples et les lettrés musulmans étaient de notoriété publique. Mais il faut également reconnaître que tout cela dénote de l'action d'un grand homme qu'il fut. D'ailleurs, il convient de s'inquiéter de la diabolisation de cette figure historique par ces intellectuels musulmans qui le qualifient d'hérétique. Le problème fondamental de Sonni est qu'il serait un laïc et non un fanatique. La plupart d'entre eux sont de la secte des malékites qui ne sont que des détracteurs de Sonni Ali Ber qui, lui, appartenait à la secte des kharédjites. A vrai dire, Sonni est un « *alboro dandji* », c'est-à-dire un homme feu en langue songhay. Sûr de lui-même parce qu'éclairé par sa science militaire certaine, il ne recule devant aucun ennemi.

> *« Cet homme étonnant, à la figure singulière, fut avant tout un soldat toujours victorieux, un bâtisseur d'empire, un meneur d'hommes. Sa stratégie militaire était fondée sur la rapidité de mouvement de son armée[240]. »*

Mais quelle est la cause finale de toutes ces guerres violentes menées par Sonni ?

La question de l'histoire des guerres violentes dans l'épopée de Sonni doit être perçue de manière plurivoque. Il revient donc, pour nous, de ne pas ignorer que les guerres longues, complexes et violentes menées par Sonni doivent être prises dans une historicité dans laquelle quelque chose de noble a été entouré de silence, à savoir l'intégration des différentes communautés ethniques, laquelle est la cause finale de ces guerres. Loin d'être honteux, les souvenirs de Sonni sont éminemment glorieux. Face aux reproches de brutalité qu'on lui fait contre les savants de Tombouctou et les jeunes vierges de cette ville qu'il a fait tuer, un recul intellectuel s'impose.

Le but final des guerres violentes menées par Sonni, c'est l'intégration des différentes communautés ethniques. Ce dernier a en vue une société unifiée et apaisée. L'horizon ontologique de son combat militaire jalonné de violences, c'est une alliance multiethnique pour la justice, l'égalité et la paix. Le fait qu'un songhay, en l'occurrence Sonni,

---

[240] Vegra CARDOT, *Belles pages de l'histoire africaine*, Présence africaine, Paris, p.95.

soit à la tête de l'Empire, ne signifie nullement que les songhay sont plus citoyens, c'est-à-dire ont plus de droits que les autres peuples conquis. En réalité, il n'en était rien. Ce qui intéresse Sonni, après la conquête des autres peuples, c'est plus l'organisation du gouvernement en bureaucratie efficace, que de malmener ces peuples dont il respectait le droit de vivre, c'est-à-dire d'avoir les moyens de vivre et les possibilités de vivre. Pour lui, c'est la vie de tous ceux qui vivent dans le songhay qui doit être protégée. L'amour de la justice sociale entendue comme égalité de droits pour tous, telle était la philosophie fondatrice des guerres menées par Sonni.

Certes, on ne peut nier les guerres violentes perpétrées par Sonni contre le Mali et une partie du Nigeria actuel, contre les peuls et les touaregs, ainsi que les lettrés musulmans de la ville sainte de Tombouctou. Tout cela participe de la violence, laquelle est, de tout point de vue, mauvaise parce qu'elle ne sait pas où elle va. Mais là où la loi de l'omerta ou loi du silence, n'a pas sa raison d'être, c'est par rapport justement au noble but poursuivi par Sonni qui, convient-il de le remarquer, tente de préserver la culture africaine de son royaume. Les moyens immoraux comme passerelle pour atteindre son noble but sont à n'en point douter condamnables.

Mais la question que l'on doit se poser, selon la très juste expression de Boubou Hama, est la suivante : *« au cours de l'histoire de l'humanité, en réalité, quel unificateur n'a-t-il pas du sang sur les mains ? Quelle idée s'est-elle imposée sans martyrs et sans effusion de sang ?*[241] *»* Ce qu'il convient de remarquer c'est que l'horizon ontologique ou cause finale de la croisade de Sonni contre les autres peuples c'est de créer, pourrait-on dire, une sorte de confédération songhay. Sonni a la conviction non pas épidermique ou sentimentale, mais rationnelle que la paix dans une communauté multiethnique n'est possible sans la tolérance, gage de la laïcité en termes modernes. Celle-ci est une notion dont la vigueur s'avère chaque jour plus actuelle dans les sociétés véritablement démocratiques. D'où le comportement non pas méchant, mais rationnel et raisonnable de Sonni vis-à-vis des savants

[241] Boubou HAMA, *Histoire des Songhay*, Imprimerie du Niger, Niamey, p. 132, p. 10

musulmans qu'il respectait pourtant : *« la vie sans le savant, dit-il, serait invivable*[242]*. »*

Au temps médiéval de Sonni, l'islam est considéré comme la religion des chefs dont il légitime le pouvoir et la domination des territoires étrangers. D'où, tout l'amour dont témoignait ce grand chef à l'égard des oulémas ou érudits musulmans. Mais il s'agit, bien entendu, d'un amour philosophique. Est philosophique un amour dialectique, donc civilisé. C'est cet esprit philosophique qui fait que bien qu'amoureux des savants musulmans Sonni refuse leur intrusion dans les affaires de son Empire. Sonni est fils d'une société animiste caractérisée par cette valeur dont l'Occident se fait le défenseur absolu, à savoir la tolérance. Celle-ci, dans la société animiste songhay réside dans le fait que le culte du vainqueur n'opprime pas celui du vaincu. Au fait, Sonni n'est pas contre l'islam. Seulement celui-ci n'est bon pour lui que dans la mesure où il lui permet d'asseoir l'unité de son Empire. C'est dire que pour cet empereur le fait religieux doit servir le politique.

Le mérite principal de Sonni c'est d'avoir su créer l'unité et la force du songhay. Il a su respecter l'identité culturelle des peuples vaincus en évitant de détruire leurs langues respectives et de les contraindre à parler le songhay. Certes il avait ce pouvoir, mais il s'en est interdit. C'est dire que, pour le sage et courageux Sonni, on n'impose pas une langue à un autre peuple. Une langue s'impose d'elle-même. Ce grand homme a compris que détruire la langue d'un peuple c'est détruire l'esprit de ce peuple. Le philosophe de l'être, Heidegger, n'a pas tort en disant que la langue est la poésie originelle dans laquelle s'exprime l'âme d'un peuple. La langue d'un peuple et sa culture sont une seule et même chose. C'est donc par sagesse politique que Sonni s'est refusé toute forme d'autoritarisme ou d'autocratie sur fond d'exclusion ou de déni de l'altérité. Les violences coloniales de Sonni sont aux antipodes de celles de l'Occident qui contraignait implicitement, par exemple, ses anciennes colonies à abandonner leurs langues au profit de l'anglais, du français ou du Portugal sous prétexte de les civiliser.

Sonni Ali Ber a fondé son Empire non pas sur une seule culture fut-elle celle du colonisateur qu'il est, mais sur l'inter culturalité ou

---

[242]Boubou HAMA, *Ecrits sur le Soudan*, Niamey, 1983. p.23.

pluralisme culturel. C'est dire qu'il a déjà compris ce que plus tard Eduardo Portella va appeler *« le métissage culturel comme espace de créativité* [243]*»*. Tout comme Claude Lévi-Strauss, Sonni a implicitement compris que le progrès culturel est fonction de la coalition entre les cultures. En d'autres termes, il semble avoir compris que l'identité culturelle absolue conduit inévitablement à un isolement politiquement dangereux. Quelque soit la désignation qu'on lui attribue, « *cruel* », « *sanguinaire* », « *sans scrupules et sans vergogne* », tout cela dénoterait un certain camouflage de la vérité ou refus de la valeur d'un Africain et Africaniste, refus de reconnaissance teintée soit de fanatisme religieux soit de racisme de la part des Erudits arabes. A vrai dire, Sonni a marqué d'un sceau indélébile l'histoire de l'Afrique précoloniale.

Telle est la belle épopée de Sonni Ali Ber à partir d'une lecture philosophique de l'histoire de l'Afrique. Cet empereur taxé, à tort ou à raison, de cruel et de sanguinaire, est, à vrai dire, un grand homme d'Etat. Sonni fut le plus grand empereur d'Afrique noire au 15ème siècle. Son épopée est vraiment une invitation à la réflexion philosophique. Sa force extraordinaire n'est le fruit ni du hasard ni du tâtonnement, mais de sa science militaire et spirituelle. Sans nier le négatif que portent les guerres violentes menées par Sonni contre les autres peuples, tachons de rendre possible la saisie du sens profond de leur histoire. Toutes choses qui passent par une relecture de cette histoire dont le moment final se veut la réconciliation des différents groupes ethnolinguistiques qui composent le Songhay. Sonni Ali Ber reste et demeure jusqu'ici la plus grande épopée songhay, le plus grand de tous les Sonni ou « Si ». Il est le véritable fondateur de l'Empire songhay. Son génie militaire incomparable fit de lui un géant de l'Afrique occidentale. Libérateur du Songhay, artisan de l'unité du Soudan occidental et central, il fait la liberté des songhay d'hier comme ceux d'aujourd'hui, sinon de l'Afrique toute entière. Il n'est ni un fanatique musulman ni un athée et encore moins un impie. Il est pour un développement tolérant et libre de

---

[243]Jérôme BINDE, *Où vont les valeurs ?* Editions UNESCO, Albin Michel, Paris, 2004.

l'islam.« *Vu son amour effréné pour l'unité organisée, il est loisible de dire qu'il est un précurseur lointain de l'union africaine.* [244]»

Dans un cas comme dans l'autre, Sonni Ali Ber demeure le plus grand héros national pour les Songhay. Il est l'esprit du peuple songhay.Il est l'incarnation de la volonté de ce peuple par nature hospitalier. Sa sagesse politique doit être universellement admise et reconnue tant par les chercheurs que par les décideurs africains. Face à la conflictualité caractéristique du processus démocratique en Afrique actuelle, les africains peuvent se ressourcer aux valeurs culturelles sur lesquelles reposait l'Empire songhay. Tout le combat auquel s'est livré Sonni Ali Ber, a pour seul et unique horizon ontologique, l'Unité. En résumé, il est vraiment un rassembleur, un unificateur comme en témoigne la parole authentique des griots généalogiques. C'est dire que la relecture philosophique des actes de guerres auxquels s'est livré Sonni contre les différentes tribus en conflits permanents, permet de bien comprendre certaines guerres justes. Un des traits marquants de la violence est qu'elle peut avoir une cause profonde autre que celle du mal pour le mal.

---

[244] H. YACOUBA, « Pour une relecture des violences coloniales dans l'épopée de Sonni Ali Ber » *Etudes Saheliennes Revue scientifique de la faculté des Lettres et Sciences Humaines* de l'Université Abdou Moumouni

# CONCLUSION

Quelle que soit la pertinence des perspectives de solutions envisagées face au malaise et la crise endémique dans le processus démocratique en Afrique, les conditions d'une paix réelle et durable dépendent essentiellement de la bonne volonté des hommes. Vu qu'une clinique de l'injustice nous a permis de comprendre que celle-ci est la cause première des conflits multiformes qui font entorse à la paix civile, il est plus qu'urgent d'œuvrer pour la justice sociale en Afrique. C'est dire que la notion de justice constitue un arsenal et une armature théorique pour aborder la problématique de la paix civile en Afrique. Ce continent est réputé champion en matière de conflits identitaires, lesquels ont pour enjeu principal le pouvoir d'Etat. Concrètement il s'agit d'une lutte soit pour accéder au pouvoir soit pour s'y maintenir. C'est dire que l'important est d'abord de chercher à comprendre pourquoi des crises sociopolitiques sont advenues dans le processus démocratique en Afrique –condition nécessaire si l'on veut ensuite trouver les moyens de les surmonter. A cette question nous pouvons répondre que la solution principale au malaise dans le processus démocratique c'est le règne de la justice dans l'Etat en Afrique. Mais le problème de fond est de savoir ici si une société paisible, c'est-à-dire stable et bien ordonnée est possible sans accord unanime sur la justice. A la vérité, la coopération pacifique entre les citoyens de n'importe quel peuple ne peut se fonder que sur leur reconnaissance mutuelle en tant que partenaires égaux devant la loi. Mais même corrigée en devenant équité, la justice ne souffre-t-elle pas d'une certaine carence ?

Le rapport entre paix et justice est éminemment complexe. C'est pourquoi les solutions exclusivement juridiques aux crises sur fond de guerres et conflits, sont par nature boiteuses. Elles ont besoin d'une fondation spirituelle. La construction de la paix en Afrique exige que le droit soit un système normatif axiologiquement fondé. La force du droit ne peut et ne doit s'exclure de la force des assises religieuses et métaphysiques. C'est pourquoi la construction de la paix doit aussi être spirituellement fondée. La référence au pardon, lequel est d'essence religieuse montre combien la paix se veut transcendance.

Dans sa trajectoire métaphysique, le pardon revient à faire abstraction du mal qui m'est causé par autrui. Il prend son envol à partir de la tolérance, laquelle est elle-même transcendance. Mais il ne s'agit pas seulement d'être tolérant, mais de savoir jusqu'où faut-il être tolérant. Jusqu'où faut-il pardonner ? D'où la nécessité de savoir les genres de crimes qu'on ne saurait ni tolérer ni pardonner. Il s'agit notamment des crimes communément appelés crimes contre l'humanité. Ainsi face à des sociétés africaines multiculturelles et conflictuelles pour des raisons souvent historiques ou par la faute du politique et de l'impérialisme, comment penser et établir la coexistence ?[245] Comment traiter de la coexistence dans un monde déchiré ?

Victime de guerres et de conflits multiformes, l'Afrique ne peut faire cesser ceux-ci qu'en construisant la paix selon les voies à la fois du droit, de la philosophie et des assises sacrées. La paix durable passe par la promotion de la diversité dont le fondement est la tolérance[246]. Et pour reprendre la formule de Claude Lévi-Strauss,

> *« la tolérance n'est pas une position contemplative, dispensant les indulgences à ce qui fut ou à ce qui est. C'est une attitude dynamique, qui consiste à prévoir, à comprendre et à promouvoir ce qui veut être. La diversité des cultures humaines est derrière nous, autour de nous et devant nous. La seule exigence que nous puissions faire valoir à son endroit (créatrice pour chaque individu des devoirs correspondants) est qu'elle se réalise sous des formes dont chacune soit une*

---

[245] Yves Charles ZARKA, *Jusqu'où faut-il être tolérant ?* , Editions Hermann, Paris, 2016.

[246] Voir H. YACOUBA, « Contribution de l'initiation philosophique au primaire à la prévention des conflits en Afrique, Diotime revue internationale de didactique de la philosophie, Numéro 37, p.14, 7/2008, 3084 mots, CRDP Montpellier, 2007. Voir H.YACOUBA « Pardon: penser les crises pour refonder la réconciliation en Afrique » Les Cahiers du PASCRENA Numéro 5 Actes du Colloque International UniversitaireRe-construire au-delà des déchirures sociales : Homo capax. Apports de Paul Ricoeur, un penseur au carrefour des sciences humaines, 2014.

*contribution à la plus grande générosité des autres.*[247] »

Les Africains ne peuvent vivre une paix solide et durable que lorsqu'au terme des crises politiques, ils parviennent à sceller un pardon accompagné d'une politique juste. Qu'est-ce qu'une politique juste, sinon celle caractérisée par le respect des droits de l'homme et du citoyen, la lutte contre le chômage, la pauvreté, l'insécurité. C'est aussi une politique qui favorise l'espace public politique. En clair, c'est une politique qui consacre ce que Habermas appelle l'Etat de droit démocratique. Mais compte tenu de ce que Kant appelle *« insociable sociabilité des hommes »,* le vivre ensemble suppose aussi le pardon dont l'objectif premier est la réconciliation. Or pour atteindre réellement un tel objectif, le pardon d'origine religieuse a besoin d'une fondation philosophique

La réduction des crises en Afrique passe par le pardon entendu comme transcendance. Il s'agit de cette transcendance capable de libérer les oppositions radicales. Le contenu substantiel du pardon est l'amour du prochain, lequel est miroir de soi. Se réconcilier avec autrui c'est se réconcilier avec soi-même. Car, comme l'a si bien vu Paul Ricœur, l'autre est le plus court chemin de soi à soi. En d'autres termes, on s'aperçoit que le pardon ne peut atteindre parfaitement sa cause finale qu'est la réconciliation que si et seulement si il est couronné de ce qu'on pourrait qualifier de mesures d'accompagnement, à savoir le dialogue politique, l'éducation civique, la justice sociale. Ce qui suppose la fin de l'impunité, de la discrimination, du racisme institutionnel ou populaire. Ce sont là autant de réalités qui font légion dans la plupart de nos états africains prétendument démocratiques.

A vrai dire, la démocratie en Afrique est tout sauf démocratique. En effet, il suffit de l'observer en profondeur pour se mettre à l'évidence

---

[247] Claude Lévi-Strauss, *Race et histoire*, Editions Gallimard, Paris, 2007, pp. 66-67

qu'elle n'est qu'une dictature masquée dont le principe de base est l'injustice. Or il est particulièrement remarquable que celle-ci est source de frustrations qui, accumulées avec le temps, débouche nécessairement sur la résistance et la révolte. La construction de la paix dans l'Etat en Afrique passe par l'instauration d'une société bien ordonnée au sens de John Rawls, c'est-à-dire démocratique. Est démocratique la société fondée sur la justice. Bien analysée, l'idée de justice est ce qui est « bien » ou « bon » dans la vie personnelle de chaque citoyen. Or l'évaluation objective d'un tel bien ne tombe pas du ciel. Elle est relève de l'éducation.

Concrètement, le préalable est d'éduquer les citoyens à la notion de République qui ouvre au sens de la chose publique (*res publica*), et non tribale, clanique ou confessionnelle. A ce niveau la parole philosophique est d'une actualité prégnante. Face aux vicissitudes d'un siècle inondé de barbarie, de violations des droits de l'homme et singulièrement en Afrique, la parole philosophique serait la bienvenue. En effet, elle peut aider, avec les autres sciences humaines et sociales, à transformer le cœur de l'homme, apprendre à chacun à partager et à s'inquiéter de l'autre en comprenant et en respectant ses droits. D'où la nécessité de l'étude des droits de l'homme qui doit être inscrite au programme d'études, à tous les niveaux de l'enseignement

Seule une intense initiation philosophique entreprise dès l'enfance, peut servir de fondation solide à la culture démocratique en Afrique. Elle seule est capable de vraiment cultiver chez les enfants l'ouverture au dialogue et à la tolérance. Autant de choses qui permettent de libérer ces citoyens en herbe de l'intolérance, cause fondamentale des conflits en Afrique. La culture de la paix en Afrique passe par l'échange, lequel réside dans le fait que, pour parler comme Ricœur, *« je ne peux m'estimer moi-même sans estimer autrui comme moi-même*[248]*. »* De ce fait, il faut parler aux enfants des conséquences funestes des comportements déraisonnables que sont notamment le racisme, l'ethnocentrisme, la xénophobie et l'intégrisme.

---

[248] Paul RICOEUR cité par Morandi Franc, *Philosophie de l'éducation*, 2000, Ed. Nathan, p. 108.

Comme la pauvreté sur fond d'injustice engendre inévitablement des conflits sociaux, il importe de promouvoir davantage la justice sociale. Il faut une vraie politique d'émancipation et de développement dans les Etats africains. Toute chose qui renvoie à une politique juste, laquelle fait cruellement défaut dans la plupart des Etats africains. Pour que l'Afrique se développe, il faut que les Africains travaillent. Seul le travail peut leur procurer du bien-être, lequel est une dimension essentielle de la paix. Celle-ci n'existe pas en Afrique. Elle se trouve entravée par la pratique de l'injustice. Il faut rendre concrètement applicables les principes d'égalité et de tolérance dans le monde social.

Face aux limites des seules solutions juridiques aux crises sociopolitiques en Afrique. il est nécessaire de prendre en compte la discussion intersubjective dans la pacification du champ politique naturellement conflictuel. L'enjeu scientifique renvoie à la nécessité d'investiguer finement et de rendre intelligible l'impossibilité de réaliser l'idée de la paix que nous voulons. L'espoir et l'espérance d'une paix moins fragile dans l'Etat en Afrique nécessite un combat permanent contre la mauvaise gouvernance, laquelle se traduit par la pauvreté et ses conséquences telles que la violence, l'insécurité et l'angoisse existentielle. Au nom de la justice, il incombe aux Etats africains de lutter contre la pauvreté et l'ignorance. D'où la nécessité d'une intense éducation des masses populaires. Il revient d'éduquer l'homme et le citoyen aux valeurs de la république, de la coexistence pacifique avec les autres malgré leur différence.

L'éducation à la citoyenneté républicaine, en tant qu'elle produit des esprits critiques, est un gage solide contre le tribalisme des hommes politiques et la frénésie logomachique de leurs discours. Elle favorise les conditions d'une réelle intégration sociale dans l'Etat. La question de l'éducation exige de se référer aux grandes théories politiques et singulièrement à celle de Platon[249]. Car la théorie politique de Platon est d'une signification actuelle. En effet, malgré le recul du temps, ce dernier a montré de manière exemplaire l'interaction entre éducation, justice et cohésion sociale. Pour beaucoup de penseurs antiques comme pour ceux

---

[249] Voir H.YACOUBA, L'éducation du citoyen, Thèse de doctorat 3ème cycle, Université de Cocody-Abidjan, 2002.

d'aujourd'hui, l'éducation est la condition de l'intelligibilité de la justice génératrice d'harmonie sociale.

La justice est ce qui rend possible le sens et la cohésion d'une société juridiquement organisée. Malheureusement cette justice qu'on souhaite indépendante pour correspondre à son essence, porte les stigmates d'un doute originel dans l'univers politique africain. Quelles sont les causes profondes de cette justice en crise dans bon nombres d'Etats africains ? D'où le devoir des hommes de science et des intellectuels africains de dire la vérité, même si celle-ci comporte un risque[250]. Toute chose qui ne doit pas constituer un problème. L'intellectuel et singulièrement universitaire doit dire la vérité et cela même au prix de sa vie[251]. Les juristes africains doivent jouer pleinement leur déontologie citoyenne afin d'être en phase avec les aspirations profondes des peuples africains Par leurs actes, ils doivent traduire un pacte de confiance dans un horizon de responsabilité historique.

Bien plus, vu que l'ethnicité est le monstre politique qui fait entorse à l'Etat de droit démocratique en Afrique, il importe d'aborder profondément le paradigme prédominant d'ethnie. Toute chose qui passe par une analyse philosophique de la question de l'exclusion sur fond de mépris de l'autre. L'antidote majeur au mépris de l'autre s'avère l'éducation à la reconnaissance. C'est dire que l'éducation pour tous est la condition effective de la justice sociale. En éclairant les hommes elle les rend libres. Elle permet aux uns et aux autres de se tracer une voie de réussite dans l'interaction sociale.

Mais étant donné que la conflictualité est inhérente à la nature humaine, il convient de reconnaître que la paix est un projet à long terme, un idéal à atteindre. Comme toute idée de la raison, l'idée de paix semble renvoyer à la problématique de la dialectique transcendantale au sens kantien du terme. D'où la nécessité, pour les spécialistes en sciences humaines et sociales, de continuer leurs recherches en les inscrivant dans

[250] Voir notamment Yves Charles ZARKA dans son Essai, *La destitution des intellectuels*, PUF, Paris, 2010 et Paulin HOUNSOUNON- TOLIN dans *Devoir de vérité de l'intellectuel universitaire*, Editions CLE, Yaoundé, 2015.

[251] Voir le cas de, pourrait-on dire, l'ancêtre des intellectuels, à savoir Socrate.

le champ d'analyse adaptée et digne de la justice sociale avec une paix moins fragile dans l'Etat en Afrique. De telles recherches peuvent beaucoup aider les décideurs politiques à œuvrer pour la bonne gouvernance, laquelle fait cruellement défaut dans bon nombre d'Etats africains.

En clair, qui veut la paix veut absolument la justice en Afrique. Encore faut-il préciser que la construction de la paix s'avère une question toujours et à la fois problématique et complexe. En effet, les enjeux et les difficultés de la paix sont multiples. Elle est une tâche inachevée et sans cesse renouvelée, sinon inachevée comme l'est le travail de Sisyphe selon la belle expression de Simone Goyard Fabre[252].

Nonobstant cette complexité de la question de la paix, un outillage conceptuel permet de tracer les pistes possibles pour une paix durable en Afrique. Certes l'idée de paix effective et éternelle est irréalisable, sinon utopique. Mais entre la sphère de l'utopie et l'horizon de l'espérance, la tâche des Etats africains est de construire des moyens juridiques philosophiquement fondés en vue d'une paix moins fragile. De même, il convient de remarquer que l'utopie, en elle-même, n'est pas un mal en soi. Car, comme l'a si bien vu Thomas More, elle a une fonction à la fois corrective et réalisatrice. D'où l'utopie d'une société juste. Toutefois, le débat reste ouvert quant à l'espoir et l'espérance dont se trouve porteur tout Etat de droit démocratique. Face à la crise endémique qui rode dans les sociétés démocratiques africaines sur fond de menace d'éclatement, les Africains doivent savoir pourquoi la démocratie est à la fois désirable et redoutable. Elle est redoutable surtout lorsqu'elle n'a pas une base éducative.

---

[252] Simone GOYARD-FABRE est l'auteur de *La construction de la paix, ou le travail de Sisyphe*, Vrin, 2000, Paris.

## Bibliographie


ARENDT Hannah, *L'impérialisme*, Paris, Editions Fayard, 2010.

ARENDT Hannah, *Condition de l'homme moderne*, traduit par Calmann-Lévy, Paris, 2ème édition, 1983.

ARENDT Hannah, *La philosophie de l'existence,* Paris, Payot, 1994.

*ARENDT Hannah, Du mensonge à la violence, Paris, Calmman-Lévy, 1989.*

*Arendt Hannah, La nature du totalitarisme, Paris, Traduction par Michèle Irène, Payot, 1990.*

ARENDT, Hannah, *L'Impérialisme*, traduit par Martine LEIRIS. Paris, Fayard, 1982.

ARENDT, Hannah, *La crise de l'éducation*, traduit par Chantal VESIn, Paris.

ARISTOTE, *Ethique de Nicomaque*, traduit par J. Volquin, Paris, GF-Fammarion, 1966.

ARISTOTE, *Politique*, traduit par J. Volquin, Paris, GF-Fammarion,1966.

AZOMBO. S. Menda, *Les philosophes africains par les textes,* Paris, Nathan 1998.

BACHELARD Gaston, *La formation de l'esprit scientifique*, Paris, Ed. Vrin, 1998

BACHELARD Gaston (1957). *Poétique de l'espace*, Paris, PUF.

BALIBAR, Etienne in *Pensées critiques*, Paris, Editions La Découverte, 2008.

BALIBAR, Etienne, in *Pensées critiques*, Paris, Editions La Découverte, 2008.

BAUDOLOT. Collac, M. (2003).*Travailler pour être heureux,* Paris, Fayard.

BEAUVOIR DE Simone, *Le Deuxième sexe*, Paris.

BINDE - Jérôme, *Où vont les valeurs?,* Paris, Editions UNESCO Albin Michel, 2004.

BLAIS Marie-Claude et al, *Pour une philosophie politique de l'éducation*, Paris, Editions Bayard, 2002.

BOUDON Raymond, *La place du désordre*, Paris, PUF, 1984.

BOURDIEU Pierre, *Sur l'Etat*, Paris, Seuil, 2012.

BOUTROS-GHALI Boutros, *Paix, Développement, Démocratie*, Bruxelles, Etablissements Emile Buylant société anonyme, 1998.

BRAUD Philippe, *Sociologie politique*, Paris, EditionsLGDJ, 2011.

BURGAT François, *L'islamisme à l'heure d'Al-Qaïda*, Paris, La Découverte, 2010.

BUTLER Judith, *Qu'est-ce qu'une vie bonne ?* Paris, Payot, 2014.

*CAMUS Albert, Actuelles, Paris, Gallimard, 2003.*

CARDO, Véra, *Belles pages de l'histoire africaine*, Présence africain, Paris, 1961

*CHABOT Jean-Luc, Introduction à la politique, Presses Universitaires de Grenoble, 2007.*

CHELBI Mustapha, *L'islam en procès*, Paris, Editions L'Harmattan, 2004.

CHERKI Alice, *La frontière invisible*, Paris, Editions Elema, 2006.

Claude, LEVI-STRAUSS, La pensée sauvage, Paris, Edition, Plon, 1962.

CLEMENT Elizabeth et Chantal Demonque, *La philosophie de A à Z*, Paris, Editions Hatier, 1994.

COMTE (Auguste), *Discours sur l'esprit positif*, Paris, Ed.Vrin, 1995.

CONSTANTIN, F. et al, *L'Etat africain entre les ingérences et les droits de l'homme,* Année Africaine, Centre d'Etudes d'Afrique Noire de Bordeaux, 1979.

DE MONTICELLI Roberta, *L'ascèse philosophique*, Paris, Vrin, 1997.

DELIEGE Robert, *Anthropologie de la famille et de la parenté*, Paris, Armand colin, 2011.

DERRIDA, Jacques, *Papier Machine*, Paris, Editions Galilée, 2001.

DESCARTES, *Discours de la méthode* in *Œuvres complètes, tome1*, Paris, Ed. Vrin.

DESCARTES, *Règles pour la direction de l'esprit,* in *Œuvres philosophiques de Descartes*, Paris, Ed. Delagrave (également Règles, Vrin.)

DIBI KOUADIO Augustin, *L'Afrique et son autre : la différence libérée*, Abidjan, 1994.

DUBAR, C., (2000). *La crise des identités*, Paris, PUF.

DURKHEIM Emile, *Leçons de sociologie*, PUF Quadrige, Paris, 2005.

ELIZABETH.C., et Chantal, D.,(1999). La philosophie, AZ, Editions Hatier, Paris.

ETAKA Valère, *La Charte africaine des Droits de l'Homme*, Paris, l'Harmattan, 2004.

FANON, Frantz, *Les damnés de la terre*, Paris, Editions La découverte, 1961.

FINLEY MOSES .Immanual, *La démocratie athénienne*, Traduction par Monique Alexandre, Payot, Paris, 2003.

GARCIA A et al. *La philosophie grecque et sa portée culturelle historique, traduit du russe,* Moscou, Editions du progrès,1985.

GARDELLE Linda, *Pasteurs Touaregs dans le Sahara malien*, Paris.

GAUDELIER Maurice*,* *Les tribus*, Paris, CNRS Editions, 2010.

GOYARD-FABRE Simone, *La construction de la paix, ou le travail de Sisyphe*, Vrin, Paris, 2000.

GRESH Alain, L'islam*, La République et le monde*, Paris, Editions Fayard, Paris, 2010.

GUY Rocher., *Le changement social*, Paris, Editions HMH, letée,1968.

HABERMAS Jürgen, *L'intégration républicaine*, Paris, Fayard, 2014.

HABERMAS Jürgen, *Morale et communication*, Paris, Traduction française par Christian Bouchindhomme, Editions du Cerf, 1986.

HABERMAS Jürgen, *La technique et la science comme* « idéologie », Paris, Gallimard, 2011.

HABERMAS, Jürgen, Morale et communication, traduction française Christian BOUCHIN HOMME, Paris, les Editions du Cerf, 1986.

HAMA, Boubou, *Ecrits sur le Soudan*, Niamey, 1983.

HAMA, Boubou, *Histoire des songhay*, Imprimerie du Niger.

HAMANI Abdou, *Les femmes et la politique au Niger*, Paris, L'Harmattan

HAMIDOU TALIBI Moussa, Perspectives africaines d'un nouvel humanisme, L'Harmattan, Paris, 2015.

HEGEL, *La phénoménologie de l'Esprit*, Paris, Aubier, 1941.

HGEL, *Principes de la philosophie du droit*, traduit par A. KAAN, Paris, Gallimard, 1992.

HOUNSOUNON- TOLIN Paulin, *Devoir de vérité de l'intellectuel universitaire*, Editions CLE, Yaoundé, 2015

HUNTINGTON. P. Samuel, *Le choc des civilisations*, Paris, Odile Jacob, 2000.

ISSOUFOU TIADO, Mahamadou, *Le Niger, une société en démolition*, Paris, L'Harmattan, 2010.

JANHEIZ Jahn, *Muntu*, Paris, Seuil, 1961.

JOUVE, E. *Le droit des peuples* ''Que Sais-je ?'', Paris, PUF, 1986.

KADI OUMANI, Moustapha, *Un tabou brisé*, Paris, L'Harmattan, 2005.

KANT Emmannuel, *Eléments métaphysiques de la doctrine du droit*, Traduction par J. Barni, Editions A.Durand, Paris, 1855.

KANT, Emmanuel, *Doctrine du Droit*, traduit par A. Philonenko, Paris, Vrin, 1971.

KANT, *Réflexions sur l'éducation* par A. Philonenko, Paris, Vrin, 1971.

KASANDA Lumembu, John Rawls, *Les bases philosophiques du libéralisme politique,* Paris, Editions L'Harmattan, 2005.

KAUFMANN J. C.(2004).*L'invention de soi. Une théorie de l'identité*, Paris, Hachette.

LACROIX, Jean, *Kant et le Kantisme* « Que Sais-je ? Paris, PUF, 1981.

LE COADIC, *Identités et démocratie*, Rennes, PUF, 2003.

LEIF Joseph, *Philosophie de l'éducation*, Paris, Librairie Delagrave, 1974.

LEVINAS (Emmanuel), *Altérité et transcendance*, 1995, Paris, Ed.Fata Morgana, 1995.

LEVINAS Emmanuel, *En découvrant l'existence avec Husserl et Heidegger*, Paris, Vrin, 2006.

LEVINAS, Emmanuel, *Ethique et Infini*, Paris, Fayard, 1982.

LEVI-STRASS Claude, *La pensée sauvage*, Paris, Ed. Plon, 1962.

LEVI-STRAUSS Claude, *Race et histoire*, Paris, Editions Gallimard, 2007.

LINDA, Malone, *Les droits de l'homme dans le Droit international,* traduit par Bruno BARON – RENAULT, Paris, Nouveaux horizons, 2004.

MACHIAVEL, Le *Prince*, traduit par Y. Levy, Paris, GF-Flammarion.

MARX Karl, *Contribution à la critique de l'économie politique*, Paris, Editions sociales, Paris.

MARX Karl, *Critique de la philosophie du droit de Hegel*, Paris, Editions sociales.

MARX Karl, *Manuscritsde1844*, Paris, Editions sociales.

MARX Karl,, *Le capital*, Editions sociales, Paris.

MBEMBE Achille, *Critique de la raison nègre*, Paris, Editions La découverte, 2000.

MEDINA-CLAUDE et al, in *Philosophie*, Paris, Ed. Magnard, Paris, 1990.

MENDA-Azombo et al, *Les philosophes africains par les textes*, Paris, Edition Nathan Afrique.

MESURE Sylvie et Patrick Savidan, Le *dictionnaire des sciences humaines*, Paris, PUF, 2006.

MEYER-BISCH Patrice, *La culture démocratique : un défi pour les écoles*, Paris, Ed. Unesco,

MORANDI Franc, *Philosophie de l'éducation*, Paris, Ed. Nathan, 2000.

MÜNSTER, Arno, *Le principe « discussion »,* Paris, Editions Kimé, 1998.

NAY Olivier, *Histoire des idées politiques*, Paris, Editions Armand Colin, 2007.

NEVEU Erik, *Sociologie des mouvements sociaux*, Paris, Editions La découverte,2011.

NGAKOUTOU Timothée, *L'éducation africaine demain : continuité ou rupture*, Paris, Edition l'Harmattan, Paris, 2004.

NIAMKEY Koffi, *Ecrits politiques Tome2*, Abidjan, NEI CEDA, 2014.

NIAMKEY Koffi, *Les images éclatées de la dialectique*, Abidjan, Presses Universitaires de Côte d'Ivoire, 1994.

NJOH MOULLE Ebénézer et MICHALON Thhierr, *L'Etat et les clivages ethniques en Afrique*, Yaoundé, Editions Ifrikiya,, 2011.

NKRUMAH Kwamé, *Consciencism*, Paris, Heinemann, 1964.

PICAVET Emmanuel, *La doctrine de Rawls et le pluralisme comme modus vivendi,* in Revue internationale de philosophie, Paris, 2006.

PLATON, *Œuvres complètes*, Paris, Gallimard, Paris, 2007.

PLATON, *La République*, Trad.Léon ROBIN, Ed.Gallimard, Paris, 2007.

POL-DROIT, Roger, *Philosophie et démocratie*, Paris, Editions UNESCO, 1995.

RAPPORT mondial de suivi de suivi de l'EPT, Education pour tous : 2005-2015.

RAWLS John, *Justice et démocratie*, Traduit Cathérine AUDARD, Paris, Ed. Seuil,

RAWLS, John, *Justice et démocratie*, Paris, Seuil, Traduction CathérineAudard.

REIHARDT Karl, *Les mythes de Platon*, Traduction française par Anne-Sophie Reineke, Paris, Ed. Gallimard, 2OO7.

RENAUT Alain, *Qu'est-ce qu'une politique juste ?* Paris.

RICOEUR Paul, *Philosophie de la volonté, Finitude et Culpabilité*, Paris, Editions Montaigne, 1960.

RICOEUR Paul, *De l'interprétation*, Paris, Ed.Seuil, 2006.

ROBERT C., (2003). *L'insécurité sociale : Qu'est-ce qu'être protégé ?* Paris, Editions du Seuil.

ROMEYER DHERBEY Gilbert, *Les sophistes*, Paris, 1985.

ROUCH, Jean, *Les songhay*, Paris, L'Harmattan, 2005.

ROUSSEAU Jean-Jacques, *Du contrat social*, Paris, Bordas, 1966.

RUSSEL, *Ethique et politique*, Paris, Editions Payot, 2014.

SAADA-GENDRON Julie, *La tolérance*, Editions Flammarion, Paris, 1999.

SERRES Michel, *Le Tiers-Instruit*, Paris, Gallimard, 1991.

SERKI LAOUALI ABDO Mounkaila, Rationalité esthétique et modernité en Afrique, L'Harmattan, 2014.

TENZER Nicola , *Philosophie politique,* Paris, PUF, 1994.

TEXIDOR Javier, *Le judéo-christianisme*, Editions Gallimard, Paris, 2006.

THOMAS Louis-Vincent, *La mort africaine*, Paris, Ed. Payot, 1982.

TOWA Marcien, *Essai sur la problématique philosophique dans l'Afrique actuelle,* Yaoundé, Edititions CLE, 2012.

TROPER Michel, *La philosophie du droit*, Presses universitaires de France, Paris.

TROPER, La philosophie du droit, Paris, PUF-Que sais-je ?

UNESCO, Base de données de l'Institut de statistique de l'Unesco, 2016.

VOLQUIN Jean, *Penseurs grecs avant Socrate*, Paris, Ed.Gf Flammarion, Paris.

VOLTAIRE, *Dictionnaire philosophique* cité par Hervé Boillot dans 25mots clés de la philosophie, Paris, Ed. Maxi-Livres, 2004.

WEIL Erich, *Logique de la philosophie*, Librairie J. Vrin, Paris, 1950.

WIRTH P., et al, *Education civique*, Paris, Librairie Delagrave, 1987.

WIRTH Pierre, et al, *Education civique*, Paris, Delagrave, 1987.

YACOUBA Halidou, « Du rôle social du philosophe », *Etudes saheliennes Revue scientifique de la Faculté des Lettres et Sciences Humaines* de l'Université AbdouMoumouni, 2015, pp.151-163.

YACOUBA Halidou ; « Réflexions philsophiques sur le terrorisme au Sahel », *Etudes sahéliennes Revue scientifique de la Faculté des Lettres et Sciences Humaines* de l'Université AbdouMoumouni, pp.200-218, 2015.

YACOUBA Halidou, « Du bon usage de la conscience chez Bergson », Paris, L'Harmattan, pp.159-172, 2015.

YACOUBA Halidou, « La question des droits de l'homme en AfriqueRéférences », *Mosaïque Revue interafricaine de Philosophie, Littérature et Sciences Humaines*, Numéro 017, Lomé, pp.83-97, 2014.

YACOUBA Halidou, « Identité et conflictualité : une approche philosophique », *Etudes sahéliennes Revue scientifique de la Faculté des Lettres et Sciences Humaines* de l'Université AbdouMoumouni, pp. 206-218, 2014.

YACOUBA Halidou, « Prise en compte du « consciencisme » de Nkrumah dans une visée d'émancipation et de développement de l'Afrique », *Revue scientifique du CERPHIS*, Numéro O13, Abidjan, pp.55-70, 2014.

YACOUBA Halidou, « Pardon : penser les crises pour refonder la réconciliation en Afrique », *Les Cahiers du PASCRENA* Numéro 5 *Actes du Colloque International Universitaire*, Lomé, pp.219-229, 2014.

YACOUBA Halidou, « Organisation du système éducatif nigérien » *Livre INTERCULTURALIDAD, GENERO Y DERECHOS HUMANOS* de l'Université de Lugu Santiago Compostellad' Espagne,pp.53-65, 2014.

YACOUBA Halidou, « Une construction philosophique du concept de bien-être du travailleur », *Revue Européenne des Sciences Sociales et du Management*, Germany, pp.64-80, 2013.

YACOUBA Halidou, « La problématique du rapport entre morale et politique » *Le Korè Revue ivoirienne de philosophie et de culture* de l'Université de Cocody-Abidjan, 2015, pp.34-47.2015.

YACOUBA Halidou, « Pour une éducation émancipatrice de la femme en Afrique », *Etudes Sahéliennes Revue scientifique de la faculté des Lettres et Sciences Humaines* de l'Université Abdou Moumouni, Niamey, pp.121-131, 2013.

YACOUBA Halidou, « Repenser le dialogue politique en Afrique », *Le Korè Revue ivoirienne de philosophie et de culture*, N 43, de l'Université de Cocody-Abidjan , pp.87-100, 2013.

YACOUBA Halidou, « Guerres et conflits identitaires en Afrique : nécessité d'un dialogue interculturel », *Revue Cités* Numéro 52, Paris, PUF, pp.131-142., 2012.

YACOUBA Halido u, « L'engagement de la femme nigérienne en faveur de l'égalité économique et sociale comme exemplaire d'une émancipation mondiale des femmes », *Mukara Sani Revue de l'Institut de Recherches en Sciences Humaines*, de l'Université Abdou Moumouni, pp.60-75, 2012.

YACOUBA Halidou, « Pour une relecture des violences coloniales dans l'épopée de Sonni Ali Ber », *Etudes Sahéliennes Revue scientifique de la faculté des Lettres et Sciences Humaines* de l'Université Abdou Moumouni, pp.157-169, 2012

YACOUBA Halidou, « Du conflit de compétence éducative entre sophiste et philosophe :quel sens pour le vrai ?, *Mu Kara Sani Revue de l'Institut de Recherches en Sciences Humaines* de l'Université Abdou Moumouni,Vol. 13, pp207-219, Niamey, pp.206-218, 2010.

YACOUBA Halidou, « Pour une évaluation adaptée des enfants dans les pratiques à visée philosophique », *Diotime revue internationale de didactique de la philosophie,* CRDP Montpellier, pp.22-33, 2010.

YACOUBA Halidou, « Repenser les mythes africains en vue d'une pratique philosophique à l'école primaire », *Diotime Revue internationale de didactique de la philosophie*, Numéro 39, p.18, 1/2009, 3864 mots, CRDP Montpellier.3, pp.18- 26, 2009.

YACOUBA Halidou, « Contribution de l'initiation philosophique au primaire à la prévention des conflits en Afrique », *Diotime revue internationale de didactique de la philosophie*, Numéro 37, p.14, 7/2008, 3084 mots, CRDP Montpellier, 2007, pp.14- 21.

ZARKA Yves Charles, *La destitution des intellectuels*, PUF, Paris, 2010.

ZAVALLONI Marisa, *Ego-écologie et identité : une approche naturaliste*, PUF, Paris, 2007.

Table des matières

**Troisième partie**

## Dialogue et pardon comme assises spirituelles de la paix



**Quatrième partie**

## L'éducation comme condition d'effectivité de la justice sociale

**Liste des publications de Dr YACOUBA Halidou**

**Titre 19** : Du rôle social du philosophe **Revue Etudes sahéliennes(R.E.),** Niamey 2015

**Titre 18 :** Réflexions philosophiques sur le terrorisme au Sahel, **R.E.S** ? Niamey, 2015

**Titre 17** : Du bon usage de la conscience pour une vie heureuse chez Bergson in ouvrage collectif, Vie et éthique, de Bergson à nous, pp.59-172, **L'harmattan,** Paris**,** 2015

**Titre 16 :** La question des droits de l'homme en Afrique, **Revue Mosaïque**, Togo.2015

**Titre 15** : Une construction philosophique du concept de bien-être du travailleur, Revue **Européenne des Sciences Sociales et de Management**, Allemagne, 2014

**Titre 14** : La problématique du rapport entre morale et politique, **Revue Le Korè**, Côte d'Ivoire, 2014.

**Titre 13** : Prise en compte du « *consciencisme* » de Nkrumah dans une visée d'émancipation et de développement de l'Afrique, Côte d'Ivoire, 2014.

**Titre 12** : Pardon : penser les crises pour refonder la réconciliation en Afrique, Togo, 2O14.

**Titre 11** : L'organisation du Système éducatif nigérien in **Ouvrage collectif,, Espagne**, 2013.

**Titre 10** : Identité et conflictualité : une approche philosophique, Niamey, 2014.

**Titre.9 :** Pour une éducation émancipatrice de la femme en Afrique, Espagne, 2013.

**Titre 8 :** Repenser le dialogue politique en Afrique, Côte d'Ivoire. 2012.

**Titre** 7 : Guerres et conflits identitaires en Afrique : nécessité d'un dialogue interculturel, **in Revue Cités Numéro 52 PUF, Paris.**

**Titre 6 :** L'engagement de la femme nigérienne en faveur de l'égalité économique et sociale comme exemplaire d'une émancipation mondiale des femmes **in Revue de l'Institut de Recherches en Sciences Humaines Mu Kara Sani, Numéro15.**

**Titre 5** : Pour une relecture des violences coloniales dans l'épopée de Sonni Ali Ber, Niamey, 2012.
**Références in Revue scientifique Etudes Sahéliennes de la faculté des Lettres et Sciences Humaines de l'Université Abdou Moumouni**

**Titre 4 :** Du conflit de compétence éducative entre sophiste et philosophe : quel sens pour le vrai **?** , Niamey, 2010.
**Références in Revue Mu Kara Sani de l'Institut de Recherches en Sciences Humaines de l'Université Abdou Moumouni,** Vol. 13, pp207-219, Niamey, 2010

**Titre 3 :** Pour une évaluation adaptée des enfants dans les pratiques à visée philosophique
**Année :** 2010. **Références in Diotime revue internationale de didactique de la philosophie,** Numéro 45, p.22, 7/2010, 5433mots, CRDP Montpellier.

**Titre 2.** Repenser les mythes africains en vue d'une pratique philosophique à l'école primaire
**Année** : 2009
**Références in Diotime revue internationale de didactique de la philosophie,** Numéro 37, p.14, 7/2008, 3084 mots, CRDP Montpellier.

**Titre 1 :** Contribution de l'initiation philosophique au primaire à la prévention des conflits en Afrique **in Diotime revue internationale de didactique de la philosophie,** Numéro, 37, CRDP Montpellier, 2007.

# L'Afrique
# aux éditions L'Harmattan

## *Dernières parutions*

**ETHNIES, NATIONS ET DÉVELOPPEMENT EN AFRIQUE : QUELLE GOUVERNANCE ?**
**Actes du colloque de Brazzaville (Congo), du 26 au 28 mai 2014**
*Sous la direction de Hugues Mouckaga, Scholastique Dianzinga, Jean-François Owaye*
En 1962, quelques années seulement après que la parenthèse coloniale eut commencé à se fermer, un agronome français, René Dumont, osa ce pronostic : « l'Afrique noire est mal partie ». Que de protestations ! Pourtant, plus de 50 ans après les indépendances, le continent africain est à la peine et patine. L'explication : la mal gouvernance. Du fait de ses ethnies, l'Afrique fait face à un épouvantable écueil ! Elle n'arrive pas à se constituer en nations ! Il importait donc d'agir, de réfléchir autour de cette problématique.
*(Coll. Études africaines, 55.00 euros, 704 p.)*
*ISBN : 978-2-343-05785-9, ISBN EBOOK : 978-2-336-37944-9*

**ÉLECTIONS, VOTE ET REPRÉSENTATION POLITIQUE DES AFRICAINS DE L'ÉTRANGER**
**Suivi du *Guide des opérations électorales en dehors des frontières nationales***
*Wongo Ahanda Antoine*
Quels sont aujourd'hui les types d'élections, les mécanismes et les procédures du vote à l'extérieur adoptés par les pays africains ? Dans cet ouvrage, qui fait la synthèse des connaissances et des pratiques du vote à l'extérieur et de la représentation politique des Africains de l'étranger, l'auteur entend apporter une contribution pédagogique au processus d'appropriation de la citoyenneté externe par les États africains. Un ouvrage qui intéressera les leaders africains, les migrants africains et tous ceux qui sont impliqués dans le processus de vote à distance à travers l'Afrique et les pays d'immigration.
*(Coll. Études africaines, 21.00 euros, 202 p.)*
*ISBN : 978-2-343-02009-9, ISBN EBOOK : 978-2-336-38129-9*

**MANUELS SCOLAIRES, ENVIRONNEMENT INFORMATIF ET NUMÉRIQUE AU SERVICE DE LA LECTURE**
**Enjeux nouveaux pour une école émergente**
*Thioune Birahim - Préface de Michèle Verdelhan Bourgade*
Aujourd'hui, l'environnement socioculturel s'est complexifié du fait de l'émergence de technologies nouvelles qui ont envahi l'univers des apprenants et qui se révèlent, dans les espaces d'éducation et de formation, à la fois comme des promesses d'enrichissement et des menaces. Ce livre fixe quelques contours de l'utilisation des TIC (Technologies de l'Information et de la Communication) et des limites à observer dans leur application, sous peine de mettre en péril tout un patrimoine pédagogique.
*(16.50 euros, 164 p.)*
*ISBN : 978-2-343-06236-5, ISBN EBOOK : 978-2-336-37731-5*

**L'ÉCOLE, GAGE DU DÉVELOPPEMENT DE L'AFRIQUE**
*Zénith Laurent - Préface de Mathias Eric Owona Nguini*
Si plusieurs facteurs et secteurs sont à considérer pour sortir rapidement l'Afrique de son retard, le domaine scolaire revêt une importance capitale. Malheureusement, ce levier du développement qu'est l'école regorge de nombreuses tares dans la quasi-totalité des pays subsahariens. Un système académique bien pensé participerait fortement à l'essor de l'Afrique. À partir de propos, témoignages et de cas vécus, l'auteur met à nu tous les manquements qui handicapent l'émergence de ces pays.
*(Harmattan Cameroun, 16.50 euros, 158 p.)*
*ISBN : 978-2-343-06203-7, ISBN EBOOK : 978-2-336-38133-6*

**LE CAMÉLÉON ET LA MORT EN AFRIQUE**
*Eschenlohr Nicole*
La question de la mort hante nos esprits rationnels. Pour mieux maîtriser cette angoisse existentielle, les civilisations traditionnelles ont détourné le problème en attribuant une origine à cette mort : pourquoi et comment est-elle apparue ? En réponse à ses interrogations, la mythologie africaine, riche de liens tissés entre les hommes et les animaux, a désigné un responsable qu'elle a placé au cœur de ses récits et légendes : le caméléon. Accusé de lenteur, sa défense repose sur l'inéluctabilité de la mort...
*(Coll. Ethnographiques, 14.00 euros, 132 p., )*
*ISBN : 978-2-343-05818-4, ISBN EBOOK : 978-2-336-37485-7*

**APPROCHE CRITIQUE DU DÉVELOPPEMENT EN AFRIQUE SUBSAHARIENNE**
*Zagre Ambroise*
Le sous-développement de l'Afrique subsaharienne constitue une préoccupation majeure pour les pays concernés, la communauté internationale, les milieux intellectuels et la société civile. Cet ouvrage interroge la notion de développement et envisage l'avenir de ce sous-continent vers un nouveau paradigme de développement : l'»auto-développement humain», capacité des sociétés à se développer en comptant d'abord sur leurs forces intérieures, leur capacité de création et leurs potentialités matérielles et spirituelles.
*(Coll. Politique et dynamiques religieuses en Afrique, 27.00 euros, 260 p., )*
*ISBN : 978-2-343-05939-6, ISBN EBOOK : 978-2-336-37427-7*

**LA PRÉCARITÉ QUOTIDIENNE EN AFRIQUE DE L'OUEST**
**Culture et développement**
*Ernoux Jules - Préface de Michaël Singleton*
Cet ouvrage propose des tranches de vie prises sur le vif dans la population, plutôt urbaine, de Côte d'Ivoire, de Guinée et du Niger. À l'issue de 33 séjours riches de rencontres collectives et individuelles, l'auteur s'interroge : comment vivre au jour le jour dans le manque permanent, seulement soucieux de manger à sa faim, de sauvegarder une santé précaire, de confier ses enfants à des écoles surpeuplées, de vivre dans l'insécurité d'un pays où l'État de droit n'est qu'une illusion ?
*(Coll. Écrire l'Afrique, 15.50 euros, 154 p.)*
*ISBN : 978-2-343-05748-4, ISBN EBOOK : 978-2-336-37417-8*

**LE MARKETING DE RUE EN AFRIQUE**
*Mouandjo Lewis Pierre*
Cet ouvrage, abondamment illustré d'exemples, se veut un outil pédagogique pour faciliter la compréhension de ce «Marketing de rue» tant développé par ses acteurs en Afrique. Son but est de mettre à la disposition des étudiants et responsables d'entreprises un manuel leur permettant de saisir les opportunités qui leur sont offertes par ce nouveau marché que représente la rue et où se déroulent des pratiques commerciales «agressives» et une concurrence farouche entre les entrepreneurs individuels, les grandes sociétés et les Petites et Moyennes Industries.
*(Coll. Études africaines, 44.00 euros, 512 p., Illustré)*
*ISBN : 978-2-343-05770-5, ISBN EBOOK : 978-2-336-37547-2*

**L'AGENCE SPATIALE AFRICAINE**
**Vecteur de développement**
*Ouedraogo Sékou - Préface de Jean-Loup Chrétien*
L'Algérie est en train de finaliser la conception de son premier satellite national ALSAT2B qui devrait être entièrement conçu par ses ingénieurs. Le Nigéria veut envoyer un astronaute dans l'espace avant la fin 2015. Qui peut le croire ? Et pourtant, l'Afrique possède des agences spatiales nationales crédibles et des organisations panafricaines qui travaillent sur le sujet. Pour utiliser efficacement ces applications spatiales au service du développement, l'auteur défend la création d'une Agence Spatiale Africaine.
*(Coll. Diplomatie et stratégie, 18.50 euros, 188 p.)*
*ISBN : 978-2-343-05942-6, ISBN EBOOK : 978-2-336-37375-1*

**UN CHEF-D'ŒUVRE DES ARTS D'AFRIQUE**
**La plateau de Fa (golfe du Bénin), collection Christoph Weickmann Ulm, 1659**
*Biton Marlène-Michèle*
Dans cet ouvrage, l'auteur a tenté de mener une enquête sur un plateau de divination provenant des côtes de Guinée, importé il y a 350 ans à destination du cabinet de curiosités d'un marchand d'Ulm, Christoph Weickmann. Il s'agit d'abord de replacer cet objet dans son contexte historique et culturel et de retrouver les conditions de son arrivée en Europe. L'auteur entreprend également une analyse plastique précise ouvrant des perspectives sur les modalités de représentations utilisées et l'accès à une mythologie foisonnante.
*(Coll. Ethnoesthétique, 30.00 euros, 290 p.)*
*ISBN : 978-2-343-04282-4, ISBN EBOOK : 978-2-336-37491-8*

**DE LA CEAO À L'UEMOA**
**Ou la genèse d'une intégration sous-régionale réussie**
*Sawadogo Fatimata - Préface de Cheikhe Hadjibou Soumaré*
Cet ouvrage est un solide argumentaire de la trajectoire de l'intégration ouest-africaine. Cette analyse historique sur les principales organisations qui ont précédé la CEAO (Communauté économique de l'Afrique de l'Ouest), se concentre sur les acquis et les insuccès de cette dernière. L'auteur analyse le passage de la CEAO à l'UEMOA (Union économique et monétaire ouest-africaine) pour mieux démontrer les grandes avancées sur le difficile chemin de l'intégration sous-régionale. Elle insiste sur le bilan positif de l'UEMOA eu égard aux nombreuses actions concrètes dans tous les secteurs de la vie socio-économique au profit des populations.
*(15.50 euros, 152 p., )*
*ISBN : 978-2-343-05985-3, ISBN EBOOK : 978-2-336-37437-6*

**CHEIKH HAMAHOULLAH**
**Homme de foi et résistant**
**L'Islam face à la colonisation française en Afrique de l'ouest**
*Traoré Alioune*
Cheikh Hamahoullah fut l'un des principaux propagateurs du tijânisme en Afrique occidentale. Il mena un combat inlassable pour la liberté et la dignité des peuples d'Afrique pendant la période coloniale. En s'appuyant sur des documents d'archives, la tradition orale africaine et des manuscrits conservés par les fidèles et les adversaires du Cheikh, l'auteur rejette l'image d'un Hamahoullah agitateur sans culture et sans foi, que répandaient complaisamment les rapports des administrateurs coloniaux.
*(34.00 euros, 404 p.)*
*ISBN : 978-2-343-04694-5, ISBN EBOOK : 978-2-336-37070-5*

**QUELLE AFRIQUE POUR LES JEUNES ?**
**Lettre ouverte**
*Barry David*
Ce livre est une lettre ouverte d'un panafricaniste convaincu. Il s'adresse aux jeunes, car ce sont eux qui peuvent encore nourrir de grands rêves et qui ont encore la capacité de s'indigner. Le panafricanisme est pour l'auteur la seule voie royale qui permettra aux jeunes de retrouver une

certaine cohérence, un sens et surtout de reprendre l'initiative. Cette lettre ne comporte pas de recettes mais propose une démarche en fournissant des repères.
*(Harmattan Burkina Faso, Coll. L'Harmattan International Burkina Faso, 16.50 euros, 166 p., )*
*ISBN : 978-2-343-06009-5, ISBN EBOOK : 978-2-336-37484-0*

**DYNAMIQUES DES GUERRES CIVILES EN AFRIQUE**
*Sous la direction d'Arsène Brice Bado*
Cet ouvrage offre un essai de typologie des nombreuses hypothèses concurrentes dans l'analyse des causes des guerres civiles en Afrique. Il distingue 3 éléments dans la chaîne causale de leur émergence : les facteurs structurels, les éléments amplificateurs et les facteurs déclencheurs. Si les causes peuvent être similaires pour certains conflits, il restitue à chacun sa complexité selon les acteurs en présence, l'histoire sociopolitique particulière des sociétés et les conditions matérielles.
*(Coll. Études africaines, 21.00 euros, 212 p.)*
*ISBN : 978-2-343-05586-2, ISBN EBOOK : 978-2-336-37590-8*

**LES MENACES ÉMERGENTES À LA PAIX ET À LA SÉCURITÉ EN AFRIQUE DE L'OUEST ET DU CENTRE : DE 1990 À NOS JOURS**
*Bamba Mamadou - Préface du Pr Ismaïla Madior Fall*
Cet ouvrage apporte des éléments de réponse aux questions que soulève la problématique de la paix et de la sécurité dans ces deux sous-régions du Continent, si différentes et si proches l'une de l'autre par la géographie, les similitudes socio-historiques et le caractère transnational des défis qui émergeront sur l'un des territoires communautaires et qui ne manqueraient d'atteindre l'autre.
*(Coll. Études africaines, 24.00 euros, 242 p.)*
*ISBN : 978-2-343-06163-4, ISBN EBOOK : 978-2-336-37576-2*

**VIOLENCES ET CONFLITS EN AFRIQUE DES GRANDS LACS**
**Polémologie et géo-systémisme**
*Mashimango Abou-Bakr Abelard - Préface de Daniel Derivois*
Ce livre esquisse les diverses recompositions géopolitiques et stratégiques de la région des Grands Lacs et appréhende la problématique de la conflictualité sous l'angle de la polémologie. Il propose une réflexion transversale sur la bellicité en Afrique des Grands Lacs et analyse les facteurs qui se rapportent au «phénomène de guerre», à savoir les «complexes belligènes» et les causes du déclenchement des hostilités, de l'éclatement de la guerre, principalement en RDC et au Rwanda.
*(Coll. Études africaines, 20.00 euros, 198 p.)*
*ISBN : 978-2-343-03586-4, ISBN EBOOK : 978-2-336-37473-4*

**LE PAGNE AFRICAIN ET SA SYMBOLIQUE**
**Femmes et féminité au travers de motifs d'un objet majeur de la culture africaine**
*Mukundila Kembo Dieudonné - Préface de Masiala ma Solo*
Ce livre explore la manière dont le signe de la femme est utilisé dans les illustrations des pagnes africains. Il montre le caractère sexué du pagne en relation avec les fonctions sociales de la femme, lesquelles contribuent à la structuration de la société. L'objet n'est pas seulement artistique, il est culturel et social et se trouve à la fondation des croyances, des institutions, des structures sociales. Il cesse d'être uniquement un vêtement et devient un lieu de savoir et de culture, un reflet de la société africaine. (illustrations en couleur)
*(Coll. Culture Africaine, 20.00 euros, 174 p.)*
*ISBN : 978-2-343-04531-3, ISBN EBOOK : 978-2-336-37124-5*

**L'HARMATTAN ITALIA**
Via Degli Artisti 15; 10124 Torino
harmattan.italia@gmail.com

**L'HARMATTAN HONGRIE**
Könyvesbolt ; Kossuth L. u. 14-16
1053 Budapest

**L'HARMATTAN KINSHASA**
185, avenue Nyangwe
Commune de Lingwala
Kinshasa, R.D. Congo
(00243) 998697603 ou (00243) 999229662

**L'HARMATTAN CONGO**
67, av. E. P. Lumumba
Bât. – Congo Pharmacie (Bib. Nat.)
BP2874 Brazzaville
harmattan.congo@yahoo.fr

**L'HARMATTAN GUINÉE**
Almamya Rue KA 028, en face
du restaurant Le Cèdre
OKB agency BP 3470 Conakry
(00224) 657 20 85 08 / 664 28 91 96
harmattanguinee@yahoo.fr

**L'HARMATTAN MALI**
Rue 73, Porte 536, Niamakoro,
Cité Unicef, Bamako
Tél. 00 (223) 20205724 / +(223) 76378082
poudiougopaul@yahoo.fr
pp.harmattan@gmail.com

**L'HARMATTAN CAMEROUN**
TSINGA/FECAFOOT
BP 11486 Yaoundé
699198028/675441949
harmattancam@yahoo.com

**L'HARMATTAN CÔTE D'IVOIRE**
Résidence Karl / cité des arts
Abidjan-Cocody 03 BP 1588 Abidjan 03
(00225) 05 77 87 31
etien_nda@yahoo.fr

**L'HARMATTAN BURKINA**
Penou Achille Some
Ouagadougou
(+226) 70 26 88 27

**L'HARMATTAN SÉNÉGAL**
10 VDN en face Mermoz, après le pont de Fann
BP 45034 Dakar Fann
33 825 98 58 / 33 860 9858
senharmattan@gmail.com / senlibraire@gmail.com
www.harmattansenegal.com

www.ingramcontent.com/pod-product-compliance
Lightning Source LLC
LaVergne TN
LVHW011308061026
849535LV00005B/1462
*9782343130422*